U1005942

中國历史

伍

草原疾风
复兴与明暗

陳舜臣 著
郑民钦 译

海峡出版发行集团
THE STRAITS PUBLISHING & DISTRIBUTING GROUP
福建人民出版社

目录

草原疾风

目录

复兴与明暗

草原疾风

西扩风波

我曾访问过喀喇汗王朝的遗迹罕诺依，地点在距离现在的喀什（新疆维吾尔自治区喀什市）大约三十五公里的地方。

说是遗迹，目光所及，只是连绵起伏的沙丘，没有任何看似建筑物形状的东西。这也许就是土坯建造的城镇的最后命运吧，可同样是土坯建筑，与吐鲁番盆地的高昌、交河古城相比，这里的荒废令人惨不忍睹。与其说是荒废，不如说感觉是融化得荡然无存。不过，目光从稍稍隆起的土块笔直看过去，似乎能模糊分辨出遗构的形迹。另外，这里似乎也在进行小规模的考古发掘。

喀什自古以来就是西域重要的城市，从库车（龟兹）通往吐鲁番的天山南路，翻越帕米尔通往印度的道路，沿昆仑山北麓经过和田（于阗）、楼兰抵达敦煌的西域南道等都要经过这里。西域的城镇在不同的时代位置经常会发生变化，例如现在的吐鲁番县城原先在高昌城的西面十六公里处。在喀喇汗王朝鼎盛的 10 世纪至 12 世纪，现在满目荒凉的罕诺依才应该被称为喀什。

这是喀喇汗王朝的陪都，“汗”是“王”、“诺依”是“宫殿”的意思，所以应该是相当于首都的政治文化中心。

喀喇汗王朝是建立在中亚草原上的政权。10 世纪后半期，它消灭了葛逻禄，将其首都八喇沙衮直接作为自己的根据地。被消灭的葛逻禄族无疑正是加入唐朝高仙芝的部队、在塔拉斯的战斗中反水阿拔斯王朝的葛逻禄军团的末裔。当时一则有名的故事是：由于唐朝军队的败北，抄纸工被俘虏，使得造纸术流传到西方。

塔拉斯战役发生在 751 年，从那个时代开始，葛逻禄族就作为中亚的重要势力具有决定性的作用，后来被喀喇汗王朝所取代。

草原上的各游牧民族十分强悍，一旦南下成为绿洲里的居民，从事农耕和贸易活动，往往军事力量就明显虚弱下来，喀喇汗王朝也无法逃避这种命运。这个王朝的始祖名叫萨图克·布格拉汗，据说在公元 960 年改宗伊斯兰教。

如果这个传说可信的话，他的改宗应该是在北宋太祖即位那一年。这是世界文化史上值得大书特书的一件事。

塞尔柱族比喀喇汗王朝稍晚一点从草原南下，后来创建起一个大帝国，但在 11 世纪初还只是一股小势力。在喀喇汗王朝与伊朗系的萨曼王朝争斗的时候，塞尔柱抓住这个时机迅速崛起。塞尔柱的首领支持萨曼王朝与加兹尼王朝对抗的同时，采取与喀喇汗王朝结盟的态势，在从中亚至伊朗、埃及、小亚细亚的辽阔地区构筑起巨大的帝国。他们皈依伊斯兰教，被阿拔斯王朝的哈里发任命为“苏丹”。

位于联结黑海与地中海的博斯普鲁斯海峡北岸的城市国家拜占庭，以是古希腊、罗马的嫡系为自豪，但在宗教上属于基督教国家。拜占庭受到塞尔柱的压迫欺辱，甚至皇帝都被他们俘虏过，连东西方的贸易权都被威尼斯商人所掌握，圣地耶路撒冷也落到塞尔柱手里。于是，拜占庭皇帝科穆宁以朝拜的基督教徒受到迫害为由要求罗马教皇出兵。

先建立的伊斯兰国家喀喇汗王朝受到后建立的塞尔柱的压迫。因为喀喇汗王朝统治的地域过于辽阔，其弱点就是缺少统一性。各地的地方政权变成独立王国，甚至还互相争斗。尤其是首都八喇沙衮位于西部，受到塞尔柱的压力更加强大，最终只好臣服。

另一方面，以罕诺依，即喀什为根据地的喀喇汗系政权可以凭借天山、帕米尔的险要地势，同时与伊朗系的邻国加兹尼王朝缔结友好关系，获得相当繁荣的发展。这可以说是外交的胜利。

从罕诺依的古代遗址中发现很多铸有“天圣元宝”的铜钱。天圣是北宋仁宗从1023年至1032年的年号。作为伊斯兰教国家，喀喇汗王朝不仅面向西方的麦加，从铜钱的出土也可以知道，它与东方也有交流。可以想象，在东西方的通商贸易中，喀喇汗王朝发挥着一定程度的作用。

罕诺依遗址虽然荒凉，但放眼望去，远方的景色令人神往。南面，公格尔山（7719米）、公格尔峰（7600米）、慕士塔格山（7546米）等帕米尔高原的巍峨群山银装素裹，连绵不绝。从这个角度看过去，慕士塔格山峰格外陡峻尖峭。北面是胡麻塔勒山，如一扇屏风。它并不高，地图上找不到它的标记，但是当地人对它情有独钟，因为它是发生过类似罗密欧与朱丽叶那样爱情悲剧的舞台。

罕诺依遗址的主人公喀喇汗王朝最终是什么样的命运呢？从草原南下进入绿洲，变得有文化修养，创作出丰富多彩的文学作品。然而，面对更强大的势力，它很快就遭到毁灭的命运。

灭亡喀喇汗王朝的是哈喇契丹势力，哈喇契丹意为“黑色契丹族”。

从唐代开始，契丹族就是塞外的强悍民族，让中国感到害怕。唐玄宗时代，安禄山之所以能够兼任三镇的节度使，成为大军阀，后来发动叛乱，就是因为他在与契丹的作战中立有大功。前面说过，五代时代，契丹族把燕云十六州收归己有，基本上变成了中原国家，定国号为辽。

后来，契丹族的辽受到在东面崛起的女真族的金的压迫。宋朝为收复失地，与金联合共同夹击辽国。1125年，四面楚歌的辽国天祚帝耶律延禧被金军俘虏后投降。辽国自太祖耶律阿保机称帝，历经九代约二百一十年后灭亡。

契丹族政权虽然灭亡，但是一部分不愿意臣服金国的契丹人逃到西部，建立起新的契丹族政权，其主要人物就是辽国宗室的耶律大石。

耶律大石是太祖阿保机的第八代孙，字重德。他不仅精通契丹文和汉文，而且擅长骑射，文武双全。他是辽天庆五年（1115年）的进士，在地方当过刺史，担任辽兴军节度使的军队要职时，辽与金发生过激烈的战斗。

保大二年（1122年），辽的天祚帝逃往阴山，耶律淳在燕京（北京）称天锡皇帝，建立新政权，耶律大石就是拥立者之一。燕京落入金军之手，耶律大石逃往天祚帝那里。天祚帝大怒，质问他：

我在，汝何敢立淳？

耶律大石回答道：

陛下以全国之势，不能一拒敌，弃国远遁，使黎民涂炭。即立十淳，皆太祖子孙，岂不胜乞命于他人耶？

这段话可谓义正词严，耶律大石说得有道理。天祚帝的确“弃国远遁”，使国民深受涂炭之苦。天祚帝无言以对，赐赠酒食，赦其罪。但是，耶律大石看到天祚帝暴怒的样子，感觉自己在这个君主身边会有危险，于是率领铁骑二百趁着夜色逃往北面。天祚帝被金俘虏，搜出宋朝的密信，那是后来的事。

草原上的蒙古系各部族承认同样是蒙古系契丹族建立的辽政权的权威。耶律大石来到现在的新疆乌鲁木齐附近的北庭都护府，集结十八个部族，建立新政权。

耶律大石继续往西扩张。当时西方的最大势力无疑就是塞尔柱帝国。耶律大石占领土地肥沃的伊犁地区，这一带是塞尔柱帝国的东部边境。

塞尔柱帝国失去明君马立克沙，在分裂的状态下作战，以防御欧洲的进攻。如此一来，国土辽阔的塞尔柱帝国的东部就空空荡荡，使得率领十八个部族的耶律大石的军队如入无人之境。

以八喇沙衮为根据地的喀喇汗王朝当时臣服塞尔柱帝国，但把耶律大石的出现视为自己独立的大好时机。

今我将西至大食，假道尔国，其勿致疑。

喀喇汗王朝收到耶律大石的这封书函，表示欢迎，大宴三天。

喀喇汗王朝的确摆脱了塞尔柱帝国的统治，却被耶律大石的契丹政权吞并。

耶律大石所说的“大食”大概就是阿拉伯的阿拔斯王朝。但此时的阿拔斯王朝只具有传递伊斯兰法灯的权威，已经没有实权。阿拔斯王朝的君主是哈里发，哈里发还能勉强保持宗教权威，政治、军事的实权完全交给所任命的苏丹。被任命为苏丹的无疑就是塞尔柱帝国的皇帝。

这与日本幕府时代的天皇和将军的关系很相似。11 世纪至 12 世纪的西亚，阿拉伯的哈里发被捧得很高，但实权掌握在塞尔柱·土耳其的苏丹手里。更为复杂的是，塞尔柱·土耳其的政权中枢里有很多伊朗人。被誉为塞尔柱帝国最高的名相尼赞姆·莫尔克也是伊朗裔。

总之，耶律大石的“西至大食”这句话的意思就是夺取统治该地的塞尔柱帝国的土地。

塞尔柱帝国的诸侯紧急集结军队以防御耶律大石的入侵，据说调动的军队为十万。塞尔柱帝国的主力军都配备在西部边境，所以东部能集结十万军队已经是竭尽全力了。

1132 年，双方在撒马尔罕交战，耶律大石大获全胜。耶律大石一直称王，从此以后改为称帝。当时他三十八岁，号葛儿罕，汉式尊号为天佑皇帝，元号为延庆。

如此说来，辽国在东部时所形成的北面（针对游牧民的政治）、南面（针对汉族等农民的政治）的“两院制”在迁往西部以后依然继续存在。不过实际情况如何，无从知道。中国史学家将这个政权称为“西辽”，伊斯兰史学家称之为“哈喇契丹”，各自记述历史，但西辽（哈喇契丹）本身没有留下有关自己政权的记录。

跟随耶律大石从天祚帝那里逃脱出来的二百铁骑大概全部都是契丹族。汉族家臣一般不会对辽忠心耿耿到心甘情愿地抛弃东方的土地。汉人非常喜欢记录历史，由此看来几乎没有汉人参加西辽政权。虽然耶律大石通晓契丹文和汉文，但是他作为皇帝东奔西走，日理万机，不可想象会亲自执笔记述历史。他集结北庭都护府十八个部族的成员中，恐怕也没有史官。

有关这个政权的历史记录，全部都是中国和伊斯兰的史学家根据传闻记载下来的。《辽史》说耶律大石的庙号是德宗。伊斯兰的文献记载，不仅耶律大石，所有继承者的号都是葛儿罕。

耶律大石西征以后的情况与受到欺压，不得不抛弃故土敦煌逃到西部的大月氏十分相似，他们离开伊犁地区，从天山北路的草原进入锡尔河、阿姆河的绿洲。

大月氏败于匈奴，匈奴杀死其国王，并且将他的头颅制作成酒杯，大月氏深受屈辱。汉武帝派张骞出使西域，其目的是想利用大月氏对匈奴刻骨仇恨的情绪，结为军事同盟，共同打击匈奴。据《汉书》记载，张骞到达大月氏以后，看到大月氏在国王夫人（《史记》记载为太子）的治理下，人民在肥沃的土地上安居乐业，还有大夏国属国，已经失去了对匈奴报仇雪恨的雄心。

西辽也进入中亚的绿洲，拥有喀喇汗王朝等属国，通过征税和东西方贸易日渐富裕起来。

耶律大石即位十多年后死去，他的遗孀感天皇后塔不烟摄政。女君主治理国家，这一点与大月氏也很相似。后来耶律大石之子夷列即位（仁宗），再后来是夷列的妹妹普速完（承天太后）君临国家。女性在这个政权中似乎具有强大的力量。据说普速完爱上小叔子，因乱伦被杀。夷列之子直鲁古在这个姑母之后即位，但他也是杀兄夺位。从这些情况可以看出，西辽朝廷极其混乱，不难想象内讧的激烈复杂。

耶律大石集结十八个部族的时候，打出的旗号是对灭辽的金进行复仇。据《辽史》记述，耶律大石对十八个部族的首领颁布这样的诏谕：

我祖宗艰难创业，历世九主，历年二百。金以臣属，逼我国家，残我黎庶，屠翦我州邑，使我天祚皇帝蒙尘于外，日夜痛心疾首。我今仗义而西，欲借力诸蕃，翦我仇敌，复我疆宇。

耶律大石在晚年曾率领七万铁骑东征，但牛马多死，无法继续行军，只好撤兵。《辽史》记述他这样叹息道：

皇天弗顺，数也！

大概从他以后的女性摄政时代开始，也和大月氏一样，报仇雪恨和收复故土的信念逐渐淡薄下来。

耶律大石率领蒙古的十八个部族称霸中亚并乘势东征的时候，也许正是西辽的鼎盛时期，一旦南下进入绿洲，就失去原先的草原健儿的野性，西辽的军事力量逐渐衰弱下来。

杀兄即位的直鲁古是西辽的末代皇帝。他在位三十八年，出去狩猎的时候，被乃蛮王之子屈出律的八千伏兵擒获，失去帝位。

乃蛮是在阿尔泰山麓游牧的部族，受到回鹘的影响，在游牧民族中相当开化。另外，聂斯脱利派的基督教也在这个部族中传道。

东方的超级大国女真族的金王朝授予乃蛮首领塔阳汗“大王”的称号。

这个时期，蒙古草原上正在崛起一股令人惊叹的势力——成吉思汗。乃蛮大王联合各部族打算抵御成吉思汗。这时的成吉思汗还称为铁木真。1204年，乃蛮大王与成吉思汗交战，战败而死。

大王之子屈出律逃到西辽，擒获直鲁古，篡夺其国家。据说屈出律将俘获的直鲁古尊为太上皇，将其妻尊为皇太后，朝夕侍奉，如同对待亲生父母，以此显示自己才是西辽正统的继承者。以上是《辽史》简单的记述，但真相应该不是屈出律对西辽发动突然袭击而夺取帝位，而是屈出律被成吉思汗追赶得走投无路，最后逃进西辽。他在西辽受到国宾的待遇，娶直鲁古的女儿为妻。直鲁古是一个杀兄夺权的皇帝，其政治大概也是一团乱麻。屈出律看到直鲁古已经失去民心，发动政变，篡夺帝位。直鲁古是自己的岳父，将岳父、岳母尊为太上皇、皇太后也是顺理成章的。

屈出律是与花剌子模王穆罕默德联合发动政变的。花剌子模位于现在的乌兹别克共和国（今乌兹别克斯坦共和国）花剌子模地区，玄奘在《大唐西域记》中称为“货利习弥迦”，唐朝称为“火寻”，是琐罗亚斯德教徒的伊朗裔居民居住的地方，塞尔柱帝国的疆土。苏丹酋童土耳其人阿奴休·耶银被任命为太守，世袭担任。在他的孙子阿齐兹时代，耶律大石西征，阿齐兹臣服大石。

就在阿齐兹考虑摆脱日渐衰弱的塞尔柱的统治的时候，耶律大石的哈喇契丹军攻陷撒马尔罕，所以阿齐兹打算臣服。当然不是出于忠诚，而是因为穆罕默德是阿齐兹的曾孙。

穆罕默德一方面帮助屈出律夺取西辽，另一方面又夺取了臣属西辽的喀喇汗王朝的撒马尔罕。

继承西辽遗产的屈出律理所当然地认为撒马尔罕就是自己的，但是他只能眼看着被花剌子模夺走。因为他虽然已经得到西辽的根据地八喇沙衮，但尚未获得罕诺依城喀喇汗王朝的喀什王室所承认的宗主权，所以他必须攻打喀什。这不仅仅是一个撒马尔罕的问题。不久，屈出律攻陷喀什，并进军和田。

在西部的草原与绿洲及沙漠上发生这种复杂的连环关系。喀喇汗将葛逻禄排挤出去以后，受到女真族的金排挤的哈喇契丹（西辽）在耶律大石的率领下吞并喀喇汗。接着，被成吉思汗驱赶出去的乃蛮王子屈出律篡夺西辽。这个屈出律不久后被成吉思汗打败并死去。

耶律大石的西征具有重要的历史意义，这一点他自己并没有意识到。蒙古系在绿洲地区发展成强大政权，其实正是始于这个可以说是流亡集团的耶律大石的西辽。后来，成吉思汗在这里建立起巨大的蒙古系军事政权，覆盖广袤的地域，但耶律大石的西辽是他的先驱者。

喀喇汗、塞尔柱、回鹘、花剌子模等族大抵都是信仰伊斯兰教，只有蒙古系的西辽哈喇契丹最后也没有伊斯兰化，一直保持着始于其东方时代的佛教信仰。

西辽的宗教以及对宗教的政策，由于记录文献很少，不得其详，但至少可以知道对伊斯兰教没有采取比较宽容的态度。

例如花剌子模王穆罕默德断绝自曾祖父阿齐兹以来的臣属西辽的关系，攻取西辽所属的撒马尔罕，不仅仅是为了保持政治力量的平衡，还因为伊斯兰教徒不愿意服从佛教徒的统治。但是，如果西辽采取更加宽容的宗教政策，事态肯定会不一样。历史文献记载，当西辽被成吉思汗消灭的时候，伊斯兰教徒的居民感到欢欣鼓舞。成吉思汗应该是对宗教信仰采取宽容的态度，或者说也许成吉思汗从西辽失败的宗教政策中得到了反面经验。

1218年，屈出律被成吉思汗的军队追赶，逃到巴达克山中自杀。他篡夺西辽不过七年。史学家也将屈出律称为葛儿罕，视同哈喇契丹的君主。

《辽史》这样评述耶律大石：

幸藉祖宗余威遗智，建号万里之外。虽寡母弱子，更继迭承，岁九十年，亦可谓难矣。

耶律大石从现在北京地区的燕京进军漠北，再往西从遥远的天山北路进入中亚的远征的确可以说是历史的伟业。正如《辽史》所说，尽管发生过内讧，也有过女君主的时代，但能够维持九十年的政权，实属不易。

然而，不可思议的是，尽管西辽政权在中亚地区统治长达九十年，如今在这个地区却几乎寻找不到契丹、甚至蒙古的痕迹。

耶律大石、成吉思汗等蒙古族进入中亚促进了蒙古各族的团结。中亚的各民族由于习惯于游牧形态的、分散为小集体的生活方式，所以统一起来极为困难。零零散散的小集体，内部还发生一些小争吵，一旦遇到强大的外敌入侵，反倒会促使他们团结起来。

从政治上说，耶律大石在中亚地区建立起长达九十年的政权，后来的成吉思汗更是建树起无与伦比的巨大的政治业绩。然而，经过数百年的岁月，看一看现状，曾经辉煌灿烂的蒙古政权的光芒可以说在中亚地区已经完全烟消云散。而面对强敌蒙古的进攻，在生死关头，携手并肩勇敢抗击的各族人民成为这块土地的主人。这不是令人深思的吗？

大部分契丹族都安于受女真族的金王朝统治的现状，然而，对于东方的契丹族来说，西部的耶律大石的西辽成为他们强大的精神支柱。因为那无疑是契丹族自己当家做主的国家，而且喀喇汗、花剌子模等族还臣服在它脚下。贸易往来的商人把西部的这些事传到东方的契丹族耳朵里。

一个独立自主的、甚至还拥有属国的西辽的存在成为服属于金王朝的契丹族的向往，也提高了他们的民族自豪感。在金王朝的统治下，契丹族经常发动叛乱。这些叛乱与西辽有什么样的关系，从现在的记录看，不得而知，但金王朝非常敏锐地关注统治下的契丹族与西辽气息相通的情况。金王朝因为要与南宋交战，所以对契丹族原则上采取怀柔政策，但对与西辽私通的嫌疑者则处以严刑，决不宽恕。

前面说过，西辽的契丹族与汉代的大月氏一样，生活在水草丰茂的锡尔河、阿姆河畔，又拥有富裕的属国，东归打击金朝的志气逐渐消磨削弱。耶律大石的最后一次东征，也因为牛马多死去而返回，也许官兵士气不高才是撤兵的真正原因吧。

后来，西辽再没有东征，但从来就没有放弃视金王朝为最大敌人的国家意志。金王朝为了获得东西方贸易之利，无论如何希望与西辽和解，保证贸易途径的安全。金王朝曾向西辽派遣和解使节，这使节却被西辽杀死，这明确表明西辽与金国还是交战国的原则立场。

居住在吐鲁番盆地的回鹘虽然处在西辽的统治之下，却与东部的金朝保持贸易往来。其中的一部分利润大概被西辽拿走。既然进行通商贸易，回鹘与金王朝之间就会有一些交往联系。西辽对此大概也心知肚明，只是睁一眼闭一眼，装作没看见，但是在金王朝派来正式使节的时候，必须贯彻原则性的方针予以应对。

金王朝的政治受到距离遥远的耶律大石的西辽的极大的掣肘，从这个意义上说，西辽的存在具有重要的历史意义。

北迁与南迁

逃亡南方的宋朝称为南宋，首都在杭州，但南宋依然坚持自己的国都是汴京，即开封。只是因为开封被金占领，才不得已将杭州作为临时首都。太子临时居住的地方叫作“行在”。日本的南北朝时代[①]，后醍醐天皇[②]在正中之变[③]以后，逃出京都，前往笠置，叫作“行在所”。马可·波罗在《东方见闻录》中称杭州为“Kinsai”，显然就是“行在”的发音。

杭州位于西湖边上，是一座美丽的城市。西湖边上有一个祭祀南宋忠臣岳飞的岳王庙。岳飞是对金的主战派，率领军队与金交战，取得辉煌的胜利。但是，他受到主和派秦桧的诬陷，入狱被害。

岳飞是一个悲剧英雄，深受历代中国人的爱戴。诬陷杀害他的秦桧就成为奸臣、投降派的代表，受到人民的痛恨。岳王庙的旁边跪着用铁链锁起来的秦桧夫妇铸像。来这里参观的人们经常对着秦桧夫妇像吐唾液、撒尿，以至于管理部门竖起一块牌子，劝阻大家不要这样做。

秦桧被视为对敌人金国一味阿谀奉承、卖国求荣的坏蛋，卖国贼、投降派……背负着所有的污名。不过，其实秦桧并非从一开始就主张软弱路线。北宋末期，首都开封被金军包围的时候，秦桧是御史中丞，当

① 南北朝时代：日本从1336年后醍醐天皇从京都迁都吉野至后龟山天皇迁回京都，京都持明院统北朝与吉野大觉寺统南朝两个朝廷对立的时代。——译注

② 后醍醐天皇（1288—1339年）：日本第九十六代天皇（1318—1339年在位）。为谋求亲征，发动正中之变，失败后被流放到隐岐。1333年在新田义贞、足利尊氏等支持下，消灭镰仓幕府，建立建武新政权。1336年迁都吉野，建立南朝。——译注

③ 正中之变：正中一年（1324年），后醍醐天皇与亲信日野资朝、日野俊基等策划推翻镰仓幕府，事情败露，失败。——译注

时他是一个强硬派。

金的崛起速度之快令人瞠目结舌，完颜阿骨打集结各部族的力量，自我称帝是在1115年，而十一年后就攻陷宋朝国都开封。这期间，他消灭了契丹族的辽国。

女真族并非草原的游牧民，他们在河里淘金砂、打猎、捕鱼、挖人参等。如果说契丹族在草原游牧生活中锻炼成了一个具有高度灵活性的民族，那么女真族就具有相对的安定性，它的善战是在狩猎中锻炼培养出来的。可以说女真族是一个森林与河流的民族。

女真族之所以能在12世纪初期取得飞跃性的发展，固然是由于卓越的领导人集结起全民族产生的活力，但东亚的辽、宋逐渐衰弱给它的崛起提供绝好的机会也是一个重要的原因。金军一路莽撞冒失地攻进开封，对下一步怎么办，金的首领感到困惑，不知如何是好，女真族没有这方面的经验。于是，长期在辽国统治下的燕云地区生活、承担着“两院制”一半任务的汉人投降金国，对新主人提出很多建议。

当时女真族似乎对土地、城市这些东西还没有明确的认识。根据海上之盟，金与宋联合攻打辽。双方约定，宋、金联合攻打燕京，宋占领后，归宋所有。但由于宋军忙于平定方腊之乱，进攻燕京的军队耽误出兵，结果燕京被金军单独拿下。金军将领认为，既然是自己单独攻陷的，就没有必要交给宋朝，自己可以顺理成章地占领。但是太祖完颜阿骨打按照约定，还是把燕京城交给宋朝，作为条件，金军带走城内的所有居民，交给宋朝的不过是一座“空城”。

可以看出，女真族对人的生产力的评价远高于土地。换言之，女真族似乎对土地没有感觉到很大的魅力。他们从事的是打猎、捕鱼、淘金砂等活动，这些产业与土地没有太深的关系。挖人参也不是土地越大挖得越多。他们的产业，属于人越多越好。交出燕京空城、掠走居民的做法就明确说明金这个政权的结构思想。

金军攻占宋朝首都开封后，一度撤出，后来又渡过黄河再次攻打，这样做大概是为了巩固河北地区，但兵力不足是最根本的原因。其实，金所不足的不仅仅是兵力，在创建国家方面也缺少各个领域的人才。

在金军第二次攻打开封的时候，宋朝提出割让黄河以北地区的条件，但遭到金的拒绝，因为当时金已经确定消灭宋国的根本方针。新兴的金国因为深感人才不足，在占领河南以后，没有依靠自己的力量就能进行管理统治的自信，于是让从辽国投降过来的萧庆、刘彦宗留在河南。他们曾经侍奉于辽国，有统治汉族的经验，金国打算利用他们的这个长处。然而，这两个人都不愿意接受这个任务。

萧庆出身于契丹族的名门。契丹皇室姓耶律，但使用隐姓刘，这是模仿汉高祖刘邦的姓。汉朝将皇族女性作为“和蕃公主”嫁给匈奴首领，匈奴取汉人姓氏的时候，自然取的是“刘”。4 世纪的五胡十六国时代，匈奴刘渊建立的前赵起先定国号为汉，将自己比喻为汉朝的刘邦，这样，也就把自己的最得力助手比喻为萧何。契丹族的辽国，皇后、妃子的出身家族只能是乙身氏和拔里氏，于是规定这两个家族姓萧。萧庆就出身于这样的家族，作为辽国的高级官员，具有南面官（统治汉族）的经验。

据说刘彦宗的远祖是唐朝节度使，宛平县人，自从燕云地区成为辽国领土之后，其家族六代都在辽国当官，时常出任宰相。像他这样在统治自己的辽国当官的汉人，在金国称为“燕人”，尽量不使用“汉人”“汉族”这样的称呼。金从燕云地区进一步扩大领土以后，将原先在宋朝统治下的人们称为“宋人”。同样都是汉人，却故意分别称为“燕人”“宋人”，显然采取的是阻碍他们团结的分割政策。但是，事实上，在契丹族统治下生活了两百年的燕云地区的汉人，与宋朝统治下的汉人的性格气质已经大相径庭。

契丹族名门出身的萧庆、所谓燕人的名门出身的刘彦宗都拒绝统治河南这个火中取栗的任务。因为河南历代都在宋朝的统治之下，从淮河到江南地区，依然残存着宋的军事力量，必定会遭到他们坚决的抵抗。

因为女真族的金缺少自己直接统治河南的自信，本想实行间接统治，又遭到拒绝。刘彦宗建议从宋的皇室中挑选合适的人立为傀儡皇帝，但是金没有接受这个建议。即使是傀儡皇帝，也是从宋的皇族中挑选，如果金国发生什么问题，这个傀儡皇帝肯定会独立称帝的。于是金决定挑选与宋的皇室无关的人立为异姓皇帝，由自己操纵。

契丹人萧庆、燕人刘彦宗都明白自己不适合担任这个傀儡皇帝。这个人必须让人民心服。为了削弱人民的抵抗情绪，他们希望由人们推举一个宋朝统治之下的汉人，即宋人来承担这个任务。

曾作为人质被带到金军中的宋朝宰相张邦昌成为傀儡国家君主的候

选人。金打算经过人们的推选、即位等必要的程序，以此削弱抵抗运动的力量。形式上张邦昌是由旧王朝宋朝的臣僚们推荐出来的，但这些旧王朝的臣僚都害怕征服者金的武力，所以几乎所有的人都迎合金的意向，只有极少数人表示反对。敢于反对征服者的意向，当然就要做好死的思想准备。在有骨气的极少数反对者中，其中就有秦桧。金王朝领导震怒，抓捕秦桧，与钦宗、太上皇徽宗一起送往冰天雪地的东北地区。

被世人唾骂为没有节操骨气的投降派、卖国贼，腐烂透顶的秦桧，实际上还有这样令人意外的经历。

张邦昌是不得已当上皇帝的人物。他本来气量狭小，在主战、主和两派对立的时候，因为是主和派，就被选为人质。当时金军要求的人质是皇子和宰相。被选为人质的皇子是徽宗的第九子康王赵构。张邦昌作为宰相之一，出发前往金的军营当人质的时候，曾请求钦宗恪守割让三镇的约定。

金王朝判断如果这个人当傀儡皇帝，肯定能听话，于是将他抬到皇帝的位置上，而张邦昌本人一定感觉事情非同小可，战战兢兢。金王朝将这个间接统治的工具——傀儡国家的国号命名为“楚”，并且分给黄河以南的土地，命令国都定于金陵。

金军占领的城市只有一个开封，因此虽然名义上将黄河以南的土地分给傀儡国家，但除了开封以外，金并没有实际统治的土地。即使命令定都金陵，大楚皇帝张邦昌也不可能前往。此外各地到处都活跃着恢复宋王朝的勤王义军。

此时的张邦昌似乎只是一心等待着台风过去。现实情况是去不了金陵，张邦昌提出三年以开封作为首都，获得许可。金王朝希望在黄河以南建立一个与以前的宋朝完全不同的新政权，其目的就是要从河南人民的脑子里彻底抹去“宋朝国民”的思想意识。

既然是皇帝，就要穿上皇帝的服装，一切都必须遵从天子之礼，然而张邦昌没有这样的皇帝意识。不仅如此，他还尽量避免皇帝的言行举止和派头，平时身穿普通的衣服，只有在金王朝的将军来访的时候，才匆匆忙忙换上皇帝的服装。

以宋朝的元号计算，在靖康二年（1127 年）这一年的三月，张邦昌才终于盼来金军撤兵。钦宗、徽宗和后妃等，光皇族就有四百七十多人，以及众多家臣，连同收藏在宫殿里的无数财宝被带往北方。在家臣队伍里也有秦桧的身影。金军在河南只留下少数部队。

对于张邦昌来说，这个撤兵正是台风的离境。他立即退位，从被立为大楚皇帝到退位，仅仅三十二天。既然没有了皇帝，楚这个国家也就灭亡了。

可是河南以南的人民需要君主。宋朝的皇族、宗族都已经迁往北方，张邦昌费尽心血寻找君主，终于将哲宗的皇后孟氏迎进宫中。孟氏是徽宗的嫂子、钦宗的伯母，为什么她没有被带往北方呢？因为哲宗的皇后已被废黜。既然是废后，北迁的名单里就没有她的名字。张邦昌推戴她进行“垂帘听政”，用不着以武则天为例，宋王朝在天子幼小的时候就经常是皇太后摄政。

与张邦昌一起在金作为人质的康王赵构立即通过人质替换回到开封，接替他的是皇子、肃王赵枢。赵枢是宋徽宗的第五子。风流天子宋徽宗有三十一个儿子，其中六个夭折。钦宗是长子，赵构是第九子。

靖康元年（1126年）正月，康王赵构成为人质，二月人质替换。据《宋史·高宗本纪》记载，当金军提出以一个皇子作为人质条件的时候，康王慷慨激昂，主动要求自己前往。在康王与张邦昌一起作为人质进入金军营里以后，宋将姚平仲就率领四十万大军夜袭金军。这是违反停战协定的行为。宋将人质送进金军营，就是为了保证履行停战协定，然而宋军违约夜袭金军，按理说金军完全可以杀掉人质。张邦昌恐惧万分，哭泣求饶，而康王泰然自若，连金军右副元帅宗望（斡离不，金太祖完颜阿骨打的次子）都说“异之”。

康王赵构后来成为南宋的高宗。《宋史》记述皇子时代的高宗当然要美言拔高。在替换人质这件事上，其写法也令人感觉是因为金害怕康王的武勇。一个对死无所畏惧的人质对自己没有任何用处，于是，据《宋史》记载，金的宗望提出要求替换人质。只有康王凛然勇武，才会有这样的脉络发展。但据《金史·太宗本纪》记载，是宋朝方面提出替换人质的。

康王释放后回到开封，承诺履行割让三镇的约定，金军解除对开封的包围，撤兵回去。但前面说过，开封一旦解围，强硬的主战派又开始抬头。朝廷派给事中王云去金谈判，表示可以增加岁币，但不能失去土地。此时的金王朝对土地价值的认识已经大有提高，坚持要求割让三镇，回答王云说，如果宋朝违约，将再次攻打开封。金还传话说，如果宋想谈判解决问题的话，就派康王到这里来。

是将康王视为宋朝的代表与他进行谈判呢，还是将他作为人质扣留下来？大概金王朝考虑过这两种方案。钦宗决定派弟弟康王赴金。这一年的十一月，康王出发前往河北。

宋朝首都开封的陷落是在十二月。此时的金已经确定消灭宋王朝的方针。金军将徽宗、钦宗等在首都的所有皇族、皇室一个不剩地带往辽东，只有康王赵构在前往河北的途中，幸免北迁。

奉敕命赴金的康王北上行至磁州的时候，被守臣宗泽止住。磁州就是现在的河北省磁县，靠近河南省的地方，是著名的磁州窑的产地。当时磁州守臣已经得到金军南下的消息，所以康王一行的处境变得十分危险。他的谈判对手大概已经不在康王即将前往的燕京，而是在南下的金军里。而且金军的行动本身就是对和谈的拒绝。

肃王去不返，金兵已迫，复去何益？请留磁。

宗泽的话理所当然，康王的任务是通过谈判阻止金军南下，现在还没有和对方接触，金军就已经南下，所以继续北上毫无意义。

相州长官汪伯彦送来密函，邀请康王回到相州。相州在现在的河南省安阳市一带，离河北很近，从磁州往南大约三十公里。康王决定先去相州。

此时金军包围开封，钦宗呼吁河北所有军队举兵援救京师。将钦宗的这道圣旨向各地传达的是耿南仲。耿南仲在相州与康王会面，商量共同招兵发动勤王之军。

被围的开封朝廷寄希望于河北的援军从背后或者侧面攻击金军，为募集强大的援军，必须授予司令极大的权威。在外皇子中，除为人质的肃王外，只有康王一人。钦宗对康王寄予极大的期待，任命他为河北兵马大元帅。据说这道任命书是蜡诏，用蜡密封。一个名叫秦仔的人将蜡诏藏在头发里，化装偷偷越过金军的占领地区，送到相州。按照这道诏命，康王设置元帅府。

康王集结各路义军，渡过结冰的黄河，进入应天府。应天府是现在河南省商丘市。

第二年五月，康王赵构在应天府即位，改元建炎。史学家将此后的政权称为“南宋”。气量狭小的张邦昌在位三十二天，主动退位，立废后孟氏为元祐皇后，然后前往应天府，伏地恸哭，请死。康王先是对他抚慰，后来赐死。

张邦昌被杀，给了金讨伐南宋的口实。金太宗在诏书中谴责赵构（南宋高宗）废黜、杀害金所册立的大楚皇帝张邦昌的罪行，决定继续讨伐，册立其他有德之人为帝。金在这个时候还没有直接统治黄河以南地区的意思，因为国内很多问题尚未解决。

南宋派人潜入金统治的地区，在各地煽动契丹人和汉人造反。金必须对这种扰乱性的活动采取政治对策。因为金王朝在政治上尚不成熟，只好依靠刘彦宗等汉族（燕人、宋人）顾问急急忙忙地采取对策，简而言之，就是怀柔政策。

辽国官吏中对统治汉人富有经验的契丹人在金王朝得到留用，燕人也是如此。对南宋的扰乱工作反映最敏锐的无疑应是宋人。金王朝尤其注意宋统治下的地方士大夫阶层，只要地方官员需要补缺，就优先起用他们。金很快制定科举制度，这也是不让宋人产生绝望感而采取抵抗行动的措施。身居要职的高官大多数已经跟随高宗南迁，所以州县的缺编很多。原先因为能力不够或者某种原因没当上官的很多人都意外地得到官职。金王朝采取各种努力措施尽量减少心怀不满的人。

金王朝从一诞生就是多民族的国家，和辽国一样，需要把各民族团结在一起的纽带，金也效仿辽国，鼓励大家信仰佛教。既然佛教诞生于印度，就不会被汉人利用以弘扬民族主义精神。建国不久，金就在各地修建佛寺，但吸取辽国过度修建佛寺造成财政困难的教训，采取有所控制的措施。金王朝认为，只要信仰佛教，就不会发生抵抗运动那样的暴乱，可以说这也是一种怀柔政策。

如果仅仅是怀柔政策，金王朝的权威就容易被人轻视。为了证明怀柔政策并非因为统治力量的软弱，还要结合实行强硬的严厉政策。只要发现南宋的扰乱破坏活动，就坚决派遣南伐军。前面说过，其借口就是南宋随心所欲地消灭金的属国楚，并杀掉楚帝张邦昌。金出兵严惩宋的同时，还将徽宗、钦宗这些宋朝的俘虏遣送到更偏远的地方。

金天会六年（1128年），南伐军开始出兵。第二年，强迫统治区内的汉人改服女真族的风俗习惯。汉族的发型是留全发束结头部，女真族是梳发辫。另外还强迫汉人改穿女真族服装。不从者自不待言，就是式样有所不同，也会面临死刑。金王朝就是采取这样软硬兼施的政策。

南宋的高宗当时放弃应天府，迁都到南方的扬州。这种无异于削弱与金对抗的态度，主战派的李纲自然坚决反对。在敌人气焰嚣张的时候，采取这种逃避政策是错误的。李纲反对的是避敌于东南的政策。司马氏的晋朝为避敌军从洛阳迁往东南，最后也没能收复中原。晋以后的南朝历代政权一个也没有实现收复中原的夙愿。隋炀帝在东南的江都（扬州）躲避风起云涌的造反军，终于未能北归，在江都被杀。而为躲避安禄山之乱跑到西北灵武的唐肃宗也很快就回到长安。

自古中兴之主，起于西北，则足以据中原而有东南；起于东南，则不能以复中原而有西北，盖天下精兵健马皆在西北。

李纲如此痛切陈词，但宋高宗对主战派似乎有点不信任。开封被围的那些时日，主战派慷慨激昂，高谈阔论，却依然无法阻挡敌人的进攻。和约谈成，金军撤兵后，主战派的太学生陈东带头闹事，使得宋朝违背割让三镇的约定，导致金军再次渡过黄河包围开封，结果丢掉三镇，连开封也没保住，上皇、皇帝等皇室成员一个不剩地被劫往北方。

金军一撤，大楚皇帝张邦昌就跑到高宗这里恸哭谢罪，高宗起初对他宽恕，但是李纲表示不愿意与僭逆张邦昌为伍，居然说要是起用张邦昌，自己就辞职不干。在这种情况下，只好将张邦昌迁往潭州，后来又赐死。宋高宗冷静思考一下，太祖等历代皇祖皇宗的陵寝都没有遭到破坏，这是因为张邦昌接受傀儡皇帝时提出的条件。虽然宫中内府的财宝被掠夺一空，但是对一般民众家庭的金银财富的搜刮、掠夺在很大程度上得到制止，这也是张邦昌向金军哀求的结果。

不管怎么说，高宗本人作为人质居留在金军里的时候，主战派竟然撕毁停战协议，对金军发动进攻。高宗对这件事不能不耿耿于怀，那时候自己很可能被杀。他固执地认为，主战派为了坚持自己的主张，甚至无视人质的性命。

李纲反对避敌于东南，高宗还是不能完全赞成他的主张，其实他心里一直怨恨这些主战派，正是因为他们的言行，才使得自己的妻子、父母以及众多兄弟惨遭苦难。高宗最后还是同意汪伯彦、黄潜善的南迁扬州的主张，并且罢免李纲。

就在金军调兵遣将准备大军南伐的时候，高宗正忙着将流亡政府南迁到扬州。这从一开始就形成金追宋逃的态势。南宋不可能获胜，金军得到超过实力本身的追军的优胜心态，以狂涛巨浪之势席卷而来。金军的进攻如秋风扫落叶，处于绝对的优势。避难东南的决策是否妥当另当别论，首先在时间上就是绝对的错误。高宗的流亡政府根本就不可能在最初设想的流亡地扬州落脚，而是渡过长江，继续南逃。要说不走运，高宗也真是倒霉透顶，他本来寄予厚望的东京（开封）留守、名将宗泽偏偏在这个时候病死。

逃到江南的高宗马不停蹄从镇江逃到苏州，再逃到杭州，在杭州都无暇休息，又仓皇逃到定海，然后乘船来到温州，这一路上可以说是狼狈不堪的大溃逃。

金军一路追到明州（现在的宁波），这些女真族的将军有生以来第一次看见大海，当然他们并没有水军，也从没有过水战的经验。

南宋是一溃千里，金军是纵深追击。江南水路纵横，密如蛛网，金军不惯水战，感觉危险，而且战线拉得太长，补给也跟不上。金军在南宋统治区内穿越前进，稍不留神，就会遭到南宋勤王义军的袭击。金军总司令宗弼（兀术，太祖阿骨打第四子）对战争局势进行判断，果断决定渡过长江北撤。

建炎四年（1130年），逃到温州永嘉县的宋高宗终于松下一口气，回到越州（现在的绍兴），暂居此处。这一年十月，反对册立张邦昌、被带往金国的秦桧获释，来到越州。秦桧并不是逃回来的。他自己对高宗说是与妻子王氏一起逃跑出来，杀死监视他们的金人，夺到一条船，从海路来到越州。实际上是金国的高官挞懒（完颜昌，太祖的嫡孙）派他回来进行阴谋活动的，可以说是一种附有条件的释放。

南宋有一些情绪化的、教条的主战派，同样，金国也有一些情绪化的、盲目的扩张主义者。实际指挥军队作战的实务型的最高领导层对自己的实力了如指掌。但一路上势如破竹，把高宗一直追到浙江海岸的金军下级军官也许认为自己有能力控制江南地区。了解军需品的补给、各地形势等情况的高级将领对这次作战大概感觉如履薄冰，挞懒这样的高层领导明白确保黄河以北地区是金国应该采取的方针，为了巩固河北地区，必须与南宋建立稳定的外交关系。为了让南宋感觉到和平的气氛，在与秦桧充分商议之后，将他放回去进行这方面的工作。

金军的形势犹如骑虎之势，渡过长江后，宗弼一声令下，如潮水般继续往北撤退。北撤之前，烧毁建康（南京），既然自己不能占领，就要彻底破坏，不能把这座城市的活力留给南宋利用。南宋的勤王军在各地对北撤的金军开展打击活动，其中也有岳飞的军队。岳飞的部队在静安地区大破北渡长江的金军。另外，韩世忠、张浚等南宋将领也对金军予以沉重的打击。在金军受到南宋勤王军的打击而大伤脑筋之后，挞懒决定释放秦桧。

虽然金军已经南渡黄河，但是根据金国的人力资源以及政治、经济的实力，最多只能控制黄河以北地区。虽然金军已经在河南地区把南宋的势力一扫而光，但若这样撤回到黄河以北，那么河南地区就会重新落入南宋之手，于是金打算在河南地区重新建立一个傀儡政权，实行间接统治。

金国选定傀儡政权的第二个张邦昌是刘豫。这个刘豫原是南宋济南府知事，在这个地方发生动乱、同时遭到金军进攻的时候，要求调到南方去担任长官，但未被高宗批准，因此对南宋心怀怨恨，终于投降金国将军挞懒。

挞懒打算利用这个刘豫。他把河南辽阔地区的民政权交给刘豫，由自己亲自监督。这样，挞懒成为这块新领土的实质上的主子，以此扩大自己在金国内的势力。

攻陷开封的猛将宗翰是国相撒改（金太祖的堂兄弟）的长子，封为左副元帅，其地位高于右副元帅的宗望（太祖的次子），同时也是与挞懒势力竞争的对手。他冷眼旁观挞懒与刘豫的关系，不由得胆战心慌。

刘豫逐渐产生想当傀儡皇帝的欲望，大楚皇帝张邦昌是迫不得已勉强接受，而刘豫是积极主动争取帝位，他劝说还效忠南宋的周边各州的长官投降金国，极力搜寻躲藏起来的宋朝宗室，杀掉隐匿宋朝宗室的人们，一心一意地只想向金国讨赏“皇帝”的称号。宗翰见他这个样子，趁挞懒率军南下的时候，册立刘豫为“大齐皇帝”。不言而喻，这个册立得到了金太宗的许可。

刘豫是投降挞懒，也是挞懒任命他为东平府知事，如今册立他当皇帝的却是宗翰。这样，黄河以南地区就成为紧紧控制傀儡皇帝刘豫的宗翰的势力范围。挞懒嘴边的肥肉被人抢走，这是在充满生机活力的建国初期的金国内部出现的不和谐事件。

刘豫的即位闹剧发生在秦桧回到越州的高宗身边的这一年。第二年，南宋改元绍兴。绍兴元年即公元 1131 年，这一年的元旦，高宗没有接受群臣的朝贺，而是率领文武百官举行遥拜二帝的仪式。二帝，自然就是被金国掠走的徽宗、钦宗。高宗所在的越州取元号改名为绍兴府。以名酒产地著称的绍兴地名由此而来。

绍兴二年（1132 年），高宗从越州移居杭州，此为临安府，也称为“行在”。从此以后，杭州就成为实际上的南宋首都。

高宗南迁遥拜二帝，而北迁的二帝一行从辽东地区转移到更远的地方。傀儡国家齐成立后，金国就把二帝转移到五国城。

彻夜西风撼破扉，萧条孤馆一灯微。
家山回首三千里，目断山南无雁飞。

据说这是徽宗题写在五国城馆墙壁上的七绝。

现在经常使用“遥拜”这个词语，其实当时使用的是“遥册”这个词。高宗的妻子邢氏在丈夫作为使节外出的时候，留在开封，结果作为皇室的一员被金军带去北方。高宗即位后，将不在身边的邢氏册封为皇后，称为“遥册”。高宗夫妇后来再无重逢之日。

徽宗北迁，过黄河十几天后，遇到一个南行的名叫曹勋的人，便撕下身上衣服的一块绢，写信托他带给高宗。这时邢夫人也把金手镯（腕环）托付给曹勋，请他交给丈夫。“环”与“还”同音，表示早日还乡相会的心情。

有清中原之策，悉举行之，毋以我为念。

这是徽宗口述的谕旨，托曹勋传达给高宗。如有办法收复中原，无论什么办法都可实行，不必考虑我的性命安全。

高宗经常派使节赴金，要求归还二帝，称为“金国祈请使”。但是大同的宗翰就在途中扣留这些使节，根本不让见到金太祖。南宋为了能让使节进入金国首都，向高丽提出借道的要求，也遭到拒绝。当时的高丽臣服金国。金国对南迁的宋国与其他势力结盟怀有极大的戒心。前面说过，南宋唆使金国统治区内的契丹人和汉人活动，被发现后，导致金国南伐。如果高丽出于好意借道给南宋，必然会受到金国的怀疑，所以只好无情地拒绝借道。

被迫北迁的不仅仅是二帝以及皇族宗室，还有很多具有特殊技艺的人。就是说，这是巨大的文化集团的北迁。另外，开封宫殿所收藏的无数文化遗产也被搬走。

文化程度极低的女真族面对这些文化遗产一定目瞪口呆，金国的上层人士立即被光辉灿烂的文化所征服。

契丹族从唐朝开始就一直与汉族的文化圈接壤，经过长期的接触，已经产生免疫力。契丹族的辽王朝在文化上看似与汉族同化，但是例如政体的二元（二院）制度一直坚持到最后没有瓦解。二元制为维持契丹族固有的民族性发挥着巨大的作用。然而，建立金王朝的女真族是属于生活在内地的生女真。熟女真与汉族文化圈有过接触，生女真没有，所以缺少免疫力。

汉族文化并非不请自来，而是女真人自己扛回去的，这就是与二帝一起从开封带回去的文化集团。金王朝很快就沉迷于汉族文化，金国皇帝模仿宋徽宗开创的瘦金体书法，达到惟妙惟肖的程度。金国在建国初期采取辽的二元制度，将女真族与汉族分而治之，但后来逐渐变成一元制，因为随着女真族的汉化，已经没有必要与汉族区分开来。

通往休战之路

尽管是傀儡政权，但以刘豫为皇帝的“齐”的诞生对南宋还是一个巨大的打击。

现在让我们思考一下南宋面对兵员绝对少数的女真族军队为什么会节节败退。关于这个问题，很多人指出南宋的“尚文轻武”的性质因素。唐朝亡于以节度使为母体的军阀制度，宋朝吸取这个教训，为避免重蹈覆辙可谓费尽心血，将节度使改为名誉职称，拔去其尖牙，消除其实权。宋朝将地方军队中的优秀军官编入禁军，也许是防止地方出现强大的军阀的措施，但同时也导致抵御外敌的边境军队的力量的削弱。

地方军队的弱小大概可以算是宋朝失败的原因之一，但主因是政治的混乱。新法与旧法的政治之争，处理得好，可以使国家产生活力；处理不好，会导致政治的混乱局面。初期的两党之争，至少给政治带来热烈激情的气氛，一旦三流政客成为政治之争的主角，就把国家拖累得疲惫不堪，加上徽宗的奢侈腐化，剥削榨取人民，所以各地发生叛乱。方腊之乱是其中规模最大的叛乱，其他如《水浒传》所描写的那种类型的造反集团遍布各地。

宋南迁以后，一边与金军作战，一边还要讨伐造反军。绍兴元年，在越州遥拜二帝后，张俊被任命为江淮路招讨使，岳飞任副使，但讨伐的对象不是金军，而是李成等造反军。李成被南宋军队击败后，逃到刚刚成立的齐，接受皇帝刘豫的保护。不管南宋怎么打击，他们总有可以逃避的安全地带，而且齐不但保护这些造反军的头目，还封官许愿，给予优厚的待遇。

不仅造反军的头目，感觉自己受到南宋冷遇的杂牌军头领也纷纷投降齐，例如镇抚使孔彦周、水军的徐文、宣抚使的幕僚等，甚至有的率领十万大军归顺齐。齐成为收容对南宋不满分子的好去处，南宋感觉非常棘手。

金国对这个傀儡国家齐没有强迫要求改服留辫子等女真族的风俗习惯。同样是投降，有的人对投降异族的金国怀有抵触情绪，而投降保留着汉族国家形式的齐则可以接受。就这样，南宋的大批武将被齐吸收，他们熟悉南宋的内部情况，如今变成敌人，南宋自然十分头疼。

大齐皇帝刘豫在与南宋势力范围的交界处宿州（现在的安徽省宿县）设置“招受司”，呼吁向齐归顺。如此众多的人降齐，说明对南宋不满的人实在太多。

尚文轻武是宋朝建国以来的传统。文官，尤其是进士及第的、具有高度修养的文官在政治舞台上大显身手。在军队中，负责指挥作战的将领之上还设置一个文官予以监督，文官控制军队，军人自然不满。

齐所收容的不仅仅是武将，南宋的政治与北宋末期一脉相承，政治之争异常激烈，连说自己是从金军逃脱出来、深受高宗信任的秦桧也曾经失势。文官的地位也不稳定，随时都有可能失势，或者受到处罚，大家都惴惴不安。这也成为把文官驱赶到齐那边去的原因。

刘豫原先也是宋朝的文官，了解宋朝政治体制的弱点，也理解官吏的心理状态。南宋沿袭北宋的制度，依然是进士至上主义。无论多么有能力，只要不是进士出身，就很难升官。擅长考试的人得天独厚，而不是进士出身的富有真才实学的人就无法获得人尽其才的高位。刘豫深知这些人的不满，所以对南宋的士大夫许诺任人唯才，吸引不少人归顺。

南宋对齐也开展投诚的攻势，以勤王的大义进行号召，这的确是名正言顺，可是在这乱世里，没有承诺具体的实际利益的号召大概不会产生效果。

为南宋王朝开展军事活动的并非原先的政府军将领，大多是响应勤王号召的起义者。岳飞是农民出身，韩世忠是官仓的搬运工，据说张俊是盗匪出身。刘光世生于历代侍奉于北宋的武将家庭，但其祖先是西蕃人。

通过与金军的作战、与刘豫的齐军的作战以及平定各地造反团的战斗，起义者逐渐强大起来。因为没有得到政府的很多援助，所以军队内部的事情不受政府的干涉，各项任免事宜都是自己决定，甚至还任免自己武力统治地区内的地方官。不言而喻，这显然就是军阀。

宋朝建国以来最害怕的军阀似乎又重新抬头。杭州的南宋朝廷依靠进士及第的官吏执政，虽然是流亡政府，但政府依然是精英官员的集团。杭州的高官们十分警惕地注视着地方上出现的新军阀，并且尽量努力抑制他们的力量。

新军阀中最年轻、最有文化修养的是岳飞。他生于宋徽宗的崇宁二年（1103 年），所以靖康之变国都开封沦陷的时候，还只有二十三岁。岳飞的书法保存至今，字体遒劲有力，非常精湛。一个农民的儿子，以炽热的爱国之心从戎投军，从普通一兵成为优秀将领，这样的人生经历令人感动。

如果南宋没有遭受金国的压迫欺侮，岳飞也好，其他军阀也好，大概都没有机会登上历史舞台，所以他们可以说是时代之子。面对他们，杭州的高官们的心态是格外强调自己的正统性，显示出蔑视、警戒、憎恨的情绪，可是如果没有这些新军阀，南宋根本就顶不住金和齐的压力。大敌当前，应该让友军新军阀的力量更加强大。当然，如果他们的力量过于强大，并且把矛头针对中央政府，那就是更麻烦的事情。南宋高官对新军阀的心态实在复杂矛盾。

新军阀之间也关系不和，统治区邻接的地方，几乎肯定都会发生地盘之争，从民间征召的壮丁也互相争抢。引起不和的原因很多，其中肯定也有朝廷高官们的挑拨离间。新军阀之间互相仇恨争斗、消耗实力，这正是杭州的正统派官僚所希望的。

可以想象，年轻又有学问的岳飞不受其他暴发的新军阀的喜欢。他也似乎与其他新军阀划清界限，驻扎在湖北武汉、襄阳一带，但作战总是战果辉煌。

秦桧担任宰相，媾和派得势，新军阀所承受的压力不仅来自官僚，还来自媾和派。

当南宋与金国的媾和谈判取得进展的时候，军队就成为媾和的障碍。军阀的存在目的就是与金军打仗，也许对即将停战的消息感到不安。这个时期的新军阀依靠战争来养肥自己。他们不想打会造成巨大损失的激战，但长期持续小规模的战斗对自己有利。

秦桧认为新军阀的这种态度妨碍媾和谈判，便考虑寻找机会改编军队，削弱其战斗力。

大齐皇帝刘豫是进士出身的高官，缺少军事经验，起先没有自己的军队。齐的军队是通过征兵制组建的，但因为是傀儡国家，齐的军队也就是金的军队。金国经常合并齐军，南下讨伐南宋。曾经实施过两次大作战计划，但两次都由于金国的缘故而撤兵。

第一次是在南宋的绍兴二年（1132 年），金太宗召集诸将于燕京，召开南伐的军事会议。当时太宗在上京（今哈尔滨市东南面的阿城县），河北的最大实力派人物宗翰在西京（今大同市）。宗翰一离开西京去参加燕京会议，他的部下都元帅府右都监耶律余睹就发动叛乱，这一次大规模的南伐就此中止。

从姓氏也可以知道，耶律余睹是契丹人，而且他的宗室更接近辽国的皇室。他不是辽国灭亡后仕于金，而是很早就降金，助金灭辽。耶律余睹在辽国王朝内部的权力斗争中失败，预感到被杀的危险，逃跑出来投降金国。然后他凭借异族女真族的武力，消灭打败自己的同一民族的胜利者，这种做法显示出人格的阴暗。

耶律余睹在辽国担任上京路都统、金吾卫大将军，为抵御女真族的进攻立过战功，权力斗争的对手是深得天祚帝信任的枢密使萧奉先。前面说过，据说萧氏是后族，是产生历代皇后、皇妃的名门。萧奉先的妹妹是天祚帝的元妃。《辽史》评述萧奉先是“挟私灭公”，这显然是“灭私奉公”的反义词。他的弟弟萧嗣先在抵御金军作战中大败，本应受到惩罚，但由于哥哥的庇护，得以宽恕。从此以后，辽军军纪松弛，与金军作战接连惨败。萧奉先打算把他的妹妹元妃所生的秦王立为天祚帝的皇嗣，但皇子中最优秀的是文妃所生的晋王。这个文妃正是耶律余睹的妻姐。为了粉碎晋王成为皇嗣的计划，萧奉先诬陷文妃一族阴谋拥立晋王，结果相关者全部被杀，连文妃也被赐死。只是因为文妃的妹夫耶律余睹当时与金军作战，出征在外，才幸免一死，但是他明白回去就没命。在这个情况下，除了降金，无路可走。降金之后，充当金军的向导，杀回辽国，报仇雪恨。

虽然萧奉先最终也被天祚帝赐死，但最关键的是辽王朝灭亡。降金的耶律余睹以为自己在消灭辽国中立下大功，却提升不大，因此心怀不满。元帅府右都监比自己在辽国担任的金吾卫大将军还要低。

金太宗在燕京召开讨伐南宋的军事会议两年前，就命令耶律余睹追剿耶律大石。耶律大石后来跑到西面，建立哈喇契丹（西辽），但当时还在蒙古高原。耶律大石逃得快，耶律余睹追不上，只好撤兵回来，但是金国怀疑他们之间有密谋，为此让耶律余睹的妻子、儿子做人质。耶律余睹意识到灾难随时都会降临到自己头上，就在他思想发生动摇的时候，南宋对他开始劝诱。

前面说过，南宋劝诱降辽的契丹人、汉人开展反金活动，从内部进行破坏。耶律余睹的感觉一半是被逼得走投无路，监督自己的宗翰离开大同前往燕京参加会议，这对自己来说是千载难逢的好机会，于是与燕京路统军萧高六秘密取得联系。萧高六是辽国后族萧氏一族，也是契丹族人。

耶律余睹的计划是发动各地的契丹族和汉族，全部诛杀当地的女真族官员。这个计划必须统一行动，才能成功。起事的日期定于九月九日，九九重阳，按照女真族的习惯，这一天贵人都要出去狩猎，届时伏兵郊外，袭击女真的各将领，一网打尽。通过这个计划一举诛灭集中在燕京的最高首脑，同时各地发动诛杀女真人的骚乱。

这是一项大规模的叛乱计划，要保证各地按时统一举兵，事先必须进行频繁的联络。耶律余睹的失败，就在于他的计划过大，在联络阶段秘密泄露出去。耶律余睹派往燕京萧高六那里的密使被宗翰的部下抓获。另外，在受到叛乱劝诱的契丹族中，也有云内（山西北部）节度使耶律奴哥这样的告密者。

计谋败露，在燕京的萧高六被捕杀。耶律余睹逃跑，企图投奔西夏，但西夏害怕金国，没有接纳。他只好继续北逃，耶律余睹大概想投奔耶律大石，但他最后被蒙古系的鞑靼部族捕杀，鞑靼部族把他的头颅献给金。

由于这次叛乱，金国的讨宋计划只好搁置起来。两年后，开始第二次讨宋作战。南宋绍兴四年（1134 年），南宋军迎战金齐联军，经过奋力作战，终于有效地抵御金军的进攻。岳飞、韩世忠发挥显著的作用。然而，此时金军突然从淮河战线一下子紧急撤兵，这不仅仅因为受到南宋军队的压制，更主要的原因是太宗病笃的消息传到军中。

皇帝的生死是国家最重要的大事，对于重臣来说，则与自己的命运息息相关。

金太宗完颜吴乞买向南宋派遣南伐军是在天会十二年（1134年），已经过完五十九岁生日。太宗的生日称为“天清节”。按照金国的习惯，金王朝历代皇帝的生日都要改变名称。太宗之后的熙宗称为“万寿节”，三月出生的世宗称为“万春节”，章宗称为“天寿节”。每年庆贺太宗天清节的使节名单都是固定的。《金史·太宗本纪》在十月的记述都有这一句话：

天清节，齐、高丽、夏遣使来贺。

齐当然是刘豫的国家。高丽是金的南面邻国，其种族属于与女真族同样的通古斯族，所以具有亲切感。不过既然是国境相接的邻国，就不可能没有纠纷，金与高丽的纷争是保州的归属问题。

保州位于平壤西北部，后来称为安州。原先是高丽的领土，但是辽在开泰三年（1014年）以高丽王询擅立为王、对上不服为由，出兵占领。高丽王是辽国皇帝册立的，询不经过辽国皇帝的同意就自立为王，辽国作为对高丽的惩罚，占取保州。

高丽认为，时间经过一百多年，契丹的辽国也已经灭亡，所以希望归还本国固有的领土保州。但是在金国看来，自己理应原封不动地继承辽国的全部领土，自然也包括保州。

这个问题，后来以将归还保州作为高丽承认金国为宗主国地位的条件得以解决。这是在太宗的天会八年（1130年），这件事充分说明女真族并不拘泥于土地的归属。就这样，高丽成为金国的属国，在金国皇帝生日以及元旦，都要派来祝贺使。

夏，就是西夏。在金辽相争的时候，西夏起先站在有姻亲关系的辽国一边。但在金的天会二年（1124年），向金奉表称藩，从而得到金赠送的下寨以北、阴山以南的土地。

得到土地，便承认金国的宗主权，这是齐、高丽、西夏的共同模式。

成为金的属国以后，西夏迎来了黄金时代。西夏娶辽国公主结为同盟的时期，不断遭受辽国的敌人宋国的攻击。宋国受到金国的压迫南迁后，西夏与宋国就没有国境相接，因此只要保持与金国的友好关系，西夏在外交上就没有严重的问题。西夏统治着建国以来最大的疆土，一直到被蒙古消灭之前的一百年间保持着政治极为稳定的政权。

三国使节前来祝贺的这一年天清节，太宗的健康状态大概就很糟糕。据《宋史》记载，金军从淮河前线撤兵是在这一年的十二月庚子，即二十六日。太宗死去是第二年的正月己巳日，即二十四日。《宋史》和《金史》对这一年元旦的记述有一日之差，前者早一天，但都记载元旦这一天日食。根据当时的天文知识，可以准确地算出日食的时间。南宋曾经颁布诏书，说去年十二月、明年元旦是日食，希望听到大家的直言。当时人们的思想还认为，日食这样的自然现象是上天对人发出的警告。

金太宗死后，皇太子亶即位。女真语称皇太子为“谙班勃极烈”。身居谙班勃极烈之位的亶其实不是太宗之子。太宗本人也不是太祖之子，而是他的弟弟，所以在继承者问题上，必须尊重皇室的意见。即位后称为熙宗的完颜亶是太祖之子宗竣的长子。宗干、宗翰等皇室的实力派向太宗进言，提议立完颜亶为谙班勃极烈，得到认可。

太祖、太宗这样的庙号与北宋初期非常相似。北宋的太祖赵匡胤死后，虽然有子，却是太宗赵匡义继位。金国的太祖与太宗的关系也是这样，但是金国的太宗死后，皇位传给太祖之孙，太祖系统的皇帝一直延续到金国灭亡。北宋是太宗系统的皇帝一直延续到南宋高宗，高宗死后，才回到太祖系统的皇帝。

下面是金王朝的系谱图。第三代皇帝熙宗的积极推荐者是宗干和宗翰，反对者是太宗之子宗盘和挞懒。为方便易懂起见，前者以“〇”、后者以“×”表示。这两派不仅在皇位继承问题，而且以后在对南宋的和平政策问题上都产生影响。另外，熙宗的父亲宗竣已经死去，熙宗的生母成为宗干的妻子，熙宗从小就在宗干的养育下长大。但是，当时金王朝最大的实权者宗翰希望有一个容易操纵的皇帝。宗盘已经长大成人，所以宗翰倾向于选择十七岁的熙宗。

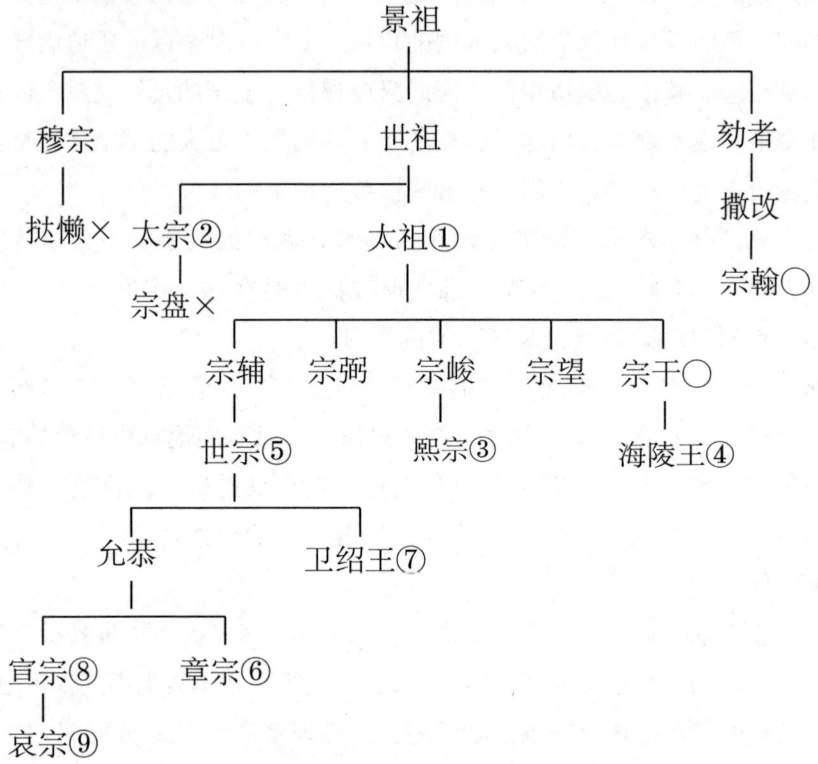

当宗翰、宗干这样的皇室实力派人物力荐熙宗为皇嗣继承者时，把侄子撇在一边自己当上第二代皇帝的太宗似乎难以拒绝。也许他打算暂时应允，以后再改为自己的儿子，但可惜没有那么长的寿命。

熙宗的监护人宗干努力加强金王朝皇帝的权限。建国初期的两代皇帝必须尊重皇室的意见，甚至都不能立自己的儿子为继承者。这是因为建立金王朝的时候，借助了众多皇室成员的力量。例如攻陷宋朝国都开封就是依靠宗翰、宗望等左、右副元帅的力量。但是，宗干认为，太祖建国已经二十年，金国皇帝也应该像中原的皇帝那样，握有独裁权。当然，独裁皇帝的背后还站着他这个代替父母的监护人。

宗翰协助宗干拥立熙宗的如意算盘是因为觉得幼小的皇帝容易操纵。宗干的首要任务是如何削弱金王朝的头号实权者宗翰的力量。只有获得成功，权力才能集中到中央。

宗干的办法是把宗翰捧高架空。宗翰被新帝任命为“太保领三省事”。

太保是皇帝的老师，还是自唐朝开始设置的尚书省、中书省、门下省这三省的总监。论官职，没有比这个职务更高的了。但是，宗翰接受这个任命后，必须离开他的地盘西京大同府。这个官职必须住在上京会宁府，一直伺候在皇帝身边。这意味着他要放弃驻扎在大同府的自己的军队。

虽然头顶上装饰着威风凛凛的最高官职，一旦兵权被剥夺，可以说实际上已经失势。熙宗即位两年后，天会十五年（1137 年）七月，宗翰在失意抑郁中死去。熙宗即位后并没有立即改元，第二年才改元天眷。

宗翰事实上的失势及其死后，齐皇帝刘豫就成为整肃的目标。前面说过，宗翰的政敌是挞懒和宗盘。挞懒本打算利用刘豫在河南地区建立自己的势力范围，却被宗翰全部抢走。所以挞懒对刘豫恨得咬牙切齿，宗翰一倒，他就与宗盘合力提出废除齐这个傀儡国家的主张。

挞懒、宗盘是反对派，但熙宗的监护人宗干同意他们的意见，因为废除齐国可以进一步加强中央的集权。既然两派的意见完全一致，齐国的命运可想而知。

今豫进不能取，退不能守，兵连祸结，休息无期。

这是宗盘废除齐国的部分理由，归咎于刘豫的无能。这个理由是否妥当另当别论，说明这时候的金国已经不再需要傀儡国家。刘豫不是因为他深孚众望被推戴为皇帝的，而是异族的金把他扶上皇帝位置的。皇帝刘豫大概没有受到过一个人民的尊敬，反而被人民所轻蔑。所以，要废除这样的皇帝和国家应该轻而易举，实际上也是一蹴而就。

齐国的寿命不过八年，但宗盘说齐国对金国没有起到任何作用，这个说法也过于极端。在河南地区制造一个齐国，河北的居民就感觉与南迁的宋国距离遥远，人们就逐渐对宋死心，开始产生只好接受金国统治的思想。齐国无疑对金的统治产生很大的效果。然而，当齐国的作用完成后，它也就失去了存在的价值。

当傀儡没有利用的价值时，就是被扔进垃圾箱里的命运，只能说是可怜。齐国被废除的前一年，刘豫想立自己的儿子为太子，希望得到金国的理解。但熙宗的回复十分冷淡：先帝立你为齐帝，是因为你还有德望。你的儿子是否有德望，你问问河南的人民后再决定吧。

刘豫被封为蜀王，从皇帝变成王，自然是降封。蜀王也只是徒有其名，因为当时蜀地还是南宋的势力范围。不久，他被迁往临潢府，现在的内蒙古，僻远之地。金皇统三年（1143 年），刘豫在临潢府孤独地结束其可耻的一生。

废除齐国获得成功后气焰大涨的反新帝派（也许应该称为反宗干派）显然有点操之过急地要为与南宋媾和建树大功。

金国也需要与南宋建立稳定的国家关系。金之所以能够蹂躏宋国首都开封，依靠的是强大的军队。女真族从建国以前就采取三百户为一“谋克”、十谋克为一“猛安”的行政编制。这种行政单位也是军事单位，一谋克约有一百人、一猛安约有一千人的士兵，无异于全民皆兵。即使是从事打猎等生产活动，也按照这种单位组织进行。指挥系统明确，一旦发生战争，指挥员的意志能贯彻到基层组织，可以开展极其灵活机动的运动战。另外，女真族擅长骑马，在与高丽的交易中，女真族出口的马匹占最重要的部分。金灭亡契丹族的辽国以后，对契丹族也采取谋克、猛安的编制方法。但南宋与他们交战的过程中，逐渐掌握对方的打法。经过在淮河的反复交战，南宋识破金军的作战意图，针对其机动性，制定出新的战术，取得相当好的效果。

金军对南宋不能像过去那样连战连胜，南方水网密布，这样的地区本来就不适合骑马作战。金军经常被岳飞等打得落花流水。宗弼等金军高层首脑都明白谋克、猛安已经失去神通。

虽然成吉思汗尚未出生，但大兴安岭西面已经出现动乱前兆的迹象，蒙古系游牧民的抢掠活动开始活跃起来。耶律余睹的叛乱可以防患于未然，但不知道契丹族的不满分子会何时作乱。金国在耶律余睹叛乱之后对契丹族没有采取严厉的态度，而是继续其怀柔政策。金国不能不这样，在南方与南宋剑拔弩张的时候，北方的防备稍有松懈，很可能会酿成大事。

在这种形势下，金国内部主张与南宋建立和平关系的声音也大起来。这个时候，能够完成与南宋缔结和约的任务，自然是一大功劳。宗盘、挞懒跃跃欲试，重整旗鼓，试图挽回败局，反败为胜。尤其是挞懒，早就把秦桧派回南宋，建立起强有力的渠道，所以他充满自信。

南宋绍兴五年（1135 年），幽禁在金国的徽宗死去。因为熙宗也是在这一年即位，所以没有把徽宗死去的消息通知南宋。熙宗正月即位，徽宗四月死去，南宋依照惯例，派遣通问史前来询问二帝的安康，要求归还二帝。然而，金国对徽宗之死缄口不语。

绍兴七年（1137年）正月，从金国回来的何苏、范宁之才带回来徽宗及其皇后死去的消息。宁德皇后不是高宗的生母。高宗知道生母韦氏还活着，在五国城，夫人邢氏当时也健在。高宗知道这些情况后，心情急切地推动与金国的和平谈判，而和平派巨头秦桧作为枢密使体会高宗的意图，积极展开媾和活动。

金国的和平派首领是与秦桧有着秘密联系渠道的挞懒以及协助他的宗盘。在废除齐国问题上与他们意见一致的宗干却反对与南宋议和。其实他关注的不是议和本身，而是警惕挞懒和宗盘通过媾和谈判的成功增强本派的力量。

挞懒提出媾和的条件是将被废除的齐国的土地送给南宋，换取南宋承认金国的宗主国地位，并交纳岁贡银二十五万两、绢二十五万匹。以土地换取对自己的臣服，金国在与高丽、西夏的和谈中就有先例。在南宋看来，能够收回从河南到陕西的一大片失地，这具有极大的诱惑力，但必须忍受屈辱，臣服金国。

南宋绍兴九年（1139年），即金天眷二年，谈判达成协议。归还徽宗的遗骸以及高宗的生母韦氏也包含在协议的条件里。

但是，金国撕毁了双方达成的协议。将属国齐的领土就这样轻而易举地送给南宋，引起金国朝廷的激烈争论。挞懒等和平派强调不是把齐的土地白送给南宋，目的在于南宋拉进来，使之逐渐齐化——属国化。如果以前不肯顺服、一味挑战的南宋今后也能像齐国那样俯首帖耳，那是再好不过的结果。把河南地区的土地送给他们，绝不是自己不心疼。对此，反对派反驳道：能保证南宋得到土地以后就像齐国刘豫那样对金唯命是从吗？

金国朝廷的这场争论甚至超出了与南宋媾和的问题，出现熙宗、宗干的新帝派与挞懒、宗盘的反新帝派的权力斗争的势头。按照协议规定，南宋绍兴九年（1139年）三月，金国将位于河南、陕西等地的旧齐国领土的大部分归还南宋。然而，金国朝廷的新帝派后来进行反扑，宗干与掌握兵权的宗弼勾结，以挞懒等阴谋叛乱为由，成功地清洗全部反新帝派，同时撕毁反新帝派与南宋签订的媾和协议。

就南宋而言，不可能将到手的河南、陕西的土地乖乖地奉还。于是，第二年，天眷三年（1140 年），金国派遣以宗弼为司令的南伐军占领开封和长安。南宋军队也英勇善战，给予金兵沉重打击，岳飞、韩世忠、张俊等在各地击败金军。尤其是青年将领岳飞更是表现出色，战功卓著。他们在与金军的长期作战中已经摸透对方的战术战法。金军陷入困境，连总司令宗弼亲自指挥的战斗也经常被南宋军队打得狼狈不堪。

金军最惨重的损失是指挥千军万马的将军、金王朝实质上的领导人宗干于皇统元年（1141 年）死去。另外，据来自北面的情报，大兴安岭以西的局势异常紧张。这样，金军更迫切希望与南宋停止作战。

宗干、宗弼之所以主张对南宋采取强硬的政策，在很大程度上因为主张对南宋和解的是挞懒这些人，才予以反对。如今挞懒等已经被杀，既然不存在反对派，他们也就没必要一味反对和解。于是，宗弼接过挞懒的遗产，利用秦桧这条渠道与南宋重开和平谈判。

秦桧对南宋军队英勇顽强地在各地打击金军的现状感到头疼，担心本国军队获胜，这实在令人不可思议，然而秦桧正是这样的心态。于是，秦桧处心积虑地压制抗战将领，除掉和谈的障碍。

秦桧决定以论功行赏的名义召回在前线的所有将军。只要回到杭州，就封以高官，韩世忠、张俊当上宰相级别的枢密使，年轻的岳飞当上枢密副使。然而，这和金国宗干对付宗翰所采取的方法一样，虽然封给高官，却被剥夺了兵权。

盗匪出身的张俊却很有一套发财的本领，他拥有一座六十万石租米的大庄园，是最积极赞成议和的军阀。既然拥有大量的财产，大概就不想打仗了吧。最坚决反对议和、始终如一的主战派人物是岳飞。他直至最后依然绝不屈服地反对朝廷的和谈政策，结果被秦桧诬陷谋反之罪，投入监狱，遇害。

既然朝廷容不得主战派，岳飞也想辞官引退，但因为他战功卓著、声望过高，一旦下野，犹如放虎归山，反对议和的人们必然聚集在他的麾下，开展活动。

据说连秦桧也犹豫再三，不敢对岳飞下手，在他妻子的唆使下，才终于下决心杀害岳飞，所以杭州岳王庙前跪着的塑像也有秦桧的妻子，与她的丈夫锁在一起。

岳飞一死，南宋朝廷里的主战派就无声无息。南宋与金国再次签订和约，同时南宋恢复建国以来的文官优先的传统体制。

金国与南宋以淮河作为分界线，开封、长安成为金国的领土。与前一次天眷时期的媾和条件相比，这一次对南宋更加不利，承认金国的宗主国地位、岁贡的数额与上一次一样。和约签订于金皇统二年(1142年)，同年，徽宗灵柩以及高宗的生母韦氏归还。

这时高宗才知道妻子邢氏已于三年前死于五国城。

钦宗终于未能回来。据说韦氏回来的时候，钦宗向她诉苦哀求下一次接自己回去。然而，韦氏南归以后的十九年间，钦宗没有接到朝思暮想的接他回去的消息。南宋绍兴三十一年（1161年），钦宗怀着刻骨铭心的怀乡之情死于北地，享年六十一岁。他不像父亲那样被艺术、音乐消磨意志，即位以后就努力整饬政治，但为时已晚。

享国日浅，而受祸至深，考其所自，真可悼也夫！

《宋史·钦宗本纪》两次反复感叹“真可悼也夫”。

然而，钦宗未能回来是因为高宗没有积极要求金国归还长兄。

钦宗不回来，高宗可以不必让位，自己继续当皇帝。非常时期，这样做也许迫不得已，但在正统观念严格的宋代，有人对高宗即位的正当性表示怀疑。如果钦宗回来，高宗怎么办？考虑到这些，自然引起人们的猜测。其实，建炎三年（1129年），就发生明受之乱。这是苗傅、刘正彦这些高官主张高宗不应在位而发动的叛乱。自古以来，在国家紧急存亡之秋，都是皇太后摄政。当时，哲宗的废后孟氏还健在。她曾经被张邦昌抬出来过。大家一致认为，隆佑太后孟氏才是正统。于是高宗退位，立三岁的皇太子为帝，孟氏摄政。苗傅、刘正彦其实是为了在新政权里当上高官，才利用正统名分这个借口。幼帝的元号为“明受”，所以这起事件被称为明受之乱或者苗刘之乱。

吕颐浩、张浚发动勤王军，迅速平定苗刘之乱。高宗于三月癸未退位，四月戊申复位，其间只有二十五天。虽然已经复位，但是高宗依然不放心远在北面的哥哥钦宗，要是他回来的话，很难保证不会发生第二次明受之乱。不论在什么时代，苗傅、刘正彦这样的不满分子随时都在注视着权力交接的斗争。正因为发生了明受之乱，高宗并不积极向金国要求归还钦宗。

负责与金国谈判的秦桧充分体会高宗的意图，只提出归还徽宗灵柩和韦氏的要求。从金国方面来说，钦宗还是一张可以利用的牌，所以要把握在自己手里。例如，天眷议和的时候，金国暗示让钦宗在河南地区称帝，逼迫南宋让步。

如果金国有意将钦宗立为傀儡皇帝，那就不是像张邦昌、刘豫那样的冒牌货，而是具有正统性的傀儡国家。大概金国认真考虑过是否册立钦宗的问题，综合分析利害得失，最后还是放弃这个设想。不管怎么说，钦宗在形式上还是宋朝皇帝，既没有退位，也没有让位，如果让他在河南建国，南宋高宗政权的正统性就站不住脚，南宋王朝就可能崩溃。这样，具有正统性的河南钦宗政权很可能会强大过头。如果傀儡政权变成不是傀儡，河南地区与金邻接，对金会造成巨大的威胁。

尽管不打算册立钦宗，但作为对付南宋的一张牌，必须继续扣留在金国。这样做也正是高宗求之不得的。

在归还问题上，让秦桧头疼的是高宗的妻子邢氏。邢氏被掠往北地后，高宗日夜思念，虚皇后之位以待。当然，后宫也有他宠爱的女人，尤其是开封人吴氏，十四岁的时候就进入当时还是康王的后宫，深受宠爱。她的地位可以说是实际上的皇后。邢氏一旦回来，吴氏大概感觉自己无法立足，就恳求秦桧不要向金国提出归还邢氏的要求。秦桧夹在高宗与吴氏之间，一定很不好受。不过，这件事由于邢氏已经死于北地得以自然解决。

高宗的生母韦氏回到杭州后，在她的斡旋下，高宗立贵妃吴氏为皇后。吴氏体会高宗思念邢氏的心情，便将邢氏家族的女子嫁给自己的亲戚，用心良苦，真是一个不可端倪的女人。

吴山第一峰

岳飞被美化，秦桧被丑化，如果过头，那就必须更正。后代的史学家中，有人推测，岳飞被召回中央以后，韩世忠和张浚被任命为枢密使，而自己只是枢密副使，对此心怀不满，才故意与秦桧作对。还有人怀疑岳飞的战功被夸大。《宋史·岳飞传》记述绍兴十年（1140年）“克复京西州郡”，而《金史·熙宗本纪》记述同一年是“五月，平河南。六月，平陕西”。

二者的记录相互矛盾。历代的历史记录自然都有夸耀胜利、尽量轻描淡写败战的倾向。然而，如果认真阅读《金史》的列传，就会看到例如《阿鲁补传》中有这样的记述：

宋将岳飞、刘光世等，果乘间袭取许、颍、陈三州，旁郡皆响应。

从中可以知道岳飞的战功未必被夸大描写。

也有人为秦桧辩护，认为当时南宋在军事上无力抵御金军的南下，自然只能通过外交谈判谋求国家的安全；还说为了归还徽宗的灵柩以及高宗的生母韦氏，作为交换条件，同意臣服也是没有办法的。另一方面，有的史学家认为，即使南宋不签订丧权辱国的协议，以当时金军的实力，不可能进入淮河以南地区，从而断定秦桧的所作所为完全是为金国谋利。明朝异端思想家李卓吾甚至为冯道这样的大坏蛋辩护，但是也没有为秦桧辩护，反而还推测秦桧阴谋篡权，只是因为秦桧早死，才使高宗免遭一难。

但不论秦桧的动机如何，他通过抑制军阀，得以维持宋朝传统的知识人优先的文化社会。南宋首都杭州出现令人惊叹的繁荣景象，被称为人间天堂。

媾和以后，两国之间自然有使节往来，金国选派了具有高度汉文化修养的人作为使节。南宋高官与金国使节一定在杭州举办诗文应酬吟咏的清游，所以必须挑选在这种场合也毫不逊色的、能代表金国的文化人。于是，在金国朝廷产生一种风潮，如果能被选为使节前往南宋，那就是莫大的光荣。而这个名誉的职务就是为有功之臣以及隐退的高官所准备的。

高丽、西夏，加上南宋的臣服，金王朝成为东亚最大的政权，感觉自己实力强大。如果金国没有与南宋订立皇统和约，陷入困境的应该是金国；如果没有南宋定期的巨额岁贡，金国的经济就难以为继。另外，通过岁贡之外的贸易往来，金国也受到巨大的恩惠。

金国最大的弱点是作为统治种族的女真族的人数很少。据大定二十三年（1183年）的统计，女真族人口为615.8万多，而全国人口约为四千四百万。这是从淮河以北至西面确定大散关为国境线以后的统计，女真族仅占全国人口的七分之一。在黄河以北还是金国疆土的那个时期，女真族占全国人口的比例应该更高一些。金国越是扩张领土，基础越显得脆弱。

从这个意义上说，金国以淮河为线是最大限度，渡过淮河南下非常危险。金国领导人对这一点十分清楚，所以金国的扩张势头停止在淮河以北并不是秦桧的手腕。

上面谈到女真族在全国人口中的比例，这个数字没有考虑到地区差异。金国扩张到南面的领土上几乎没有女真族，所以那里的地盘脆弱更加明显。熙宗时代，女真族大规模迁往中原地区，史料记录迁居者达到三十八猛安。女真族的一户人口约为十人，三十八猛安就是十几万户，约一百万人。

这次大迁居完全按照谋克、猛安的单位编制进行。可是，女真族迁居中原以后，无法像以前那样以从事打猎、淘金砂为生，不得不从事农业劳动。由于不熟悉农业，效率自然不如汉族，因此很快就产生女真族的贫困化问题。尽管享有土地等优惠政策，但不少土地作为借贷的偿还被汉人拿走。另外，由于受到国家的特殊照顾，也养成他们依赖国家的懒惰习惯。

缺少文化免疫力的女真族立即沉迷于辉煌灿烂的汉族文化，开始失去民族固有的野性活力。这个问题也许比经济问题更为严重，女真族的汉化速度极其迅速。

辽国的“汉”的部分仅限于燕云十六州，只是国家的一部分领土，采取二元（二院）制的政治体制予以管理。然而，金侵占河北并进入河南地区，“汉”不得不成为它的主流。二元制政治体制的废除是因为它已经行不通了。金与辽不同，不变成汉式的中原国家就无法生存下去。当它决定进入中原的时候，就已经注定这样的命运。金国皇帝不得不加强自己作为汉式的中原国家天子的性格，而不再是女真族首领的性格。

女真族首领必须尊重长老的合议，自己不过是长老会议的主持人而已。然而，一旦成为中原国家的天子，就是承受天命，对天下万民具有绝对权威君临其上的人。熙宗继承太宗即位，以宗干作为监护人，积极推动的正是这样的转变。清洗挞懒、宗盘可以看作为完成这个转变所采取的措施之一。

成为中原国家的太子倒没什么，只是后来熙宗变得荒唐起来，肃清皇族、宗室的过程中，似乎变成一个施虐狂，加上酗酒乱性，对他简直束手无策。

宇文虚中、高士谈这些文人也被杀。宇文虚中是南宋的使节，被金国扣留，任命为翰林学士。被金国扣留的宋人试图逃跑就是犯死罪，连家族也一起被杀。这一年是金皇统六年（1146 年）。《中州集》收有他的诗歌五十首，流露出违心仕于金朝的痛苦心情，读来令人感慨。

人生一死浑闲事，裂眦穿胸不汝忘。

虽然是被迫为之，但仕于敌国，就已经把死看作“闲事”。大概他平时就瞧不起女真人，引起反感，被诬陷治罪。

不少南宋使节像宇文虚中这样被扣押在金国，文人米芾的女婿吴激也是其中一人。他在一幅《潇湘图》上题下这样一首七绝：

江南春水碧如酒，客子往来船是家。
忽见画图疑是梦，而今鞍马老风沙。

俗话说南船北马，江南人对船怀有亲切感。即使是看到画中之船，也让南人心动不已。如今自己在现实生活多是骑马，却依然梦见江南水乡，他感叹在北方的风沙中逐渐老去。

宇文虚中被杀的第二年，《金史·熙宗本纪》有这样的记述：

四月戊午，宴便殿。上醉酒，杀户部尚书宗礼。六月丁酉，杀横海军节度使田瑴、左司郎中奚毅、翰林待制邢具瞻及王植、高凤廷、王效、赵益兴、龚夷鉴等。

被喝得酩酊大醉的皇帝所杀，实在无法容忍。

《金史·熙宗本纪》在皇统九年（1149年）的记述中，到处可见“杀”字。五月，翰林学士张钧被杀；八月，左司郎中三合被杀。

十月乙丑，杀北京留守胙王元及弟安武军节度使查剌、左卫将军特思。

十一月癸未，杀皇后裴满氏。召胙王妃撒卯入宫。戊子，杀故邓王子阿懒、达懒。癸巳，上猎于忽剌浑土温。遣使杀德妃乌古论氏及夹谷氏、张氏。

十二月己酉朔，上至自猎所。丙辰，杀妃裴满氏于寝殿。

这就不是简单的酒后乱性的问题，可以说是杀人狂。不仅皇族、宗室，连自己的皇后、妃子也接连杀死。

平章政事（宰相）完颜亮是熙宗的拥立者、监护人宗干的儿子，与熙宗是堂兄弟关系。他担心自己随时都有可能为熙宗所杀，群臣也都“震恐”，于是杀掉熙宗，自己即位，即金国第四代皇帝海陵王。至于为什么不称呼庙号的宗，只是称王，我将在后面叙述其原因。

海陵王具有高度的汉文化修养，只是他的血管里流淌着与堂兄弟熙宗相似的血。史书把海陵王描写成中国历史上罕见的暴君。他的确是一个野心家，很有才能，男女关系也十分淫乱，但并没有史书上所描写的那个程度。海陵王和熙宗一样被杀。

海陵王被杀后的第五代皇帝是世宗。《金史》有这样的记述：

世宗尝曰：海陵以近习掌记注，故当时行事，实录不载，当访求书之。

海陵王让心腹记注（皇帝起居的记录），不利的内容不会记载在实录里，所以要访求补充。《金史·贾益谦传》有这样的记述：

禁近能暴海陵蛰恶者，辄得美仕，故当时史官修实录多所附会。

世宗为了强调自己即位的正统性，必须尽可能把海陵王贬为恶人。但是，海陵王时代没有留下坏事的记录，于是就要访求补充。提供材料揭露海陵王做坏事的人会得到升迁，所以就必然会有演绎、附会、编造。这就是对史书的记载不可全信的原因。

要说海陵王的业绩，引人注目的是他继承熙宗的事业，努力建立一个中央集权的汉式中原国家，可以说他完全是不顾一切地鲁莽蛮干。

左宰相宗贤进言应该起用本国人（女真族）担任州郡的长官，熙宗的回答是：

四海之内，皆朕臣子，若分别待之，岂能致一。

这显示的不是女真族首领的心态，无疑是中原国家皇帝的胸怀。海陵王的意识则更加强烈，情绪高涨，不满足于一半天下的君主，踌躇满志，要夺取天下，成为名副其实的天下大帝国的君主。如果历史上有哪一个国家与当时的金国相类似，大概就是南北朝时期的北魏吧。迁都洛阳之前的北魏的首都大同与金国的副都西京也很相似。但是海陵王的目标不是北魏，而是秦汉或者隋唐那样的规模。不知道他本人是否意识到，海陵王的所作所为与隋炀帝十分相似，怪不得死后谥号为“炀”。

根据《谥法》，对“好内远礼”“逆天虐民”者才谥号“炀”。

说到海陵王，立即会联想到“荒淫”这个词。他荒淫的对象多是宗族亲戚。和熙宗一样，海陵王也经常杀戮皇族宗室，而且把他们的遗孀、女儿纳入后宫。宗敏的妻子是海陵王的叔母；宗望的女儿、宗弼的两个女儿、宗隽的女儿等都是同姓的堂姐妹，按照中国的礼法，不能结婚。海陵王虽然醉心于中国文化，但在这件事上无所顾忌，甚至也把不少堂兄弟的妻子纳入后宫。

由于可以升迁的奖赏，收集到很多有关海陵王淫虐的丑行，所以对史书的记载要有所保留，但不管怎么说，海陵王杀害很多宗族、将其妻女纳入后宫是事实，不是编造的。杀宗族也许可以说是确立皇帝绝对权威的一种措施，是继承熙宗的做法。将被杀的宗族的妻女纳入后宫，也许是为了将这些心怀怨恨的女人与世间隔离开来。

熙宗被杀是在皇统九年（1149 年）十二月丁巳（九日），离新年大约只有二十天，然而海陵王迫不及待地改元天德。皇统九年也是天德元年。按照中国的孝道观，父制不能突然改动，皇帝死去这一年的元号一般不改动，等到第二年再改元。海陵王一即位就改元，是因为不承认酒后滥杀的熙宗为皇帝，葬礼也不是以皇帝之礼，而是降格为东昏王，埋葬在被他所杀的皇后裴满氏的墓穴里。世宗时代，才确定熙宗的庙号，以皇帝的规格改葬。

熙宗三十一岁被杀，堂弟海陵王小他三岁。《金史·熙宗本纪》记载海陵王亲执白刃参加杀害：

血溅满其面与衣。

血溅满面而起家的海陵王政权最后也充满腥风血雨。

天德二年四月，海陵王即位不过一百多天，他就已经开始大肆杀人。宰相宗本、唐括辩、秉德、宗懿等重臣，还有太宗的子孙七十多人、宗翰的子孙三十多人，此外各宗室五十多人同时被杀。

天德三年（1151 年）四月，颁布迁都燕京的诏书。上京会宁府（今黑龙江省哈尔滨市东南面）作为中原国家的首都过于偏靠东北。海陵王选择辽代就是燕云十六州的汉族文化中心的燕京（今北京市）作为新国都，这令人想起醉心于中国文化的北魏孝文帝从大同迁都洛阳的情景。国都燕京的正式名称是中都。为建设中都，自然动员大量的人力物力。据史料记载，参加建设中都的劳工每人可以得到一匹帛。

天德五年（1153 年）三月，海陵王进入燕京，改元贞元。为了将金王朝建设成中央集权的中原帝国，对各项制度进行改革。既有才能又有文化的海陵王对自己的所作所为似乎过于自信，以极其强制的方式推行新制度，事先根本不进行酝酿商议，他的话就是法律。也许在海陵王看来，所谓的事先商议就是女真族的长老合议制时代的旧弊病。

迁都燕京只是海陵王实现野心的第一步，吞并天下，与秦汉隋唐并驾齐驱才是自己的雄心壮志。具体地说，就是吞并占据天下南面半壁江山的南宋。海陵王为此积极准备，同样由于他的性格，这个准备显得操之过急，强迫蛮干。

海陵王的野心也许来自他野性活力的泛滥、幼稚的膨胀欲、贪得无厌的独占欲，但是，从政治的角度来看，他的南进是必然之势。

金国很早就占领黄河以北的土地，废除傀儡国家齐，与南宋交战，把领土扩大到淮河以北，然而，这些新领土的居民几乎都是汉族。早在唐朝，淮河以南地区就支撑着国家经济。所以，仅仅占有北半部的土地显然只是“单轮驱动”。

南宋给予金国的岁贡银二十五万两、绢二十五万匹是对南北贸易的补差，即使有这个补差，金国还是经常入超。南宋付出巨额岁贡，在贸易方面弥补回来，据说甚至还有盈余。皇统和谈后，在国境线设立几处榷场（交易基地），以便进行南北交易。南宋从金国购买珍珠、毛皮、人参等，金国则从南宋购买茶叶、药材、香料等。其中茶叶的交易数额巨大，金国在本国积极引进栽培茶树，并且发布命令禁止七品官以下的人喝茶。这无疑是防止入超过度的措施。

榷场以外的地方，大概运河上交易也十分繁荣。淮河为线，现在的淮河还是小麦地区与水稻地区的分界线。就是说，金国所占领的地区几乎不产大米。可是淮河以北的汉族不少人习惯吃大米，据说越是高层的人吃大米的越多。这些大米都是由南宋提供，所以金国的粮食掌握在别人手里。随着迁居的女真族的汉化，金国国内对大米的需求越来越多。

海陵王的南征大概也有这样的经济背景，秦汉隋唐的鼎盛时期都是南北统一的中国，所以怀有强烈的大一统的愿望。

海陵王在杭州的一幅描绘着山水、城市、宫殿等的屏风上题写这样一首七绝：

万里车书一混同，江南岂有别疆封？
提兵百万西湖上，立马吴山第一峰！

车书同，这自然是引用秦始皇的典故。秦始皇统一天下以后，实行书同文、车同轨，同样的车子可以在全国各地行驶。如今中国南北分而治之，应该像秦始皇那样实现统一。而能够完成这统一伟业的除了我这个金国皇帝外，别无他人，显示着舍我其谁的自负。

如今江南存在着另一个政权——南宋，这是不允许的！这首诗无异于南征宣言。

海陵王进入燕京两年以后，南宋绍兴二十五年（1155 年），主和派的巨头秦桧死去。第二年，金国改元正隆，海陵王从这个时候开始南征的准备。燕京作为南征的大本营还是偏北，将燕京称为中都的时候，就已经决定称汴京、即开封为南京。这个南京开封在贞元三年（1155 年）被大火烧毁，损失惨重，于是开始修复。当时海陵王就考虑将开封作为首都。燕京的修建、开封的重建都极具规模。据说海陵王喜欢大兴土木这一点与隋炀帝很相似。

金正隆四年（1159 年），海陵王诏谕重臣，开始南征准备。各路的猛安、谋克中二十岁至五十岁者一律登记军籍。另外征调五十六万匹马，据说平均每家富豪征调六十匹。这一年十二月，太医使祁宰上书劝谏伐宋，海陵王怒而杀之。

正隆六年（1161 年），海陵王终于发兵伐宋。六月，进入南京开封。但是，金国内部发生骚乱。由于契丹族的壮丁被大量征兵，自然发生动荡。契丹族位于西北路，要经常与从西面前来抢掠的游牧民打仗。游牧民的袭击绝对不会停止。然而，海陵王派来的使者按照敕命要征调所有的壮丁加入军队。契丹族的长老对使者这样陈情道：

西北路接近邻国，世世征伐，相为仇怨。若男丁尽从军，彼以兵来，则老弱必尽系累矣。幸使者入朝言之。

不论长老怎么哀求，但是使者说不敢这样向海陵王汇报。谁也不想重蹈太医使祁宰的覆辙。年轻人全部被征兵，这的确关系到契丹族的生死存亡。当契丹族知道征兵不可违抗时，不得不起来造反。

海陵王对解决契丹问题充满信心，他比以前的三代皇帝对契丹的政策更加优厚。这是海陵王警惕、杀戮本民族的女真宗室、贵族的政策的一种反动。他害怕本族人会成为自己的竞争对手，会篡夺自己的位置，对异族契丹族反而感到放心。甚至一个时期阁僚中有一半竟然是契丹人。

对于因抵制征兵而发生的契丹族叛乱，海陵王派西京留守萧怀忠等契丹族将领前去讨伐。女真族的将领大概几乎都参加伐宋军了吧，这也说明海陵王对自己的怀柔政策多么自信。然而，海陵王的性格是过于自信。

讨伐军未能平定契丹族的叛乱，萧怀忠等将领承担失败的责任并被杀。这起叛乱本来是起因于逃避征兵，但这时契丹族的造反军拥立辽国的皇室——降金的天祚帝耶律延禧的一个后裔为帝，一般性的造反从而演变成独立战争。

海陵王诛杀在金国的辽国耶律氏后裔和宋的赵氏后裔一百三十多人。一旦发生独立战争时有可能被拥立为帝的人事先统统杀掉，这就是海陵王粗暴的手段。他手中最后一张王牌钦宗也已于五年前在流放地死去。

契丹族的叛乱并没有阻挡海陵王的南征。这一年八月，皇太后徒单氏因劝谏海陵王伐宋，被杀。海陵王的生母是大氏，但父亲宗干的正室是徒单氏，两个人都被立为皇太后。虽然徒单氏不是海陵王的生母，但相当于嫡母。海陵王杀戮徒单氏，焚烧宫殿，把她的骨灰扔在水里，皇太后的侍女七十多人也一起被杀，简直是杀人狂魔。

发动叛乱的不仅仅是契丹族，由于备战而征兵、征用马匹、建造兵船、为保障军费的征税等，使得各地人民疲惫困顿，不堪重负。而且在备战之前，还有燕京和开封的修建，人民无法休养生息。当时的状况是：

大名府贼王九据城叛，众至数万，所至盗贼蜂起，大者连城邑，小者保山泽，或以十数骑张旗帜而行，官军莫敢近。上又恶闻盗贼事，言者辄罪之。

尽管如此，海陵王还是坚持伐宋，有人提出军需恐怕不足，海陵王说“民间储蓄尚多，今禾稼满野”，一句话顶了回去。

九月，海陵王亲自率领三十二总管之兵南下伐宋。但是，这支远征军的士气极低。

《金史·海陵本纪》在上述所引有关叛乱军的那一段话后，紧接着这样记述伐宋的金军的实际状态：

将士自军中亡归者相属于道。曷苏馆猛安福寿、东京谋克金住等始授甲于大名，即举部亡归，从者众至万余皆公言于路曰：“我辈今往东京，立新天子矣。”

隋炀帝远征高句丽，人民疲惫，各地群盗蜂起，官兵唱着《无向辽东浪死歌》逃亡。海陵王的远征与隋炀帝的远征简直如出一辙。熟知中国历史的海陵王也没有吸取五百五十年前隋朝灭亡的教训。大概是过分自信使得他失去了向历史学习的虔诚态度。

契丹族的叛乱从兴安岭扩展到热河。咸平府谋克括里攻陷韩州，形成觊觎东京（沈阳）之势。

东京留守是海陵王的堂弟完颜雍，女真名乌禄，父亲宗辅与熙宗的父亲宗竣、海陵王的父亲宗干是兄弟，生母李氏不是女真人，是渤海人。

东京副留守高存福，其女儿被海陵王纳入后宫。他在东京其实负有海陵王交代的监视完颜雍的任务。海陵王动不动就找个借口毫不留情地杀戮宗室，大概完颜雍也是终日提心吊胆吧。他在讨伐契丹族叛乱军的括里以后回师途中，遇见从南面过来的一个名叫六斤的老朋友，得知海陵王杀嫡母，杀表兄弟檀奴、阿里白，并且派人杀害宗室各王的消息。而且高存福家里对完颜雍表示善意的人偷偷把诬告计划告诉他。

可以说完颜雍被逼得走投无路，但也可以说完颜雍先发制人斩断海陵王伸过来的魔手。十月丙午日，完颜雍在宣政殿即位，即世宗。尚未出发的部分南征军也来投奔世宗，他深孚众望，受到人们的爱戴。人们对熙宗、海陵王这样性格暴烈的君主已经吃够了苦头。这个世宗被誉为金王朝的第一明君。

世宗改元大定，列举海陵王的几十条罪状，弑皇太后、杀宗室诸王、破坏上京宫殿等，暴举秽行，无恶不作，这样的恶贯满盈者没有资格当皇帝，宣布自己被大家推举即位。

此时的海陵王已经南下抵达长江边上。金军从汉南、浙东、西蜀这三条路分兵前进。浙东一路的金军在海上与南宋军交手，大败，副统制郑家战死，但其他两路基本按预定计划前进。

山林之民出身的金军在这一次伐宋战役中才第一次组建水军。说到第一次，据说驻守在长江边上的南宋军第一次用火炮抵御金军的进攻。这火炮究竟是什么样子，不得其详。不过，据文献记载，韩世忠曾使用火箭与金军交战。

海陵王已经得知世宗即位的消息，但出于他倔强的性格，继续进行渡江作战。他要先平定江南，然后乘势杀回去，将东京的谋反者一网打尽。他进兵和州，就是现在的安徽省东部、过去项羽自尽的乌江附近。长江的对岸是现在的马鞍山市，旁边有一处要地采石矶。南宋名将虞允文在这里防守。金国武平总管阿邻强行渡江，被南宋军击退。《金史》也有这样的记述：

遣武平总管阿邻先渡江至南岸，失利。

失利之后，金军移兵扬州，集结水军于瓜洲渡，准备再次渡江。这时，位于现在湖北省的荆州、鄂州的南宋水军陆续沿江而下开始增援。海陵王心急如火，必须抢在南宋援军到达之前过江。他警告威胁说，如果三天内过不了江，所有将领统统杀死。

乃还扬州召诸将，约三日毕济，过期尽杀之。诸将遂弑亮。

《十八史略》如此简单记述海陵王被杀的经过。期限三天，违者处死，这样的威胁也许是悬赏的手段。此时已经十一月，将领们也都知道世宗已经在东京即位。另外，世宗大概也派人混进伐宋军里拉拢将领，要他们起来造反。

杀死海陵王的是浙西道兵马都统制完颜元宜。这时海陵王四十岁，在东京即位的堂弟世宗只比他小一岁。

本书为方便起见称他为海陵王，实际上，他生前无疑是皇帝。死后的第二年，他被降格为海陵郡王，埋在王的墓地。后来，由于揭发出来的海陵王罪行实在太多，大家认为他没有封王的资格，于是诏降为庶人，改葬到山陵西南四十里地。《金史》称他为“废帝海陵庶人”。

海陵王被弑以后，金军自然退兵。大家都想尽快知道新帝是怎么考虑的，对伐宋军的将领会采取什么样的措施。金军都督派人向镇江的南宋军提出停战和解。

金军一撤退，南宋军立即采取追击的态势北上，不仅收复失地，还越过先前的国境，继续向北进兵。

世宗首先着手解决契丹族叛乱的问题，与南宋的战争是对外战争，而契丹族的叛乱是内政问题，必须首先把国内的事情解决好。

令金国感到幸运的是，契丹族叛军内部发生分裂。契丹人谁都知道遥远的西面有一个耶律大石创建的契丹国——哈喇契丹（西辽），受到金军讨伐的契丹叛军中，有人主张往西去西辽，但也有人主张宁可开展游击战，也不愿意离开生活习惯的地方，这两派发生对立。

世宗采取软硬兼施的政策，一方面派兵讨伐契丹叛乱军，另一方面派契丹的高官继续做说服工作。受命说服契丹叛乱军的是在扬州龟山寺杀死海陵王的完颜元宜。他以此功受赐女真族的姓氏完颜，本姓是耶律氏。

契丹叛乱军内，主张去西辽的首领撒八被反对派杀死，窝斡打算逃往西夏，但被讨伐军抓杀。世宗对投降的契丹族采取宽大措施，他必须尽快平定内乱，然后集中精力解决外交问题——与南宋交战。

一部分契丹族叛乱军投奔南宋。前面说过，咸平府谋克、契丹族首领括里觊觎东京，而当时担任东京留守的世宗将他击败。据《金史》记载，此人逃到南宋。南宋方面的史料记载，金国左骁卫上将军耶律适哩归顺。这个耶律适哩与《金史》所说的括里无疑是同一人。南宋打算充分利用这些契丹人，因为与南宋对峙的金军中有很多契丹族官兵，南宋觉得这些投降过来的契丹人具有相当大的可利用价值。

经过一年半的时间平定契丹之乱后，世宗挥师南下，与越过淮河界线的南宋军对抗的同时，提出议和。

南宋绍兴三十一年（1161 年），在海陵王被杀、金军北归以后，南宋终于松了一口气，紧蹙的眉头也舒展开来。此时高宗在位也将近三十五年。第二年，绍兴三十二年，高宗让位给皇太子，自称太上皇，隐居德寿宫。

高宗的亲生儿子元懿太子早死，将皇族秀王赵子偁之子赵昚作为养子，立为皇太子。赵昚即位后即为孝宗。

孝宗是太祖的第七代孙。宋朝自第二代皇帝太宗开始，就一直是太宗系统的后裔继承皇位，直至高宗。时隔大约一百五十年，高宗退位以后，再次产生太祖系统后裔的皇帝。这无疑因为高宗与孝宗的血缘相当疏远。虽然也有与高宗血缘更近的皇族，但之所以选定太祖系统后裔的孝宗，据说是吴皇后的意思。吴氏得知高宗夫人邢氏已经死于五国城的消息后，通过高宗生母韦氏的斡旋，册立自己为皇后。这个吴皇后相当能干，从她请求秦桧不要向金国提出归还邢氏等行为中可以知道，她对权势怀有强烈的兴趣。她大概想作为皇太后继续行使自己的权势，因此养子的新帝应该是高宗的远亲比较合适。如果是近亲，其本家人也是朝廷的权势者，吴皇后也许就不能为所欲为了。

在孝宗看来，自己这个远亲能被挑选当上皇帝，自然要感谢吴皇后的恩典，吴皇后也以此继续保持自己的权势。

皇太子的人选恐怕也不是吴皇后一个人说了算。在南宋的历代皇帝中，对孝宗的评价最高，至少要比受秦桧掣肘、害死岳飞等多有失误的高宗高得多。

有人认为，高宗在绍兴三十二年六月的让位，是因为在围绕金国提出的议和问题上，朝廷内部的主战派与主和派发生激烈的对立，他感到棘手，无法处理，而甩手不干的。

金国的世宗、南宋的孝宗这两个新领导人，几乎在同样的时间里，登上政治舞台，从而迎来了新的时代。

天地无情

南宋与金国的和约按照两国的不同元号，分别被两国称为“绍兴和约”“皇统和约”。但是，金国的海陵王撕毁了这个和约。

海陵王被部将所杀，金军撤兵。南宋政权交替孝宗即位后，南宋朝廷的主战派占据优势。孝宗为岳飞恢复名誉，再次重用张浚为枢密使，担任北伐军总司令。

张浚以金陵为基地，进兵北伐。但值得注意的是，投降南宋的契丹族将军也参加北伐。金军里面也有契丹族的部队，南宋的契丹族逃亡者就对他们进行策反活动，结果驻守在灵璧（今安徽灵璧县）的金国河南路都统萧琦投降南宋。萧琦是契丹族中后族名门出身。他的反水成为南宋军队前进的踏板，迅速占领宿州。灵璧和宿州都在淮河以北，根据绍兴和约，应该是金国领土。

南宋逐渐收复失地，但是南宋的胜利靠的更多的是运气。

第一，海陵王为部将所杀，世宗即位，金国国内的混乱造成前线士气的低落。第二，世宗优先考虑的是平定发生在热河地区的契丹族叛乱，而不是对宋战争，所以无法在淮河战线配备很多兵力。第三，金国的契丹族军心不稳给南宋带来好运。自己的同族在热河、兴安岭发动叛乱，遭到讨伐，自然会动摇军心。南宋通过投降的契丹人策反萧琦成功也存在这样的背景因素。第四，伐宋军总指挥仆散忠义北归入朝，使得金军的淮河战线指挥系统发生混乱。第五，这一年雨水频繁，女真族擅长的骑兵作战陷入困难，对南宋也很有利。马脚陷于泥泞，难以自拔，雨濡胶融弓不得发。

但是，之后仆散忠义作为金国宰相总戎事重返南方前线，战局再次发生变化。仆散忠义是金太祖的宣宪皇后的侄子，自然深得世宗的信任。把他叫回北方，是封他为尚书右丞，平定契丹族的叛乱。平叛成功以后，他再次渡过黄河，进入河南之地。在他的指挥下，金军又获得优势，而且立即夺回被南宋收去的宿州。海陵王死后，南宋以为自己时来运转，如今看来又要倒霉。

南宋的军队实力并不强，而金国也相当疲惫，它的经济依靠南宋的岁贡，战争发生以后，岁贡中断，经济陷入困境。仆散忠义开赴南方的时候，世宗就命令他和南宋进行停战谈判，底线是继续皇统和约。世宗明白，金国已经无法继续承受战争的沉重负担。

南宋虽然恢复岳飞的名誉，贬毁已经死去的秦桧的名声，但长期盘踞政权的主和派并没有被消灭。主战派的张浚被委以重任，但对立面的主和派对他虎视眈眈，随时伺机推翻他。

仆散忠义重返南方前线，金军重整旗鼓，南宋的主和派认为这是打倒张浚的最好机会。这个时期主和派的头目是宰相汤思退。

汤思退这个名字的含义是“思退”，但他的字是“进之”。绍兴三十年（1160 年）十二月，曾被侍御史陈俊卿以“挟狡诈之心，其所为多效秦桧”而弹劾，解除宰相职务。但隆兴元年（1163 年），重返宰相之位。即使是偏向于主战派的孝宗时代，主和派的势力也没有被削弱过。

当金军大举进攻、南宋战局不利的时候，汤思退就弹劾张浚专横跋扈、滥用军费，结果张浚被撤职，不久病死。

前面说过，北宋末期的新法、旧法之争超越政策论争，成为派系的对立，变成情绪性的争斗。南宋的主战派、主和派之争也已经超越政策论争，变成了毫无意义的情绪性的争斗。

南宋不收复被金国占领的北边领土，就无法恢复中华帝国的荣誉。金国不夺取南宋固有的淮南以南的土地，就只好安于经济失衡的国家。北伐和南伐分别是两国的基本方针，但两国都没有足够的力量完成这个基本方针，所以不久重新缔结和约。

国界的划分与以前的绍兴和约（金国的皇统和约）完全一样，只是因为海陵王的残暴行径以及契丹族的叛乱等原因，对金国稍有不利。孝宗乾道元年（1165，金世宗大定五年）签订的新和约对南宋稍微有利。

绍兴和约的岁贡是银二十五万两、绢二十五万匹，乾道和约分别减为二十万两、二十万匹。而且，名称由“岁贡”改为“岁币”。

根据绍兴和约，南宋臣服金国，而乾道和约中两国关系改为“叔侄”关系。旧和约是君臣关系，新和约改善为叔父与侄子的关系。将“贡”改为“币”也意味着不是属国的进贡。

在两国进行和平谈判的时候，南宋要求金国归还宋的祖先陵墓地区。宋代的陵墓在开封附近，陵墓地区并不大，犹如大海中的一个小岛，孤零零的，不可能在那里建立军事基地。但金国断然拒绝这个要求。南宋在宋陵地区无非就是举行仪式，但金国担心这样会增强居住在金国的汉人的民族意识。另外，金国使节持国书访问南宋的时候，南宋皇帝都要站立起来接受国书。南宋再三地要求改为坐着接受，但金国对这一条也绝不肯让步。金国认为，将君臣关系改为叔侄关系就已经是对南宋做出的极大让步，不能再让了。

金国积极促成缔结这个新和约，其使者经常南下。金国的意志在和约中基本都能体现出来，而南宋的主战派和主和派还在无休止地论战。

隆兴三年这一年改元为乾道，和约正式签订。乾道和约签订四十年以后，两国的和平关系再次遭到破坏。这个和约使两国关系维持了将近半个世纪的和平和稳定。双方由于都要处理内政等一系列问题，都需要一个和平的环境，所以才能够保持比较长久的和平关系。

缔结新和约这一年，陆游四十一岁，被任命为隆兴通判。隆兴是现在的江西省南昌地区。隆兴年间在此设府，元号就成为当地的地名，犹如绍兴年间在绍兴设府一样。

宋朝初期，为了削弱节度使的权限，在府、州设置通判一职，管理军事和警察。官阶虽然在知事之下，但后来权限越来越小，并不是重要的官职。

被誉为南宋首屈一指的大诗人陆游在政界不得志。他的一生经受很多挫折。北宋徽宗宣和七年（1125 年），他生于淮河的船上，当时他父亲陆宰奉官命将南方的物资运往开封。第二年，发生靖康之变，国都开封沦陷，二帝被劫往北地，还在襁褓中的陆游和家人一起开始逃难。

陆游的少年时代，正是秦桧当权时期，主和派当道，飞扬跋扈。陆游的父亲陆宰是主战派，家里经常聚集父亲的朋友，纵论国事。他们当然都是主战派成员。陆游从小就潜移默化地受到忧国忧民的思想熏陶。因为是秦桧当政的时代，来到陆家的大抵都是失意的人。父亲及其朋友的挫折感对陆游思想精神的形成产生很大的影响。

二十岁的时候，陆游和唐琬结婚。夫妻和谐，相敬如宾。但不知何故，陆游的母亲不喜欢这个也是自己家亲戚的儿媳妇，强行拆散这一对恩爱夫妻。在封建社会，亲子关系是绝对不容动摇的。陆游被迫与王氏再婚，但是他一生都深怀对唐琬的眷恋思念之情。唐琬不久也和一个名叫赵士程的男子再婚。

绍兴二十三年（1153 年），陆游参加进士考试，名居榜首。科举的最后一道考试是殿试，就是到宫殿在天子亲自在场的情况下接受考试，这个成绩才是最后的正式成绩。然而，第一次考试的时候，秦桧的孙子秦埙与陆游争夺第一，未能获胜，名列第二。因此，秦桧怀恨这个胜过自己孙子的陆游，其实他完全可以事先做好充分准备，让自己的孙子在第二年的殿试中获得第一，但秦桧偏要把陆游拉下来。陆游名落孙山。宋朝是进士至上主义制度，进士未及第，可以说完全无望在政界升迁。陆游遭到巨大的挫折。

第二年，失意寡欢的陆游来到故乡绍兴附近的沈园散步。这是一个沈氏人的私家花园，是当地著名的休闲去处。陆游不意在这里遇见十年前分别的前妻唐琬。唐琬在丈夫赵士程的陪伴下也来到这里散心。唐琬让丈夫准备酒肴送给陆游。

陆游与秦桧之孙争夺状元结果落第的消息也传到绍兴，大家大概都对陆游表示同情和惋惜。唐琬对前夫的挫折定然怀着安慰的心情。能充分理解妻子心情的赵士程也是一个心胸开阔的出色人物。据说陆游感慨万端，在沈园的墙壁上题写一首《钗头凤》词：

春如旧，
人空瘦，
泪痕红浥鲛绡透。

桃花落，
闲池阁，
山盟虽在，
锦书难托。
莫、莫、莫！

据说唐琬身材清瘦，也许此时她有病在身，因为不久就离开了人世。陆游活到八十五岁，至死依然思念唐琬。沈园邂逅之后四十多年，庆元五年（1199年），已是七十五岁的陆游再次来到故乡的沈园，写下这样的七绝：

梦断香消四十年，沈园柳老不吹绵。
此身行作稽山土，犹吊遗踪一泫然。

自己近年就要葬于会稽山，但来此凭吊遗踪，即回忆眷恋之地，不禁潸然泪下。这是何等纯洁的情感啊！这首诗开头就说“梦断”，虽然接连地梦断，陆游却依然接连地梦见。

陆游梦见的当然不仅仅是唐琬，他还经常梦见大宋帝国北进讨金，收复所有的失地。

秦桧死后，陆游受他算计未能及第进士的遭遇令人同情，于是朝廷给予陆游与进士相同的资格，但这毕竟不是正式的进士。后来，陆游在政界并非一帆风顺。签订新和约的时候，他担任隆兴通判，但两年后被撤职。

孝宗感情上是一个主战派，但当上皇帝以后，深知南宋没有力量战胜金国，所以只好采取务实路线。

主和派的汤思退被太学生张观等七十二人联名上书弹劾，发配到永州，不久死去。但主战派张浚也没有取得战果，被罢免后死去。

陆游的隆兴通判被撤职，是因为他支持张浚的主战派。张浚死后，陆游试图为自己恢复名誉。但是他申述的理由被认为是诽谤和约。如果说恪守乾道和约是南宋的基本国策，那么现职的府通判公开发表这样的意见显然不够慎重。陆游四十二岁被撤职，至四十六岁被任命为夔州（四川）通判的这大约四年间在故乡浙江山阴度过。这期间的生活绝不是悠闲自在，而是穷愁潦倒。

食粥已逾数月。

他这样向朝廷诉苦，请求赐予官职。

四十年间的和平给人民带来巨大的恩惠，除了收复失地这个老问题外，南宋的国民经济得到飞跃的发展。市场上流通一种称为“会子”的票据，对促进工商业的振兴起到重要的作用。北宋时代，金融业开始发行会子，但在高宗末年，政府也参与发行。后来国家经济困难，滥发会子，也造成弊害。

金国在这个时期对熙宗、海陵王时代所实行的过头政策进行调整，所以无论如何需要和平的环境。由于海陵王的汉化政策，女真族的民族活力出现衰退的倾向。

世宗呼吁女真族的人们回归民族的原点，鼓励使用女真语、书写女真文字；将大量的中国文献译成女真文字；并且实行女真语的科举制度，及第者可以担任高官。采取这么多的措施鼓励使用女真语，也许正说明女真族已经不再使用女真语和女真文字。占总人口不过七分之一，而且文化程度很低的女真族仿佛在汉族的大海中漂游，不知不觉地也开始使用汉语，产生一种为自己民族的低俗文化感到羞愧的风潮。

世宗不断地教导女真族不要丧失民族自尊心。他虽然修正海陵王的过头路线，但并没有反对女真族朝着开化的方向发展。他在上京会宁府（今哈尔滨市近郊）即位，当然知道这个地方过于偏僻。海陵王将开封作为国都的做法过于极端，世宗则迁都燕京。他绝不是固守女真至上主义作茧自缚。

金国和南宋签订第一次和约的时候，女真族开始大规模的迁移，大约二十年之后，世宗又开始迁移。女真族不是单纯的移居，也是适应从狩猎到农耕的转变过程，但没有获得成功，出现女真族移居后的贫困化问题。移居的时候，政府分给他们土地，但后来将土地用于抵债，交到汉人手里。

世宗必须救济贫困化的女真族，就从随意耕种官有地的汉人手里收回土地，同时也收回不纳税的土地，再分配给女真人。这种措施对女真族的贫困化起到一种强心剂的作用，但也激发起中原的汉人反女真的情绪。自己辛辛苦苦耕种的土地被女真人夺走，自然会产生反感。

金国是一个复合型民族的国家，各民族的和睦相处才是国家稳定存在延续的最大前提。然而，世宗救济贫困女真族的政策助长了民族间的不和。契丹族依然经常发动骚乱。即使被誉为明君的世宗时代，金国各地还是笼罩着阴影。

可以说金世宗都是为海陵王的所作所为做善后处理。伐宋所需的巨额军费，强制征兵引起契丹族的背叛。契丹族对金国怀着极度的不信任感，金国的对契丹族政策要比对汉族政策更加棘手苦恼。

汉族在农耕、工商业领域非常出色，具有经济优势，只要没有政治野心，就可以保持着经济、文化的优越感。看到移居中原的女真族不惜抛弃自己的语言而积极汉化的情景，汉人的自尊心在一定程度上得到满足。金国对汉族的戒备之心就是担心他们与南宋的联合。

契丹族负有防御北方游牧民族侵入的任务，所以金国对契丹族的政策十分复杂微妙。金国不承认契丹族的猛安、谋克的行政编制。猛安、谋克是一种具有特权的军事组织,金国允许这种组织的存在是一种危险。世宗废除了契丹族的猛安、谋克制度。

契丹族分散编入女真族的猛安、谋克里。契丹人认为，这样自己就受到女真人的监视。但是，后来世宗又恢复了一度废除的契丹族猛安、谋克制度。这说明世宗对契丹族的政策左右摇摆。大概因为他发现契丹族内出现不稳定的动向吧。

金国鼓励女真族与契丹族通婚，这可以说是没有办法的办法。少数派的、居于统治地位的民族一般都极力维护本民族的纯洁性，但是金国甚至牺牲这种纯洁性，将重点置于防范契丹族的背离。如果契丹族与来犯的北方游牧民族结为同盟，金王朝就面临着立即崩溃的危险。

大定十七年（1177 年），世宗在诏书中这样说道：

遣使徙之，俾与女直人杂居，男婚女聘，渐化成俗，长久之策也。

女直即女真，《金史》写为“女直”。这一年，大量的契丹人被强迫移居到上京、济州、利州等地区。这是为了切断契丹族与耶律大石在西面建立的西辽联系的措施。

让契丹人移居到女真族的根据地里，大概也是出于包围监视的考虑吧。另外通过通婚，也许还可以期望契丹族的女真化。然而，历史证明，这个政策完全失败。金朝末期，蒙古军队猛烈进攻的时候，被迫移居的契丹族发动叛乱，占领了女真族的老巢。

以狩猎、捕鱼为业的定居型的女真族与以游牧为业不断移动的契丹族在性质上就互不兼容。金国对契丹族的政策软硬兼施，一会儿强硬，一会儿怀柔，显得缺少连贯性。如果仔细解读一下金国的政策，似乎可以发现其中含带着女真族对契丹族的厌恶感。女真族崇拜汉文化，与之同化，也许这样的文明取向造成对契丹族游牧野性的反感。世宗减少契丹族官员的人数，之后的章宗终于禁止使用契丹文字。

金世宗比南宋的孝宗早两年即位，但两个人的治世几乎同时结束。

金大定二十九年正月癸巳日，世宗死去，其孙章宗即位。南宋淳熙十六年二月壬戌日，孝宗退位，让位给皇太子赵惇，即光宗。按公历而言，都是在1189年。南宋的孝宗在金世宗死后二十九天退位。

这样，南宋的光宗与金的章宗几乎同时在南北即位。这一年，陆游任礼部郎中兼实录院检讨官，但在十二月，以“嘲咏风月”为由受到弹劾，去职。

嘲咏风月，这也是一种莫名其妙的弹劾借口。去职返乡的陆游将自己的居所命名为“风月轩”。

其实真正的原因是倾向于主战派的孝宗退位以后，主和派迅速抬头，主战派的陆游就被免职。

高宗让位给养子孝宗以后，还在世二十五年，八十一岁死去。孝宗模仿父亲，考虑自己生前就让位，在父亲死去两年后，让位给儿子。新帝光宗既不是主战派也不是主和派，只是一个愚蠢的昏君。他没有主见，一味对主和派言听计从。陆游被主和派作为攻击的目标，肯定是因为他平时主战的论调很高。这在他的诗歌中也有所反映。下面这首题为“关山月”的诗歌创作于淳熙四年（1177年），是对和约签订十五周年的感慨。

和戎诏下十五年，将军不战空临边。
朱门沉沉按歌舞，厩马肥死弓断弦。
戍楼刁斗催落月，三十从军今白发。
笛里谁知壮士心，沙头空照征人骨。
中原干戈古亦闻，岂有逆胡传子孙?
遗民忍死望恢复，几处今宵垂泪痕!

中原自古以来就多有战争，但无人扫荡逆胡，将大好河山留给子孙后代。“遗民”，指的是在金国统治下的原先的宋民。在异族统治下的遗民期盼着南宋北伐收复中原，今天晚上大概到处都有人泪湿枕席吧。想到这些，陆游不禁情绪高昂激奋。国史编纂官这个职务在政治上并不重要，但作为诗人具有强大的影响力，所以反对派不会放过陆游。

陆游慷慨高歌《关山月》的时候，其实是南、北两个王朝的鼎盛时期。和戎十五年，将军无战事，军马不驰骋沙场，而是在马厩里养着肥硕老死，武器搁置在仓库里，弓腐弦断。这种状态正说明政局稳定、人民安居乐业、经济得到发展。南宋的孝宗、金国的世宗都被誉为明君。孝宗时代，经济富裕，对出现滥发苗头的会子进行整顿，同时开始国史的编纂工作。编纂国史，需要集中大批的学者，陆游也因此得以担任实录院检讨官。

金世宗被称为“小尧舜”。为了偿还海陵王所遗留的政治债务，他在即位初期，殚精竭虑，虽然也有所增税，但厉行节约，减少朝廷开支，削减官员人数，在与高丽发生纠纷时也没有派兵讨伐，而且国家经济一旦富裕起来，就开始减税。当然，民族问题未必随心顺意地予以解决，他经常对逐渐怠惰懦弱的女真族发出严厉的警告。

孝宗与世宗在南、北两个朝廷退出政治舞台以后，继承者光宗与章宗上台，他们的时代可以说是映照着前一代的余晖。《宋史》评论光宗“宫闱妬悍，无能制内”，虽然宫廷内部的问题难以解决，但是在盐税等方面采取减轻人民负担的政策。从撤职陆游这件事也可以知道，光宗身边围绕着主和派人物，将恪守和约作为国家的基本方针。可以说减税也是其政策的一个成果。

光宗的妻子李皇后“妬悍”，是一个嫉妒心极强的悍妇，谁都拿她没办法。她比光宗大两岁，杀死光宗宠爱的黄贵妃。光宗得知黄贵妃遇害后，早年的“心疾”越发严重，也许导致精神发生异常。退位的父亲孝宗称为寿皇圣帝，依然健在，但是李皇后不让丈夫光宗会见父亲。

在李皇后看来，丈夫光宗即位时就已经四十三岁，不想继续接受退位的父亲这样那样的指示。她把娘家的家庙建造得比皇室的太庙还要宏大豪华，卫兵的数量也比太庙多，而且让亲属二十六人、李氏家臣一百七十二人担任要职，甚至李氏的食客也成为候补官吏。

皇帝家庭的问题如果仅仅限于家庭内那还可以，但李皇后的为所欲为已经导致国家政治出现混乱的局势。廷臣极为痛心，希望退位的孝宗施加其影响力进行干预，但李皇后紧紧控制光宗，不让他和父亲见面。

孝宗虽然被誉为明君，其实性格优柔寡断，他作为太上皇，没有积极出面整顿这混乱的局面。高宗的皇后吴氏已经八十岁高龄，但依然健在。前面说过，她得知高宗的妻子邢氏已经死于北地后，使用手段将自己册立为皇后。她还要求秦桧不要向金国提出归还邢氏。虽然吴氏对政治深感兴趣，充满热情，但毕竟已经八十高龄，不可能亲自出马。于是，太皇太后吴氏的外甥韩侂胄就登上政治舞台。光宗的皇太子赵扩的妃子是韩侂胄的侄孙女。

可见韩侂胄也是名门出身，其曾祖父是王安石的政敌韩琦，以对西夏、契丹的强硬而著称。

大家都知道，只有太皇太后吴氏才能压得住李皇后。当时的宰相是宗室成员赵汝愚，便以他作为联络员借助吴氏的力量。退位的孝宗死去是一次机会。由于光宗“心疾”无法为太上皇的大葬执丧，吴氏命令曾孙皇太子赵扩代理执丧，接着吴氏让皇太子立即即位。南宋三代都是以退位的形式实行皇帝交替。光宗在位只有六年，绍熙五年（1194 年），赵扩即位，即宁宗。光宗于六年后的庆元六年（1200 年）死去。在皇室中制造风波的他的妻子李皇后也在同一年的六月死去。

汉诗的题目有的很长。淳熙七年（1180 年），陆游写有一首诗歌的题目是这样的：

五月十一日夜且半梦从大驾亲征尽复汉唐故地见城邑人物繁丽云西

凉府也喜甚马上作长句未终篇而觉乃足成之

陆游梦见自己跟随皇帝亲征北伐，全部收复失地，在一个城市看见人多物美。原来这是西凉府，非常高兴，就在马上吟咏长诗，但长诗未作完，便从梦中醒来，于是续完。中原政权力量强大的时候，西凉收入自己的版图；力量衰弱的时候，就失去西凉。当时西凉是西夏的领土。陆游梦见南宋讨伐金国，不仅收复中原，还进而攻入西夏，夺回西凉，于是惊喜万分，写下这首诗。

梦中都不忘收复失地的陆游被视为爱国诗人，备受赞誉。当中国的领土被外国占领时，人们都喜欢朗诵陆游的诗句。陆游的诗歌在宋诗中独具一格。宋诗的特点在于冷静，淡定沉静地凝视诗歌的精神。然而，陆游的诗歌绝非冷静，从上述那么长的题目也可以看出，它是激情的产物。一种不让陆游的精神回归冷静的状况使他情绪亢奋，这个状况就是国家的现状。被后世史学家评价为“南宋极盛期”的时代，陆游身处其间，也觉得这是一个半沉沦的时代。

对陆游，有一个问题自古以来就争论不休，有人认为这是这一个声誉极高的爱国诗人的污点。这个问题就是他晚年与韩侂胄的关系。韩侂胄在光宗与宁宗的皇位交替上借助太皇太后吴氏的权威表现得相当活跃，但他是被《宋史》归入《奸臣传》里的评价很坏的人物。已经隐退、七十八岁高龄的陆游接受韩侂胄的邀请出来做官，这成为他人生的一个污点。我个人认为，这样评价对陆游过于苛刻。

下面概述一下宁宗即位后韩侂胄时期的基本情况。

通过光宗退位的形式压制大闹皇室的李皇后，这个功绩是很大的。韩侂胄在这个过程中与姨母太皇太后吴氏的联系十分频繁，认为自己立下了特殊的功勋。加上新帝宁宗的韩皇后还是他的侄女，就断定自己能够升迁。但是，他的升迁遭到宰相赵汝愚的反对。

结果韩侂胄只得到一个很小的防御使的官位，大概赵汝愚对他的评价不高。这件事最后成为赵汝愚的致命伤。韩侂胄也许是一个小人，但是他野心勃勃、踌躇满志。赵汝愚与这样的人为敌，很快就受到韩侂胄的猛烈攻击而失势。明朝李卓吾评论赵汝愚，其实当时给韩侂胄一个节度使的官，也就相安无事。韩侂胄之所以发动攻击，是因为对升迁不满。

赵汝愚作为宰相，因为对这个人的看法不好就阻止他升迁，然而功绩归功绩，应该论功行赏，给予他更高的官职。李卓吾得出结论说：韩侂胄的得志，其实可以说是赵汝愚的推荐。

憎恨赵汝愚的韩侂胄开始拉帮结派，准备将对手赶下台。这时，大儒朱熹在赵汝愚的推荐下担任侍讲。朱熹是一个大学者，被尊称为“朱子”，但是他一直担任地方官，这是他第一次到中央任职，已经六十五岁。他来中央后，听到韩侂胄在朝廷呼风唤雨，得心应手，而推荐自己的赵汝愚正是他攻击的目标。朱熹曾向赵汝愚建议，对韩侂胄厚赏酬劳，不让他干预政治，但是赵汝愚认为可以轻而易举地控制韩侂胄，不要担心，没有采纳朱熹的意见。赵汝愚过于小看对手。朱熹得知韩侂胄暗中进行反宰相的活动，利用进讲的机会，将其奸状上书皇帝，结果遭到嫉恨，被免职。

韩侂胄一伙甚至开始攻击朱熹的学问，称其为“伪学”。他的著作成为禁书，学习朱子学的官员一律撤职。这起事件史称“庆元伪学之禁”。李卓吾批判朱熹，说朱熹先生应该还有奇谋秘策，因为以自己的好恶逞一时之快，流无穷之害毒。所谓“害毒”，就是伪学之禁。

道学之受祸，晦翁导之也。

这个评论对朱子略嫌严厉。

可以说大儒朱熹和宰相赵汝愚都不知道如何与小人打交道。赵汝愚失去宰相的位置，被贬为福州知事。又担任节度副使转到永州，受到衡州官吏的欺侮，宁宗即位两年后，死于此地。宁宗即位时已经二十七岁，但是他对党争视而不见，默不作声。他没有父亲那样的心计，只能说是一个昏君。

小人得志，攻击别人的时候，如一条疯狗，让人们恐惧害怕。韩侂胄正是如此，没想到自己能这样掌握大权。正如李卓吾所言，当初给他一个节度使，也许就不会有这样的韩侂胄时代。

陆游长期在故乡穷愁潦倒，嘉泰二年（1202 年），在韩侂胄执政第八年的时候，经他推荐出来做官。口碑很坏的韩侂胄大概想利用这个著名的爱国诗人。

韩侂胄因为是高宗皇后吴氏的外甥，才能够时来运转。吴氏在韩侂胄掌权三年后，八十三岁死去。据说因为吴氏害怕宗室宰相赵汝愚会成为唐代宗室宰相李林甫那样，所以支持反对派韩侂胄。再三年以后，庆元六年（1200 年），宁宗的韩皇后死去。韩侂胄失去这个侄女皇后，其政治地位才开始发生动摇。他曾逼得赵汝愚困顿而死、迫害朱熹等，政敌不少，如今开始缓和伪学之禁以挽回名声，推荐陆游大概也是其中的一项措施。当时的陆游靠变卖度日，连自己心爱的酒盅都卖掉，经济拮据，已经走投无路。谴责陆游接受韩侂胄的推荐出来当官，我觉得于心不忍。而且他担任的是国史编纂官，可以说并没有加入韩侂胄一伙。

韩侂胄考虑到，要巩固自己的地位，必须立大功。对于南宋来说，没有比剿灭宿敌金国更大的功劳了。于是，他考虑对金发动战争。

通过从金国回来的南宋使节的报告以及奸细的情报，韩侂胄知道金国现在困顿凋敝，最大的原因是受到北面蒙古族的猛烈进攻，还有契丹族慢性的叛乱成为金国政治的巨大毒瘤。章宗时代，世宗凝聚起来的女真精神又松弛懈怠下来。章宗本人崇尚宋徽宗的艺术家气质，他的书法作品保留至今，其书体与徽宗的瘦金体一模一样。金国政局不稳，外敌入侵，内乱频繁，而且女真族出现虚弱的现象。这一切都让韩侂胄认为现在正是攻打金国的大好时期。

北伐计划经过两年的修订调整，金国方面也有所觉察。南宋开禧二年（1206 年），北伐开始。四川宣抚副使吴曦从蜀攻进陕西，走和三国时代诸葛亮伐魏时同样的路线，而且主力北上渡过淮河。

金国已有准备，严阵以待。金国虽凋敝困顿，可士兵英勇善战。韩侂胄大概觉得十分意外。金国国力衰弱、军队战斗力低下也许是事实，但南宋军队的战斗力比金军更弱。四十年的和平环境，军队似乎已经忘记了战争是什么样子，而金国方面断断续续地在北部边境与蒙古族打仗，还知道战争应该怎么打。这种情况对发动战争的南宋方面十分不利。

对南宋造成致命性打击的是从四川出击的吴曦降金。这是金国策反谋略的胜利，也是南宋给对方造成可乘之机的政策上的失误。

从秦桧杀岳飞这件事也可以知道，南宋的政治体制非常害怕军阀的出现。对于南宋来说，四川是边境地区。南宋初年，吴玠、吴璘兄弟在这里防御金军。由于吴氏家族的功绩，吴璘之子吴挺世袭担任四川宣抚使。吴氏世代都是义烈的武门，多出勇将，吴挺的世袭应该也是他实力所至。但是，南宋朝廷害怕吴氏家族形成军阀，吴挺死后，不允许吴氏继续世袭，将吴挺之子吴曦召到朝廷，派别人担任四川宣抚使。吴曦一直想回四川，韩侂胄打算对他施恩收买，任命他为宣抚副使，让他回乡。

朝廷害怕吴氏的军阀化，任命程松为四川宣抚使，让他监视吴曦。吴曦自然很不痛快，而金国趁机策反。金国对四川的情况也十分熟悉，吴曦终于倒戈。

这样，金军不再受到来自陕西方面的攻击，仗就好打多了。金军击败南宋军，一直进兵淮河以南。不过，这一场战争对金国的确是一场灾难。

为防备北面的蒙古族，巨额军费开支给国家财政带来很大的压力。对南宋的战争的军费主要从山东等地筹集，但也是强行征收物资和增税，因此山东的民情不稳。山东各地发生抗拒强制征税的叛乱。金国希望尽快结束这一场与南宋的战争。

金国秘密派遣使者韩元靓到南宋。此人与韩侂胄是远亲。他携带韩琦的画像及其谱系图，以投降的形式来到南宋将军丘密的军营，说金国认为这场战争是韩侂胄独断专横引起的，现在连我们宗族的坟墓都快要保不住了，是否有什么解决的办法。

金国在向南宋传递这样的信息：这场战争不是南宋的责任，而是韩侂胄个人的责任。就是说，这是议和的试探。于是，南宋以护送韩元靓的形式，派人入金开始停战谈判。金国要求在和平条约中写入引渡韩侂胄的条款。韩侂胄作为平章军国事，掌握着战时的所有决定权，当然不会接受这个条件。于是战争继续下去。

金国提出的条件在南宋朝廷内起到了分化瓦解的作用。金国知道韩侂胄为人不好，反对派对他的抵制根深蒂固。金国提出的条件，除引渡韩侂胄外，还有割让淮河以南的土地、增加岁币的额度、南宋向金国称臣等。

金军进兵长江北岸，南宋内部发生问责问题。韩皇后死后，宁宗立杨氏为皇后，韩侂胄就不再是外戚。新的外戚是杨皇后的哥哥杨次山。杨次山与礼部侍郎史弥远勾结，图谋铲除独裁者韩侂胄。史弥远是孝宗时代的宰相史浩的儿子。宋王朝不论北宋还是南宋，派系斗争可以说是传统。金国看透南宋体制的这种本质，为激化其派系斗争，提出要韩侂胄的首级。

杨次山与史弥远奉密旨命令夏震杀死韩侂胄。开禧三年（1207 年）十一月乙亥日，夏震在玉津园暗杀韩侂胄。

韩侂胄的首级装在函中送到金国。至于其他条件，岁币增加到银三十万两、绢三十万匹，比绍兴和约各增加五万。另外还支付三百万两的犒军钱。臣属关系，金国表示让步，从以前的叔侄关系改为伯侄关系。叔父是父亲的弟弟，伯父是父亲的哥哥，南宋对金国比以前要更加恭敬，但远比称臣好得多。在领土问题上，金国没有坚持要求获得两淮土地，再次确认从淮河西至大散关的传统国境线。

这次谈判的结果说明南宋的派系斗争严重到无可救药的程度，金正是瞄准这一点获得成功。

其实更迫切希望和平的是金国，成吉思汗的脚步声正向金国步步逼近。金国的经济濒临崩溃的边缘，黄河泛滥，灾难沉重。可以想象，这个时期的黄河泛滥与其说是不可抗拒的自然灾害，不如说更多的是堤坝长年失修的人为因素所造成。

金国与南宋议和的时候，没有将国境线前推。不固执坚持臣属关系，只是将叔侄关系改为伯侄关系，说明金国害怕谈判陷入僵局、战争久拖不停。

金国对南宋的国内情况十分熟悉，派遣韩元靓、招降吴曦、集中问责战争发动者等几项措施可以说是在收集、分析情报方面的胜利。相反，南宋对金国的真实情况不甚明了，大概以为只要战争持续半年，金国就会出现崩溃性的危机，到时候金军自然撤兵。南宋对金国目光短浅，南宋政客们的目光都集中在观察对立派系的动向上，对金国不太关注。

陆游在韩侂胄的推荐下出来当官，但是写完孝宗、光宗两朝的实录后，于嘉泰三年（1203 年）回乡，在朝廷的时间只有一年。

北伐开始的时候，他一定兴奋不已。此时他已经八十多岁，知道自己有生之年看不到中原的收复。据说陆游一生创作的诗歌多达一万首，数量大概冠于中国诗人之最。嘉定二年（1209 年）十二月，陆游在八十五岁临死前还继续创作活动，最后的作品是题为《示儿》的七绝。

这也是他的辞世之作。

死去原知万事空，但悲不见九州同。
王师北定中原日，家祭无忘告乃翁。

虽然知道一旦死去，万事皆空，但是生前没有看到九州（天下）统一就死去还是感觉悲伤。皇帝的军队总有收复中原平定天下的那一天，届时要举行家祭，不要忘记把这件事告诉我这个父亲。这是陆游的遗嘱。

时代正在发生巨大的变化。用韩侂胄的首级换来的和议签订那一年，金章宗死去，世宗的第七子卫王永济即位。陆游于第二年死去。但蒙古军队进逼西夏，西夏向金国求援。在与南宋的战争中精疲力竭的金国此时已经无力救援西夏了。

疾风掠过草原，让人们感觉对生存本身无能为力的日子即将到来，陆游通过他跌宕起伏的人生也许已经预感到。亘古男儿，壮怀激烈，呼天唤地，却毫无反应。这满腔激情只能升华为诗歌，能够撼天动地的必然是来自其他源泉的力量。

后来，推翻韩侂胄的史弥远、杨次山派系篡夺南宋的大权，独掌天下。他们根本就没想到蒙古军队的马蹄会践踏风光明媚的杭州。当蒙古军队从北面进逼金国的时候，南宋还幻想与蒙古军队联合消灭金国，他们没有从与金联合夹击辽国而失败的历史教训中学到丝毫的东西。

陆游六十岁时创作的七律《悲秋》以这样两句结束：

丈夫几许襟怀事，天地无情似不知。

成吉思汗的崛起

“蒙古”这个词原本是民族或者部族的名称。唐代史料出现“蒙兀”“萌古”等称呼，但与契丹比较起来，轻描淡写，一笔带过。《旧唐书》出现“室韦蒙兀”这个名称，似乎是北魏时期朝贡的室韦族的一个分支。突厥称他们为“TATARU”，中国就音译为“鞑靼”，但后来成为泛指塞外民族的名称。总之，成吉思汗出现之前，人们对“蒙古”这个词比较陌生。现在将蒙古族集中居住的兴安岭西面至阿尔泰的地区称为蒙古地区或者蒙古高原。

蒙古地区作为地名，在中国一般泛指称作北狄的各民族的居住地。9世纪左右，居住在这里的回鹘西迁，这个地区就成为蒙古族的土地。

“世界征服者”是成吉思汗的别名。成吉思汗的世界帝国的遗产后来被分割，东亚部分就成为元王朝。中国通史的研究者在元代这个部分通常都感到困惑痛苦。例如那珂通世[①]的《支那通史》也在元代这里搁笔，后来那珂通世潜心研究元史。为什么会在这里碰壁呢？因为研究元代历史，如果找不到汉文以外的蒙古语或者波斯语的文献资料，就无法充分理解。汉文的元代正史《元史》以杜撰而臭名昭著，所以不得不在元代这个地方停下来。

这部《元史》是明初的宋濂所开设的史局在不到一年的时间里编造出来的。在这么短的时间里完成一部正史的编纂，可谓空前绝后。

---

① 那珂通世（1851—1908年）：东方史学者，在日本史、朝鲜史、中国古代史、蒙古史领域开拓实证主义的研究方法。代表作有《支那通史》《外交绎史》等。——译注

遗漏与错误之多自不待言，例如根本就没有建国元勋赤佬温的传记，犹如没有西乡隆盛[①]的明治维新史。记年的谬误很多，例如记载北条时宗[②]杀元使杜世忠是至元十七年（1280 年），但实际上是在五年前。虽然多有杜撰已成定论，但将原始史料合并在一起，有的地方似可为参考。如在人物传记等部分，直接引用碑文，即使原碑遗失，也能看到真实的碑文。这部书编纂于元朝灭亡后不久，是一部很“新鲜”的史书。一般地说，一个王朝灭亡以后，经过相当长时间的冷却，写出来的正史才比较客观。唐朝灭亡不到四十年就成书的《旧唐书》也有很多问题。后来发现很多新的历史资料，再过一百一十五年才编纂《新唐书》。清朝于 1911 年灭亡，至今还没有编纂清代的正史。

为弥补有缺陷的正史《元史》的疏漏，柯劭忞于 1919 年完成《新元史》，正是五四运动汹涌澎湃的时期。

除《元史》和《新元史》外，被视为元代史的基本资料的，有原先用蒙古语撰写的《元朝秘史》，拉施特用波斯语撰写的《集史》，志费尼的《世界征服者史》等。这说明元代历史与以前的王朝历史相比，具有相当大的异质性，难以驾驭。

蒙古语撰写的《元朝秘史》的原文已经失传，现存的是按照蒙古语的发音用汉字表记、逐词傍注的汉译本。例如第一卷的题目是这样的：

名	皇帝的	根源
成吉思	合罕讷	忽札儿

用“名”字表现“成吉思”这三字的固有名词。这个标题的意思是“成吉思皇帝的根源”。这一章通过始祖传说叙述成吉思汗的谱系。

① 西乡隆盛（1827—1877 年）：明治维新的三杰之一。第二次长州征伐后，成为倒幕运动的领导人，推动萨长同盟。后任大总督府参谋指挥征东，兵不血刃占领江户。明治维新后当选为参议。后鼓吹“征韩”，未被采纳，下野，在西南战争中失败，在城山自尽。——译注

② 北条时宗（1251—1284 年）：日本镰仓幕府第八代执权。文永、弘安年间，两次击退来犯的元军。崇信佛教，1279 年邀请宋朝禅僧无学祖赴日。1282 年建圆觉寺，形成武士参禅的风气。1284 年出家，出家当日死去。——译注

这部书由那珂通世译成日语，题为《成吉思汗实录》，于明治四十年（1907 年）出版。上书标题下面的本文（日译版）开头是这样的：

有命于上天而生苍狼，其妻为惨白色的鹿。

这就是著名的“苍狼”传说。

原书名为“元朝秘史”，但那珂通世译成日语的时候，特地改为《成吉思汗实录》，因为本书的内容涉及元朝创立之前的事情。始祖苍狼生巴塔赤罕，巴塔赤罕生塔马察，塔马察生齐吉蔑尔干……罗列出一大串的名字，成吉思汗作为耶速该巴特尔的儿子终于出场。

蒙古族里也有很多部族，成吉思汗属于孛儿只斤氏。孛儿只斤氏部族的首领是继承其祖父地位的俺巴孩汗。后来，耶速该巴特尔成为俺巴孩汗的继承者，统率部族。

俺巴孩汗送女儿出嫁的时候，被同样是蒙古族的塔塔尔部抓住。塔塔尔部族将俺巴孩汗送给女真族的金国皇帝俺答汗，据说就是海陵王。

前面说过，海陵王时代的金国强行伐宋，招致契丹族的叛乱以及北面国境的不稳。契丹族的长老们对前来强行征兵的官员表示不满，说自己为了金国世世代代都要和邻国打仗。这个“邻国”，就是与契丹族同为蒙古系的北方游牧民族。

金国对这些勇猛的游牧民族所采取的对策，不仅仅是将契丹族作为边境防卫队，还对分为很多小部族的蒙古族进行分化瓦解。因为他们一旦团结起来，就会形成强大的力量。四分五裂、一盘散沙的状态对金国很有利，因此对抓住其他部族首领的部族，就给予重赏。

海陵王时代，金国压制蒙古系的塔塔尔族，自然使用残酷无情的手段，让对方感到畏惧恐怖。金国要求对恐怖政策怕得要命的塔塔尔族表示对金国的忠诚，抓捕尚未臣服金国的蒙古系其他部族首领就是表示真诚的一种方式。俺巴孩汗被塔塔尔族抓住后送往金国被杀，就是在这样的背景下发生的一起事件。

继承俺巴孩汗统率部族的耶速该巴特尔从蔑儿乞部的一个男人那里抢来斡勒忽讷族的一个名叫诃额仑的女子，这是抢婚。成吉思汗就是他们所生的孩子，名叫铁木真。当时刚好父亲耶速该巴特尔与宿敌塔塔尔族打仗，抓俘塔塔尔族的族长铁木真兀格，于是给孩子取名铁木真，也是一种胜利的纪念。

关于铁木真的生年，有多种说法。《元史》说太祖（成吉思汗）死于成吉思汗二十二年（1227年），时年六十六岁，倒算过去，生年应为1162年。拉施特的《集史》说成吉思汗享年七十二岁。二者颇有差距。但有一点是肯定的，即成吉思汗是部族斗争激烈的蒙古系游牧民族中一个部族首领之子，而且幼年丧父，据说被塔塔尔族毒死。

这是一个依靠力量生存的社会，弱者在游牧生活中生存下来十分艰辛。《史记》这样记述随着牲畜移动的匈奴风俗：

壮者食肥美，老者食其余。贵壮健，贱老弱。

成吉思汗时代的游牧民生活似乎并没有出现任何有所开化的迹象。《元朝秘史》形容失去父亲以后铁木真一家的生活状态是“影外无伴，尾外无鞭”，相当悲惨。然而，铁木真长大成人，成为一个勇敢威猛的年轻人。据说为了争抢钓上来的鱼，竟然射死同父异母的弟弟别勒古台。他是一个刚烈暴躁、毫不留情的年轻人，这样的人在紧要时刻可以依靠。

铁木真的勇敢开始驰名是他遭到泰赤乌族的袭击被俘这件事。这样的做法十分野蛮，但这就是游牧民的习惯。对以后可能成为自己威胁的对手要尽早除掉，然而，在对铁木真有好感的人的帮助下，铁木真顺利逃脱。

接着，铁木真遭到蔑儿乞族的袭击。他的母亲诃额仑原本是要嫁给蔑儿乞族的也客赤列都做妻子的，却被铁木真的父亲耶速该巴特尔抢走。这是蔑儿乞族的报复行为。在这次袭击中，铁木真的妻子孛尔帖被对方抢走。铁木真与少年时的挚友扎木合、父亲的盟友王汗一起攻打蔑儿乞族，夺回妻子。王汗是克烈族的首领，好几次危难时刻得到铁木真父亲的救援。扎木合是札答兰部族的重要成员。铁木真在对蔑儿乞族的战争中形成了部族联合。

根据拉施特的《集史》记载，蔑儿乞族抢走铁木真的妻子以后，送到王汗那里，铁木真要求王汗还给他妻子，王汗答应他的要求。

对蔑儿乞族战争的胜利大大提高了铁木真的威信，在尊尚强健英武的游牧民族社会中，善于指挥狩猎、收获很多猎物的人，善于打仗、缴获大量战利品（包括妇女）的领导人就会受到尊敬，大家都把自己的一切交给他，放心地聚集在他的周围。这样的社会不讲义理人情，只是以实际利益作为判断事物的标准。

不久，铁木真和扎木合分道扬镳。《元朝秘史》以象征性的手法叙述这个过程，认为铁木真羽翼已丰，可以独立，所以结束与扎木合的联盟关系。部族联盟的盟主只有一个，不可能双雄并立。

与扎木合分手以后，铁木真被二十一个部族首领推戴，即可汗位。从此以后，铁木真就称为“成吉思汗”。关于成吉思汗这个名字的由来，班札罗夫认为来源于萨满教把“光的精灵”的名字叫作哈吉日·成吉思·腾格里的观点比较有说服力。伯希和推测是土耳其语“tengiz”的讹音。

成吉思汗与扎木合的命运决战以偷马问题成为导火索，实在是一场不可思议的战争。《元朝秘史》说成吉思汗败逃到鄂嫩河河谷，而《元史》《集史》记载说扎木合失败。《元朝秘史》说战后兀鲁兀惕、斡亦剌、晃豁坛氏等部族向成吉思汗投降，这与成吉思汗败逃的记述相矛盾。或许是扎木合对战利品分配不公，与真正的胜负无关，一些部族归顺成吉思汗，这样从结果上可以说是成吉思汗的胜利。

这个时候，原先与金国关系很好的塔塔尔部族背离金国，金国讨伐塔塔尔部族，并且召集其他部族参加。成吉思汗的父亲被塔塔尔族毒死，成吉思汗曾祖父的堂兄弟俺巴孩汗被塔塔尔族抓住后送到金，被处死。他临死前留下遗言道：“你们就是剥掉五只手指的指甲，磨烂十指，也要为我报仇。”成吉思汗自然要参加金国对塔塔尔的讨伐。拉施特的《集史》说这是在1194年，这一仗打得塔塔尔一蹶不振。

塔塔尔在蒙古系部族中最为富裕，与文明国家金国相邻，其掠夺品中有不少金碧辉煌的财宝。《元朝秘史》也记载成吉思汗看到讨伐塔塔尔的战利品简直目瞪口呆。成吉思汗父亲的盟友也正是从这个时候开始称呼王汗的。金国皇帝赐予他“王”的称号，此前的名字为脱斡邻勒。讨伐塔塔尔的成功极大地增强了成吉思汗的力量，从他接触文明世界的意义上说，也应该说是重要的战争。

与成吉思汗进行这场胜负不明、不可思议的战争的扎木合被泰亦赤兀惕族等一些部族公推为古儿汗。《元朝秘史》写的是“古儿·合”，汉译为“普皇帝”，意为普遍统治的大皇帝。另外，在西部建立西辽的耶律大石也被游牧民称为古儿汗。

成吉思汗与扎木合的下一场决战不可避免。成吉思汗与王汗的联军在阔亦田这个地方大败扎木合，扎木合向王汗投降。这场战争推定发生在1201年。《蒙古源流》这部书说这场战争发生在鸡年。1201年是辛酉年，即南宋宁宗的嘉泰元年，虽然韩侂胄还在执政，但庆元的伪学之禁有所缓和。

第二年，成吉思汗再次讨伐塔塔尔，给予毁灭性的打击，从而大大增强自己的实力。草原上的作战，只要打胜仗，就能增强自己的力量，战利品中包括对方的部落民。人是生产力，胜利者就是要占有人，这是塞外民族的强烈意识。甚至连不是游牧，而是狩猎民族的女真族在金国建立初期，对土地并不是很感兴趣，宁可把空城的燕京送给宋国，也要把居民带走。成吉思汗成为率领庞大集团的首领。

成吉思汗父亲的盟友、与成吉思汗长期合作的王汗对他的急速发展感到不痛快，也有嫉妒的情绪，大概投降王汗的扎木合也从中挑拨离间。两大阵营持续对抗，成吉思汗经过一次又一次的苦战，终于战胜对方，扫荡敌人。这样，成吉思汗就彻底消灭了东蒙古的两大部族——塔塔尔与克烈。我再强调一遍，所谓的“消灭”，是胜利者把对方的部族民吸收过来，成吉思汗的势力越发强大。

成吉思汗把整个东蒙古地区收入囊中以后，讨伐西蒙古的最大部族乃蛮，从而君临全蒙古。

1206年，成吉思汗第二次即位。此前他是即可汗位，即部族联盟的盟主。这一次是即君临全蒙古系游牧民族的皇帝之位。在鄂嫩河畔召开忽里勒台（各部族大会盟），举行推戴成吉思汗为皇帝的仪式。

金国的北方游牧民族的政策错了吗？应该说基本上是正确的。游牧民族的特性就是分散生活，所以自然而然地分为很多部族，即使是一个部族，下面也还是进一步分散。这固然因为可以满足整个部族需要的牧草区很少，而且分散部族本身也就是分散危险。

金国的政策是不让这些分散的部族团结起来。前面已经举例说明，只有煽动部族之间互相对抗，金国才能放心。成吉思汗初期的作战或许恰好符合金国的意图。

“以夷制夷”是中国的古老兵法，女真族也沿袭运用。在讨伐塔塔尔族时劝邀同样蒙古系游牧民参加，可以说就是“以夷制夷”的手法。成吉思汗通过这次机会为祖辈报了仇。

金国要确保安全保障政策的成功，就要让游牧各部族的力量保持均衡，互相制约，尤其必须防止一个强大的势力异军突起。金国已经迫使游牧民的契丹族臣服，所以对这一点应该非常清楚。草原上的战争，胜利者吞并其他部族，就会出现急剧膨胀的现象。对于迅速膨胀起来的部族势力，就必须设法削减其力量。

金国对南宋韩侂胄发动的北伐应对自如，这是因为熟知南宋国内情况的缘故，可以说是收集情报、分析信息的胜利。既然对南宋如此深刻观察，那么对北方的游牧各部族也应该如此。

成吉思汗急剧膨胀的速度大概远远超出金国的预想，即使打算采取对策，却赶不上事态的瞬息万变，在惊叹得瞠目结舌的时候，已经感觉束手无策了。

金国对游牧各部族还是经常保持监视态势的，但谁也没有料想到会产生成吉思汗这样的战争天才。对天才是无法想象的，所以断定金国政策的失误是不公平的。

在鄂嫩河畔召开忽里勒台后，成吉思汗对全蒙古民族的组织进行改造，将牧歌式的同族共同体的集体改编成彻底的军事集团。游牧民以十户、百户、千户、万户为单位组织起来，这既是行政单位，也是战斗单位，类似于女真族的猛安、谋克。由于蒙古族是移动的民族，这样的组织尤其可以富有成效地发挥其功能。十户、百户、千户、万户各有其长，成吉思汗任命他的亲信博尔术、木华黎、纳牙阿等担任万户长。

讨伐乃蛮部族的时候，乃蛮人知道使用畏吾文字表现蒙古语，他们立即采用这种方法。东蒙古地区早就掌握使用汉字发音表记蒙古语的方法，但是将表意文字的汉字运用于语法完全不同的蒙古语，多有无法解决的问题。而畏吾文字是表音文字，又都同属于乌拉尔·阿尔泰语系，运用起来就比较方便。

大忽里勒台发布称为“札撒”的法令，据说是使用畏吾文刻在铁板上。成吉思汗的游牧民集团也终于完善了国家体制。

在召开大忽里勒台的前一年，即1205年，成吉思汗的军队攻打西夏。以前都是游牧民之间的战争，草原就是战场，但西夏是定居在甘肃的西藏系党项羌族，各地的城镇都被城郭环绕着。这是蒙古军队第一次与拥有城郭的敌人作战。

蒙古军第一次对西夏的攻打只是小试锋芒，抢夺百姓、骆驼后就撤回到蒙古高原。这个时候，成吉思汗已经制订出消灭金国的计划。俺巴孩汗就是被金国杀害的，还有其他人也受到金国的迫害。金国对游牧民族经常进行所谓的“减丁”行动。所谓“减丁”，就是减少壮丁人数，将年轻人掠走强迫入伍。游牧生活的地方多是地广人稀，很容易被金国抓走。蒙古族对金国的仇恨情绪异常强烈，成吉思汗考虑到已经具有足够的力量，决定以牙还牙报仇雪恨。为了消灭金国，先攻打臣服金国的西夏。

出兵西夏也含有锻炼部队攻城战训练的意思。当时西夏国王是李纯佑，成吉思汗第一次进攻后的第二年——1206年，其堂弟李安全发动政变取而代之为王。成吉思汗的第二次进攻西夏是在李安全政变的第二年，也是掠夺骚扰之后，过了年撤回。第三次进攻大概在1209年。

西夏向金国求救，金国坐视不管。蒙古军长驱直入，包围中兴府。中兴府就是现在的宁夏回族自治区首府银川市。黄河从旁边北流而去。蒙古军打算决黄河之堤水淹中兴府城，但蒙古军还不善于攻城作战，据说决堤的方法错误，结果黄河水反而淹没自己的军营，只好解围撤退。由于蒙古军的猛烈进攻，西夏王李安全献出公主乞和，保证每年朝贡。

金国是西夏的宗主国，然而在西夏被围的时候，不发一兵一卒。这就不能叫作宗主国了。等到金国挨打的时候，西夏自然也没有发兵救援的义务，岂止这样，西夏已经向蒙古朝贡，还侧面援助蒙古军队抵御金国的进攻。大概西夏与蒙古之间签订有这样的条约。不久，金太宗天会和约以后和睦相处了八十多年的金国与西夏，关系开始紧张起来，西夏向南宋提出联合攻金的建议。

蒙古军第二次攻打西夏的第二年，金章宗死去，卫王即位，与海陵王一样，后被杀，不被视为皇帝，得到卫绍王的称号。章宗是世宗的皇太孙，卫绍王是世宗的第七子。金国的这种皇位继承，顺序倒过来，属于叔父继承侄子的帝位。

卫王在即位的前一年（1207年），曾去净州（今呼和浩特市的东北面）出差，接受蒙古的贡品。已经在大忽里勒台受到推戴的成吉思汗亲自将贡品送到净州。所以即位前的卫王与即位后的成吉思汗在这里见面，但是成吉思汗没有按照规定对卫王行跪拜之礼。卫王大怒，据说回去后建议章宗攻打蒙古。

金国与蒙古表面上还有交往，虽然是朝贡的关系，但也是一种交易，蒙古利用这个机会收集情报，所以成吉思汗决定继续保持这个关系。随着对金国内情的了解越来越多，成吉思汗从内心里看不起这个国家，与卫王见面的时候根本就不想行跪拜之礼。

1210年，金国使臣来到蒙古，宣布新皇帝的即位诏书。当成吉思汗知道新皇帝就是那个卫王时，说道："我谓中原皇帝是天上人做，此等庸懦亦为之耶？何以拜为！"南面而唾，骑马北去。

《元史》将大忽里勒台那一年定为太祖元年，那么这是在五年之后。金国与蒙古就此断交，即使没有这起事件，成吉思汗也已经决定南伐。

第二年（1211年），成吉思汗亲征，大败金将定薛于野狐岭。蒙古军袭击金国的群牧监（牧马场），抢走马匹。

崇庆元年（1212年），金国的耶律留哥发动叛乱，派使者前往蒙古，提出愿意臣服。耶律留哥自然是契丹族。金国害怕契丹族与西辽、蒙古等联合，将他们强行移居到东北偏远的地方（北满）。就耶律留哥一个人担任千户长。金国非常恐惧契丹族的造反，制定对一户契丹族居民配备两户女真族居民予以监视的制度。这让契丹族感觉不安。章宗时代，规定禁止使用契丹文字，这样的反契丹政策导致契丹族的不满。

禁止使用契丹文字大概是让契丹民族丧失民族精神的一项措施，但民族精神不是用这种方法可以左右的。不论多么努力鼓励使用女真文字和女真语，醉心于汉文化的女真族正在逐渐忘记本民族精神，从这个现状应该明白这个道理。

契丹族属于蒙古系，自然对成吉思汗在塞外的崛起怀有很大的期待。耶律留哥趁着金国朝廷为保卫中都（今北京）将东北的守备队往西调动的机会，举兵造反。据说剽掠隆州、韩州等地，兵马多达十几万。

这一带是女真族的发祥地。金国绝对不能容许在自己的老巢发生造反军叛乱。耶律留哥与从兴安岭进入辽东的蒙古军将领联手，不断扩展自己的势力，开始自称都元帅，第二年自立为王，定元号为元统。

这期间成吉思汗亲征，与金军交战。金国将领纥石烈九斤率三十万大军救援昌州、桓州、抚州等地，在獾儿觜被成吉思汗击退。成吉思汗在围攻西京（大同）的时候，中流矢负伤，解围撤兵。

蒙古军一路攻陷山西、河北各州。这个时候，金国朝廷发生政变。

在伐宋战争中立有战功的纥石烈执中、别名胡沙虎被任命为右副元帅。这个人性格凶狠残暴。至宁元年（1213 年）八月，他夺取兵权，闯进宫中，自称监国都元帅，将皇帝卫绍王禁锢起来，并命令宦官李思中弑帝，然后立章宗的同父异母弟丰王王珣即位，即宣宗。

这起事件发生于元太祖八年，《元史》将胡沙虎写为忽沙虎。蒙古军兵分三路，纵深南下，践踏山东半岛。河北各郡县，未沦陷者仅十一城。

金国派遣镇州防御使术虎高琪抵挡蒙古军的进攻。他在伐宋战争中也立有军功，但抵挡不住蒙古军的凶猛进击，败退中原。他深知在朝廷掌握实权的胡沙虎异常残酷无情，害怕自己可能被追究战败责任而遭诛杀，于是先下手为强，杀死胡沙虎。宣宗无奈，只好任命术虎高琪为左都元帅，并封平章政事，担任宰相。

宣宗一即位，立即下诏，宣布给予诸色人（女真族以外的民族）与本朝人（女真族）同样的待遇。但是，这似乎为时已晚。这个诏令显然是针对契丹族，可是此时的耶律留哥已经在女真族的老巢称王，击败金国派去的讨伐军。契丹族知道金王朝的权威已经坠地。以前一直对契丹族严厉镇压，如今一反常态，要对契丹族实行优惠，谁都看透了金国的真实意图。

金国宣布对诸色人中的有功之臣赐予国姓，这是史无前例。金国的国姓是完颜。例如在扬州龟山寺杀掉海陵王的完颜元宜，原姓契丹族的耶律。他就是一个被赐予国姓的契丹人。后来有人提出，不管皇帝多么暴虐无道，作为人臣，弑君者不得使用国姓。这个意见被朝廷采纳，于是恢复原名耶律元宜。

在国土逐渐遭到蒙古铁骑践踏的时期，国姓完颜也不再有什么诱惑力。

沧海横流

非汉族的中原王朝，金之前是辽，金之后是元。如果用文明的尺子衡量这三个王朝，金国无疑是最优秀的。《金史·文艺传》的序这样炫耀道：

金用武得国，无以异于辽，而一代制作能自树立唐、宋之间，有非辽世所及，以文而不以武也。

金在建国初期，女真族还没有自己的文字，太祖命令完颜希尹创造女真文字，结果参考汉字的楷书和契丹文字创造出女真文字。但上述《金史》所说的“一代制作”中的文艺主要是使用汉字创作的作品。

金国远比辽国具有积极的文明进取态度。在攻陷开封掠走徽宗、钦宗的时候，同时也带去很多艺术家和工匠，当时大概就考虑到文明的移植吧。这还觉得不够，还要把南宋派来的使节强行留用。前面引述过宇文虚中、吴激的诗歌，他们也和蔡松年一样，都是留用的文人，很不心甘情愿地仕于金国，依然心系南方。宇文虚中由于对金国不够忠诚，被处死，南宋对他追赠官爵。网罗金代诗文作品的《中州集》中收有宇文虚中的诗五十首、蔡松年的诗五十九首，这些能否算是金国的文学作品，值得怀疑。

《中州集》的编者元好问也这样评论宇文虚中、蔡松年、吴激等：

不可不谓豪杰之士，然皆宋儒，难以国朝文派论之。

元好问视为国朝（金王朝）文派正宗的蔡珪其实是蔡松年的儿子，即使是党怀英，也是出生于陕西冯翊的汉人。元好问的老师赵秉文也是出生于河北磁州的汉人。金国是一个复合民族国家，所以汉人也是金国人，他们的文学自然也就被称为金文学。

南北的风土习俗本来就不一样，在不同的政权统治下，长期处于隔绝状态。同样是汉人的“创作”，正如元好问所说，金国的文学与南宋的文学属于不同性质的文学类型。

这样，同样使用汉字创作的两种文学存在于南、北两地，这就自然而然地产生竞争意识。元好问的竞争意识尤其强烈。《中州集》的书后收有他的五首诗，第一首七绝是这样的：

邺下曹刘气侭豪，江东诸谢韵尤高。
若从华实评诗品，未便吴侬得锦袍。

从三国到南北朝，南北都有诗人辈出，元好问以此比照自己生活的这个时代。在魏的首都邺进行文学创作活动的有曹丕、曹植、刘桢等北方的所谓建安文学，而在江东（江南）的南朝活跃的有谢灵运、谢朓等。二者比较，北方文学“气豪”，南方文学“韵高”，如果以花与实，即表现方法的多姿多彩和内容的充实丰富作为标准评价的话，又会是什么样的呢？当时的习惯，将锦袍赐予获胜者。“吴侬”，指的是吴（江南）人。这一带的人们至今第一人称不说“我”，而说“侬”。南北文学竞争，吴人未必获胜。这是委婉地表示北人获胜的意思，显示出金的文学不逊于南宋文学的自负。元好问的第二首七绝中有这样的句子：

北人不拾江西唾，未要曾郎借齿牙。

南宋初期的诗人一味学习黄庭坚。黄庭坚是南宋可以与苏轼媲美的诗人，其诗风犹如私小说一样，细腻精致。但模仿者将他的诗风局限在一个小范围内学习。黄庭坚是江西人，所以学习他风格的诗人被称为江西诗派。简而言之，他们的诗歌具有“庭院式盆景”情绪。吕居仁绘制《江西诗社宗派图》，收入二十六个诗人，但没有一个名传后世。

对于江西诗社的群小诗人，北方的元好问不屑于拾人唾余，连参考的价值都没有，与之一刀两断。另外，当时有一个名叫曾慥的人选编一本《宋诗选》，元好问非常自信地说根本就不会借鉴那样的东西。他毫无掩饰自己的竞争意识。

南北文学之竞争，究竟哪一方获胜呢？吉川幸次郎认为，总体上说，南宋的诗文优于金代，但那个时代首屈一指的诗人是北方的元好问。

元好问不仅是在享祚一百二十年的金朝中无人出其右的诗人，也是12世纪和13世纪包括南宋在内的全中国最杰出的诗人。

如果是在太平时代，他大概也是一个优秀诗人，然而他在中国文学史上的影响，多是因为遭逢蒙古入侵的时代而吟咏的乱世之诗。一般认为，诗文这种文艺形式难以承担恢宏博大的题材，但元好问的诗文极其确切出色地表现那个凄惨的时代内容。清朝赵翼吟咏元好问的诗中有“国家不幸诗家幸”这一句，这样的说法看似不宜，但仔细琢磨，其实这句诗具有令人感慨的力量。

南宋大诗人陆游八十五岁死去的时候，元好问才十九岁，也许不能说他们是同一时代的人，但他们都是时代造就的诗人这一点是相同的。陆游悲叹未能收复北面的失地，但是他生活在和平的时代，尽管南宋时常与金国打仗，但战火并没有烧到他的身边。他一生的大部分时间生活在议和之后四十年的和平时期里。北宋末期，他曾经逃亡躲避过战火，但那时他还是不懂事的婴儿。

成吉思汗第一次进攻金国的时候，元好问二十二岁。金国被蒙古消灭的时候，他四十五岁。他活到六十八岁，人生的大部分时间处在使金国灭亡的战争时期里，后来成为亡国之民，度过最后的二十多年。

现在让我们借助元好问的眼睛进入乱世之中去看一看。

从元好问题写于《中州集》卷尾的诗歌也可以知道，他是一个具有浓厚的金朝人意识的文人。中州，意为中国或者中华。只是金代诗文结集的著作冠以“中州”二字，显示他具有继承中国文明传统的是金，而不是南宋的强烈信念。

在他无限热爱的金国看来，他是汉人，是“诸色人”，不是“本朝人”。虽说是汉族，但从他的墓志铭来看，其远祖出身于4世纪建立北魏的鲜卑族拓跋氏。北魏孝文帝时代，禁止胡语、胡俗，将拓跋的姓改为“元”。这是非常著名的史实。当然，这是久远的过去的始祖，元氏长期居住在中原，据说五代（10世纪）时从河南迁往山西。唐代时，元氏家族中产生一个优秀的诗人元结。元好问在诗中经常涉及，这也是他的骄傲。从民族归属意识来说，可能有一点曲折的过程，但是他显然认为自己是汉族。

把自己的远祖说成是拓跋，也许以此减弱对金国统治的抵触情绪，可见他少有种族偏见。总之，他生于金章宗的明昌元年（1190年），是太祖建国七十五年以后的时代。他的父亲，大概还有祖父，出生的时候也已经是金朝人，说不定曾祖父也是。他出生时候的金国皇帝章宗是太祖完颜阿骨打的第五代孙，金国已经开始成为一个古老的国家。

后来成为成吉思汗的参谋、元朝宰相的契丹族大文化人耶律楚材与他出生在同一年。

蒙古第一次攻打金国的前一年，元好问失去养父。他的亲生父亲是元德明，他生后不久，就过继给叔叔元格当养子。

养父元格是中层官员，在很多地方当过地方官。元好问少年时期住在故乡忻州（山西）秀容县，但时间似乎不长。父亲最后的任职地是与西夏的国境离得很近的甘肃陇城，他带着父亲的遗骸回到家乡忻州，然后服丧。但第二年蒙古军来犯，两年后朝廷发生胡沙虎的政变。这期间，元好问一直住在忻州。

金贞祐元年（1213年），成吉思汗亲征的蒙古军排山倒海般南下。成吉思汗的儿子术赤、察合台、窝阔台指挥的军队进入山西，蹂躏元好问的故乡。蒙古军的残酷做法是，敢于反抗者格杀勿论。他们如狼似虎，在草原上杀人如麻，草菅人命。

在这次战乱中，元好问的哥哥元好古与侵略军作战阵亡。元好问为他撰写的墓志铭记述道：

殁于贞祐元年三月北兵屠城之祸，年二十九矣。

元好问当时逃离秀容县，到阳曲避难。阳曲在现在的太原市北面。避难途中，要经过一个名叫石岭关的旧城关。他写有《石岭关书所见》，时年二十五岁。

轧轧旃车转石槽，故关犹复戍弓刀。
连营突骑红尘暗，微服行人细路高。
已化虫沙休自叹，厌逢豺虎欲安逃?
青云玉立三千丈，元只东山意气豪。

旃车是毡篷车，当时的大型搬运车，行驶时发出碾磨石臼一样的响声。战争时期，这大概是运送武器或者军粮的车子吧。我方部队手持弓箭、大刀还守卫在古城楼上。突击冲锋的骑兵扬起的沙尘遮蔽连片的军营，黯淡无光。身穿粗布破衫的难民行走在狭窄的道路上，感觉又高又陡。

据说在战争中死去的人会变成虫豸、沙子。已经战死的人们不会悲伤哀叹，但是我遇到这些豺狼猛兽般的军队，究竟逃往何处呢？这人世间一下子变成人间地狱，而直插云霄的三千丈高山巍峨峻拔，不变的只是东山，依然气宇轩昂。

成吉思汗这一年的进攻，据说元好问的故乡忻州就有十几万人死去。只要有人抵抗，按照草原的规矩，蒙古军不问男女老少，进行残酷的大屠杀和彻底的疯狂掠夺。

蒙古军打算包围首都燕京，宣宗惧怕，派都元帅完颜承晖前往请和。双方在四月签订和议，蒙古军北归。燕京离蒙古军的势力范围极近，危在旦夕。于是，金国决定迁都开封。金国在海陵王时代曾短时间地迁都开封，那是为讨伐南宋的前进，这一次同样南迁，却是惧怕成吉思汗的后退。

贞祐时期的南迁对金国人民的心理造成巨大的冲击。朝廷逃到河南，意味着放弃河北、山西等地。不仅仅朝廷南迁，军户的家属百万人也移居河南。为了解除前线官兵的后顾之忧，把他们的家属转移到安全地带，这虽然是提高士气的一项措施，但效果适得其反。百万人如此大规模的迁居过于显眼，人们自然认为这是放弃河北。

前线官兵不但士气没有提高，反而产生恐慌情绪，很多人擅自离开营地要去河南。还有不少地方官弃职南逃，普通百姓自然也跟着效仿逃跑，与其成为弃民被蒙古军屠杀，不如成为难民，即便吃尽苦头，也还能保住一条命。

金国南迁的时候，派将军蒲鲜万奴去讨伐在辽东背叛朝廷的耶律留哥。这大概想以事实证明南迁并不意味着放弃北方领土。另外，耶律留哥造反的辽东是女真族的老巢，所以金国必须采取特殊的措施。

蒲鲜万奴没能战胜耶律留哥，害怕回去后受到处分，于是索性纠结辽东各州的女真族，自立为王，称为大真国大王。东北地区被契丹族的辽与女真族的大真一分为二，出现两个国家。

成吉思汗认为金国的迁都是背信弃义的行为，既然签订了和约，还要迁都，无非是打算在更加安全的基地试图反攻。这就是背信弃义的行为。也许的确大为震怒，也许以此为借口，蒙古军在这一年再次南下，包围燕京。第二年，燕京陷落。

与元好问同岁的耶律楚材已经进士及第，被任命为左右司员外郎。金朝廷南迁的时候，他在完颜承晖的手下，留在燕京。成吉思汗赏识他的才能，让他担任自己的秘书。

这时，元好问来到开封参加科举考试，结果落第。同样三十六岁，早就进士及第的耶律楚材已经登上了世界史的舞台。

耶律楚材仕于成吉思汗，也许是出于无奈，但也有可能他预料到成吉思汗会征服世界，积极希望自己能在他身边服务。如果对这支野兽般的军队放任不管，将会在全世界重复着狂野暴虐的行为，把人类拖回到没有开化的蛮荒时代。要挽救这种危险的局面，只能利用成吉思汗的绝对权威。蒙古军队只服从成吉思汗的命令。那么，拯救人类免于毁灭的最好方法就是在成吉思汗身边，得到他的信任，向他提出文明的建言。

后来，在很多情况下，由于耶律楚材的劝谏，制止了蒙古军的野蛮暴行。进入中原地区的游牧民看到整齐的农田，说修整土地简直是浪费人力，要把农田毁掉改为牧场。耶律楚材无比耐心地向他们深入浅出地反复讲解，从农耕的好处讲到每年获得的年贡，让他们知道农田比牧场的利益要大得多。据说由于他的劝谏，避免了好几次蒙古军的大屠杀。

耶律楚材是辽国皇族的后裔。早年丧父，接受母亲的教育。他的学问涉及天文历算、地理历史、宗教、医学、易卜等。不论成吉思汗问他什么问题，他都能当场回答，对答如流。据说成吉思汗对儿子窝阔台（后来的太宗）说：“此人天赐我家，而后国君庶政当悉委之。”可以说耶律楚材是一个伟大的百科事典式的人物。

耶律楚材进入成吉思汗的帷幕，而落第的元好问黯然回乡。但是，他的故乡正处在蒙古军的进攻路线上。第二年，他毅然迁居河南三乡镇，不久在嵩山附近的登封县购买田地，过着半农半读的生活。

干戈正飘忽，不用苦思家。

飘忽，就是疾风。战争犹如疾风，不知何时才能停止，还是不要苦苦思念故乡吧。然而，同样这个时候，他也吟咏这样的诗句：

何时石岭关头路，一望家山眼暂明。

什么时候能登上那石岭关头的路，远眺故乡的山峦呢？

金兴定元年（1217 年）八月，成吉思汗封木黎华为大师、国王，目的是让他率领蒙古、乣、汉等各军南征。乣是金国建立的一支外国人混合部队，集结着契丹族、蒙古族、党项羌族等各种民族的勇猛战士。这支部队原本是用于防御游牧民族的进攻，由杀死胡沙虎的术虎高琪率领，但南迁的时候，乣军不愿意，中途返回，投降了蒙古军。原本就是具有游牧民族秉性的军队，投降可以说是理所当然。蒙古军以这支部队作为攻打燕京的前锋。木黎华手下也有汉军，也是金国的汉族部队倒戈过来的。

被封为国王的木黎华在燕京设置幕府。以前蒙古军都是秋来春去，从此以后可以长驻此地。木黎华以燕京为基地，四处出击，攻占各地，黄河以北地区就逐渐成为成吉思汗的势力范围。南北分裂长达一百多年的中国北部再次一分为二。

南宋看到金国已经穷途末路，就停止对它进献岁币。在遭受蒙古的攻打，军费开支急剧增加的紧要时候，南宋的岁币突然停止了。兴定三年（1219 年），金国在承受北方蒙古军的巨大压力下，依然出兵讨伐南面的南宋。这是对停止岁币的问责。然而，以前总是不堪一击的软弱的宋军这一次显得勇敢善战，让金国大吃苦头。其实不是南宋军强大，而是金军士气大为低落的缘故。既然拿不到岁币，那就夺取对方的土地，从当地获取收入，这一招也未能奏效。于是金国提出议和，但双方未能达成协议，南方战线陷入泥潭。

不仅如此，西面的西夏在遭受蒙古攻打的时候，因为宗主国对它坐视不救，西夏反水投降蒙古。西夏向南宋提出共同夹击金国的建议。第一次遭到南宋的拒绝，但在宁宗嘉定十二年（1219 年），南宋接受了这个建议。于是，西夏与南宋联合对付金国。

这个时候，成吉思汗突然掉头转而远征西域。金国所承受的压力有所减缓，稍微缓一口气，可以集中力量反击西夏与南宋联军的攻打。

对成吉思汗的行动，以为他完全只是根据实际利害关系进行判断，但有时令人感觉心血来潮似的冲动。他被称为“天骄”，天骄的发作性冲动行为居然获得巨大成功，成功得过于圆满，大概连他自己都不敢置信吧。

成吉思汗于 1219 年开始的西征包含着相当浓厚的冲动性因素。成吉思汗托付国书的商人在花剌子模国被人杀死。所以成吉思汗的西征并不是出于实际利益的考虑，而仅仅是为了报仇，这是草原的规则。

被成吉思汗追赶的乃蛮王子屈出律篡夺西辽（哈喇契丹）以后，于 1218 年被追击过来的蒙古军所杀。第二年就发生了这起花剌子模事件。

花剌子模国的讹答剌城太守为个人私欲杀死持有成吉思汗国书的商队。这是一份希望开展贸易往来的充满和平诚意的国书。既然如此，成吉思汗只好展开毫不留情的军事行动，横扫千军如卷席，如旋风一样席卷中亚地区。布哈拉汗、撒马尔罕等全部被占领。花剌子模国王穆罕默德逃到里海的海岛上，在那里死去。

蒙古军的一支部队追赶花剌子模国王子，从阿富汗一直追到印度河。来到里海边上的蒙古军队越过高加索，与俄罗斯南面的诸侯军交战，占领各地，大肆掠夺。这是史无前例的大远征。当各路军队得知成吉思汗回到喀喇和林的消息时，也陆续撤兵返回。完成这七年的西征后，蒙古军队再次发兵东征，给予东亚各国宽容的期限已经到了。

成吉思汗的这次西征超出了中国历史的范围，但是对中国历史造成巨大的影响，其意义要比给予金国、西夏、南宋宽容期限更加深远。这就是蒙古在征服中原之前先接触到其他世界的文明。先前在中国出现的征服王朝——从五胡十六国至北魏、辽、金，都没有接触过其他的文明圈。对他们来说，中国文明就是最高的文明。只看过东亚这个世界的人们，眼睛里自然只有中国文明。

他们走过的共同道路是：在称霸中国的同时，陶醉于中国文明，沉溺其中，结果受到同化。北魏的孝文帝甚至禁止使用自己所出身的鲜卑族的风俗和语言，连姓名也改为中国式的。据说元好问是鲜卑的末裔，当然他身上已经毫无鲜卑的要素，而是成为攀登上中国文明圈巅峰，据说大概二百年才出一个的杰出诗人。

辽的耶律、金的完颜等姓氏的确没有改变，但受到同化是无疑的事实。金国的历代皇帝除了女真名字外，都还有中国式的名字。

但是，蒙古在进入中国之前，先去过从中亚到西亚这一大片广袤的伊斯兰文化繁荣的土地，也去过印度，也去过欧洲，也体验过基督教文化圈的氛围。在接触中国文明之前就接触过可以与中国文明相媲美的其他几个文明圈。这可以说防止蒙古患上“中国文明痴迷症”。从中国的眼光来看，来了一群与先前的征服王朝不一样气质的人。

七年远征，也许相当于七年宝贵的留学经验。留学结束以后，成吉思汗开始进攻西夏。1227年，西夏灭亡。这一年的八月，成吉思汗也死去。

元好问已经三十八岁，虽然感觉有点晚，但他在三十一岁时进士及第，后来当过国史院编修；成吉思汗死去的那一年，任河南内乡县县令。县令这个职务不是很高，但由于受到赵秉文的赏识，诗文方面，声名鹊起。不过，元好问平静悠闲的日子即将结束。

《元史》记述，成吉思汗临终之际，对身边人留下这样的遗言：

金精兵在潼关，南据连山，北限大河，难以遽破。若假道于宋，宋、金世仇，必能许我。

避开潼关，向宋借道，从唐州、邓州直取开封。

继承成吉思汗即位的窝阔台也是和父亲一样南征北战的勇将。他攻取陕西凤翔，把金国的注意力引到那边，然后按照父亲遗言所指示的那样，向南宋借道，逼近开封。

开兴元年（1232 年）三月，蒙古大军包围开封。此前一年，元好问丧妻张氏，并从南阳县令召回京师，任左司都事。

他在南阳听到凤翔陷落的消息，作《岐阳》诗三首。下面是第二首。岐阳即凤翔，在长安西北面。

百二关河草不横，十年戎马暗秦京。
岐阳西望无来信，陇水东流闻哭声。
野蔓有情萦战骨，残阳何意照空城。
从谁细向苍苍问，争遣蚩尤作五兵。

“百二”，形容二人坚守、百夫莫开的险固要害。这样的秦地如今也是野草丛生，经过十年战乱，秦国首都黯然憔悴。岐阳方面没有传来任何消息，陇水向东流淌的水声犹如人们的哭泣。荒野上的蔓草深情地缠绕着阵亡者的白骨，残阳缘何却依然照射在无人居住的空城上。

“苍苍”，指的是上天。究竟由谁向上天发问呢？为什么要让蚩尤制造武器呢？

蚩尤是传说中的人物，是与黄帝争斗的残暴者。大概相当于日本的素戋鸣尊[①]吧。阅读这首诗，人们肯定会从蚩尤这个名字联想到成吉思汗或者蒙古。

开封被围后，双方曾一度达成和解，但发生金国斩首蒙古使臣事件，于是谈判决裂。十二月，蒙古军再次包围开封，过年以后，金国皇帝哀宗逃往归德。

那时人们都知道，蒙古军的复仇战争尤其残忍。斩杀蒙古使者的行为，其严重性使大家极度惊恐。

哀宗逃跑以后，元好问身在被围的国都，写有题为《壬辰十二月车

---

① 素戋鸣尊：记纪神话中出云系神统的祖神。伊弉诺尊之子，与天照大神、月读命称为三贵神。性格粗野暴躁，大闹高天原，被放逐到地上根之国。后在出云国降服八俣大蛇，从大蛇尾部得到天丛云剑，献给天照大神。——译注

驾东狩后即事》的五首诗。下面是其中的第三首。壬辰是金天兴元年。

郁郁围城度两年，愁肠饥火日相煎。
焦头无客知移突，曳足何人与共船？
白骨又多兵死鬼，青山元有地行仙。
西南三月音书绝，落日孤云望眼穿。

饥饿似火，每天煎熬愁肠，可见开封的粮食已经告罄。

“焦头”和“曳足”都有典故。“焦头”见《汉书·霍光传》。一户人家失火，后来失火家的主人宴请救火者，表示感谢，让被烧得焦头烂额者坐上座，其他人按照救火的功劳依次而坐。其实此前他家里来过一个客人，见这家灶上烟囱笔直、旁边还堆着薪柴，便劝主人将烟囱移到别的位置。主人没有采纳，果然发生火灾。但是，主人这次答谢宴请，没有请他参加。其实事前的忠告应该功劳更大。“焦头”用于此处，是说从长远的眼光来看，没有人对金王朝提出忠告。即使有人提出忠告，也不被视为功绩，所以才会有今天的苦难。

“曳足”典故见于东汉将军马援的故事。马援水战，兵船攻敌，战斗十分艰苦，他也患病，依然拖着腿指挥。此处是说金王朝并非没有马援那样的名将，但没有与兵船共存亡的部下。

律诗的格式需要对仗，“焦头”与“曳足”、“青山”与“白骨”就是对仗。令人想起杜甫《兵车行》中的“古来白骨无人收”的诗句，“白骨”指的是阵亡者暴露荒野的遗骸。战死者的亡灵越来越多，而这一带的青山中还有“地行仙”。与天上的仙人相对应，地仙指的是在世间挥霍金钱、寻欢作乐的大富豪。在国家紧急存亡之秋，还有人躲在安全的地方过着安逸奢华的生活。这里所说的“地行仙”也许指的就是导致国家陷入如此重大灾难而自己最先逃跑的高官。哀帝逃跑的时候，那些应该承担责任的高官们也一定和他一起逃跑。

西南面并不是他的故乡。他的家属大概都留在内乡县吧，已经三个月没有收到他们的书函了。元好问面对夕阳，凝视着天边的一缕白云，望穿秋水一样。他的脑海里一定浮现出安史之乱的时候，逃离长安来到行在所的杜甫所吟咏的“眼穿当落日，心死着寒灰”的诗句吧。杜甫的这一首也是吟咏战乱。元好问的第四首诗有这样的诗句：

秋风不用吹华发，沧海横流要此身。

华发即白发。秋风哟，用不着吹拂我的白发，大海的惊涛骇浪会将我这伤悲之身全部吞没下去的。

他喜欢使用“沧海横流”这样的表现。天翻地覆的惊涛骇浪的形象正适合形容亡国的景象。

被围的城内的惨状实在目不忍睹，饿死者、瘟疫死者不计其数。《金史》记载，与蒙古军签订临时停战协议后，城门打开，运到城外埋葬的尸体多达九十多万具。在这个数字后还有一句话：

贫不能葬者不在是数。

简直就是人间地狱。在飞虎军杀死前来劝降的蒙古军使者后，饥饿和瘟疫使城内人心疯狂。哀宗的所谓东巡说是出城召集军队和筹措粮食，但谁也不期待皇帝还会率领援军回来。

太学生刘祁的《归潜志》记述当时城内的情景。贫民往往食饿死的人，每天早晨将饿死者的尸体运到城外，到晚上已经成白骨。皮革煮而食之。无燃料过冬，则拆毁房屋充作薪木，《东京梦华录》所描写的繁荣华丽的开封已变成一片瓦砾废墟。

元好问的“愁肠饥火日相煎”并不是诗歌的形容表现，而是活生生的事实。当城里人听说逃跑的皇帝派人回来要把太后、皇后接走时，终于忍无可忍，民心动荡，人们已经超出了容忍的限度。

于是，西面元帅崔立发动政变，杀死开封留守完颜奴申和习捻阿不。崔立掌权后，以太后之命的形式，立卫绍王的太子从恪，并且向蒙古军投降。崔立向全城居民发布告谕文称：两个大臣紧闭城门，却毫无对策，故杀之，为拯救一城之生灵，请求蒙古军保全百姓之性命。

据说民众大叫“快哉”。只有战斗结束，庶民才能得到拯救。其实这场作战与庶民无关。

但是，崔立这个人似乎品格不好，口碑很差，斩杀两个大臣固然当机立断，他本人却十分傲慢，自称左丞相、都元帅，封为郑王。

蒙古军接受崔立的投降，全城人终于松了一口气。崔立喜欢别人对他阿谀奉承，不知是他的暗示，还是有人主动拍马迎合，于是有人提出要为他建立功德碑。从封建社会的伦理来说，崔立擅自废立皇帝，可谓逆贼；投降蒙古，可谓败将，所以士大夫反对为他竖立歌功颂德的碑。

元好问担任崔立的临时政府的左右员外郎。不仅仅是他，在开封的金国官员几乎都自动成为崔立政权的官员。据说负责建立功德碑的是元好问。他委托《归潜志》的作者刘祁撰写碑文。

为崔立建树功德碑被视为元好问人生的污点。建碑的动议提出来后，蒙古军入城，大肆掠夺，建碑一事自然被搁置起来。元好问对这个问题缄默不言，甚至不为自己辩解。刘祁在《归潜志》说，自己四处躲藏，是元好问抓住他，硬要他撰写碑文。书中详述元好问老奸巨猾的手腕，但也说碑文的序出自元好问之手，只是客观地记述事实，并无赞誉之辞。

实际上半途而废的崔立功德碑撰文之所以成为严重的问题，是因为这关系到个人的名节。南宋十分看重名节，同一个时代的金也是如此。虽说是为了拯救百万生灵，但崔立的政变是叛逆行为。在被胁迫之下为崔立的临时政府服务尚情有可原，但为他的行为立碑歌功颂德就是阿谀奉承，作为士大夫，其耻辱，死也不足以赎。所以撰文成为大是大非的问题。

刘祁在《归潜志》中极力为自己辩解，自己受到牵连仿佛都是元好问的责任。元好问对立碑这件事大概也并不积极，只是看到崔立杀戮反对立碑的人，官府院子里的血从来没有干过，他才不得已答应下来。当时蒙古军虽然接受崔立的投降，但还没有进城，开封百万生灵的命运都系在崔立一个人身上。

如此重视名节的刘祁后来仕于元朝，而元好问至死一直在野。开封开城的时候，元好问到蒙古军营将文书送给耶律楚材，请求蒙古军保护金国的文人。

开城以后，金国的主要官员都被抓起来，元好问也是其中之一。他与家属一起被囚禁在聊城。聊城在现在的山东省黄河北岸，北渡黄河过去的。元好问作有题为《癸巳五月三日北渡》（金天兴二年）七绝三首。

道傍僵卧满累囚，过去旃车似水流。
红粉哭随回鹘马，为谁一步一回头！

对于蒙古族来说，人就是财富，可以作为奴隶使用。蒙古军进入开封以后，大肆抢掠的，不仅是财物，也把人掠走。财物装载在旃车上拉走，如流水般望不到头。被掠去的人一路行走，路边道旁躺着很多精疲力竭走不动路的俘虏。被抢去的女子一边伤心哭泣一边跟随着回鹘的马匹后面行走，她们究竟为谁一步一回头呢？

白骨纵横似乱麻，几年桑梓变龙沙。
只知河朔生灵尽，破屋疏烟却数家！

道路上到处都是白骨，种植桑树、梓树的故乡如今变得沙漠一般，这都已经好几年了。黄河以北遭受蒙古军的洗劫，听说百姓都已经死绝，不料还看见几间破烂的小屋，升起断断续续的淡淡炊烟。

这个时期，元好问还写有《续小娘歌》十首。据说民间流传有吟咏年轻女子的小娘诗，元好问据其原调，填以新词，记述被蒙古军抢走的青年男女的情景。

太平婚嫁不离乡，楚楚儿郎小小娘。
三百年来涵养出，却将沙漠换牛羊。

太平时代，结婚也不离村。青年男女，体态楚楚，那是因为三百年文明环境的浸润。如今被强行带到沙漠去，成为与牛羊交换的东西。他们的人生将会有什么样的命运呢？

青山高处望南州，漫漫江水绕城流。
愿得一身随水去，直到海底不回头！

真想就这样一头扎进海底，不愿意再回头看一眼这人间地狱的惨象。

元好问被囚禁在聊城期间，金国灭亡。

他是在五月被囚禁在聊城，逃出开封的金国皇帝哀宗于六月从归德跑到蔡州。

嘉定十七年（1224年），韩侂胄拥立的南宋皇帝宁宗死去，实权派头目史弥远暗杀韩侂胄，拥立理宗。宁宗与高宗一样，有皇子，但早死。理宗是太祖第十代孙，原先流落在民间。理宗绍定五年（1232年），蒙古派使者来南宋，提议“夹攻”金国。

南宋朝廷群情激昂，以为现在正是报仇雪恨、剿灭金国的大好时机。京湖制置使史嵩之表示赞成，廷臣也多同意。史嵩之是当时最大的实权派人物史弥远的侄子，但这个人似乎缺少主见，只有知扬州使赵范表示反对。他说：

宣和海上之盟，厥初甚坚，迄以取祸，其事不可不鉴。

一百一十四年前，北宋派使者从海路前往金国，结成夹击辽国的同盟。然而结果是什么样的呢？宿敌辽国的确被消灭，但宋国被金国赶到南面，至今依然如此。无论如何必须注意，同盟起初都很牢固，但逐渐会松弛下来。

但这只是少数人的意见，南宋决定与蒙古结盟。第二年（1233年），金国也派完颜阿虎向南宋祈求援助粮食，同时提议结盟。

大元灭国四十，以及西夏，夏亡必及于我。我亡必乃于宋。唇亡齿寒，自然之理。

当时还没有“元”这个国号，但《金史》已经将蒙古称为大元。南宋朝廷的方针已经决定。同年十月，史嵩之派南宋将军孟珙与蒙古军会合包围蔡州。

第二年（1234年）正月，在蒙古和南宋联军的猛烈攻击下，金国哀宗在蔡州自尽。此前已经让位给宗室完颜承麟，承麟也在混战中被杀，金国就此灭亡。

金国从太祖建国恰好历经十主，共一百二十年。

甲子两周今日尽，空将衰泪洒昊天。

元好问蛰居聊城至觉寺时，闻知金国灭亡的消息。甲子——六十年两次轮回，金国命数已尽。“昊天”意为南方的天空。四十五岁的元好问从聊城面向南面哀宗死去的蔡州的天空挥泪哀伤。

家亡国破此身留，留滞聊城又过秋。
老去天公真愦愦，乱来人事转悠悠。
碁中败局从谁覆？镜里衰容只自羞！
方外故人如见问，为言乘兴欲东流。

秋天过去，金国灭亡已有半年多。元好问憎恨、痛骂让金国遭此厄运的上天苍老昏聩。这个时期他的诗中还出现“老眼天公”“老天”这样对天不相信的词。

但是，他很快振作起来，自己要做的事情很多，要告诉后人：历史上曾经存在过历一百二十年正确传承中国文明传统的金这个国家。

他作为一个文人，为了明确显示金国的优秀文学，在聊城开始着手编纂金这个时代的诗集。这就是前面经常论及的《中州集》，收入其中的诗人约二百人。元好问给每个人撰写小传，所以可以系统地一览金代的文化人。然而，诗集所收入的文化人几乎都是章宗这样的皇帝、即位前就死去的皇太子显宗（章宗之父）等士大夫。唯一例外是那个二十五岁之前目不识丁的农民心愿。与南宋诗文的平民化相比，金代文化的后进性显而易见。

南宋的诗文也许已经成为市民的文化表现，但与《中州集》网罗金代文学保存至今的情况相比，亡佚的东西太多。南宋在反反复复的政治斗争中，每次被定为“叛徒”的人，大概连他们的诗文也一起遭到毁灭吧。如此想来，元好问的功绩是巨大的。

元好问在聊城囚禁两年后获释，虽然沉浸在亡国的悲叹之中，但毕竟重新获得自由，令人高兴。获释以后，应朋友的邀请，到济南游玩。他年少时曾随赴任的父亲来到此地，旧地重游，在《济南杂诗》中这样吟咏道：

看山看水自由身，着处题诗发兴新。
日日扁舟藕花里，有心长作济南人。

他从聊城移居到冠氏县。冠氏县县令赵天锡给他提供很多方便。苏轼被迁移到黄州开垦荒地，作有《东坡八首》，元好问模仿创作《学东坡移居》八首。我们可以从第六首中读到他以后要做的事情。全诗很长，仅录前面一半：

国史经丧乱，天幸有所归。
但恨后十年，时事无人知。
废兴属之天，事岂尽乖违？
传闻入仇敌，只以兴骂讥。
老臣与存亡，高贤死兵饥。
身死名亦灭，义士为伤悲。
哀哀淮西城，万夫甘伏尸。

收藏在开封宫殿里的金代历史文献记录很幸运地在大动乱中保存下来，这指的是蒙古军中的汉人将军张柔完好地接收了金国史馆记录。这个张柔是一个很有骨气的名将，也参与元大都的建设。现在的北京市就是以元大都为基础建设起来的。如果金国的史料文献落到毫不尊重文明的野蛮的蒙古将军手里，大概或者被烧毁或者散失吧。这是一种幸运。根据这些历史实录，金国的正史早晚会编撰出来的。有人认为，因为元好问的斡旋，才将金国史馆记录交给张柔将军。

只是担心十年以后，这个时代的史实也许就无人知晓了。国家之兴亡在于天意，并不是因为亡国，就断定它所走过的道路一切都是错误的。那些模棱两可的流言蜚语传到仇敌那里，只会惹得他们的讥笑辱骂。

自己一定努力将正确的历史传给后世，金国的元老们与国家共存亡，贤者死于战争和饥饿。如果名声也随着死亡而消失，义士要为之悲伤叹息。在淮西之城蔡州为皇帝殉死的大量可怜的士兵都心甘情愿地捐躯。这一切的一切，我都要记录下来。这首诗的结句是：

造物留此笔，吾贫复何辞。

造物主神给我留下这支笔，只要有笔，其他什么都可以不要，贫困也无所畏惧。

他将自己的书房命名为“野史亭”，决心以自己个人的力量将金国的历史留存后世。上面诗歌中出现的“仇敌”无疑就是南宋。只有南宋对金国是中国文明的正统嫡系提出质疑。元好问撰写很多碑文，大概认为刻石可以留存下来。

元好问曾应耶律楚材的儿子耶律铸之邀去过燕京，但是他不打算仕于蒙古。他的文学声名卓著，蒙古政府大概会邀请他去当官。1238 年，蒙古在燕京修建太极书院，同年举行科举，很多金国遗臣应试。当年获得科举第一名的就是在建立功德碑问题上讥讽元好问的刘祁。

1252 年，六十三岁的元好问觐见蒙古皇帝忽必烈，并被授予“儒教大宗师”的称号。这也是他人生的污点，但恐怕也是不得已吧，这个尊号肯定是早就为他准备好的。如果拒绝与忽必烈见面，也许自己性命就有危险。元好问坚持到最后也没有吃蒙古的俸禄，应该是保全了遗臣的气节。

元好问尤其注重记录金朝末期的逸闻轶事。由于战乱，很多事情未被记录下来，而所见所闻者都还在，他也向这些人采访。他本人的所见所闻也很多，所以要抓紧时间记录下来。《壬辰杂编》、《金源君臣言行录》、《南冠集》等都是他的有关金史的著述，但未能留存下来。后来编撰正史《金史》的时候，他的著述作为资料来源，相当多的地方就直接引用他的文章。世人评论《金史》文章格调高雅，如果其基本框架出于元好问之笔，风格自然如此。可以说他的执着追求终于开花结果。

《野史亭雨夜感兴》向我们传递他的这种执着的精神。

私录关赴告，求野或有取。
秋兔一寸毫，尽力不易举。
衰迟私自惜，忧畏当谁语。
展转天未明，幽窗响疏雨。

个人的记录也事关国家之大事，等到编撰正史向民间征集资料的时候，或许能被采用——元好问心怀这样的期待，莫如说是确信，夜以继日地刻苦撰写。

秋兔寸毫，指的是笔毛极为纤细的毛笔。一管轻轻的毛笔提在手上，却感觉千斤之重，因为心中承载着写史的责任感。这首诗是他晚年的作品。年迈体衰，这是自勉自慰。内心的忧虑与畏惧对谁倾诉呢？躺在床上辗转反侧，彻夜难眠，稀疏的雨声敲打着昏暗的窗户。

其气氛令人感觉阴森可怕。

从成吉思汗到忽必烈

天下无敌的蒙古也有它的弱点，这是游牧民族政权的共同问题，就是在王位继承时往往出现不稳定的因素。

草原民族的继承规矩是父亲在生前将部分财产分给长大的长子，剩下的财产在父亲死后就成为幼子的财产。看似幼子继承，其实长子已经得到应得的部分。从年龄来看，父亲死去的时候，一般幼子也都已经长大成人。所谓财产，就是马牛羊以及牧场，不是成年人，难以管理。

成吉思汗家也按照这个规矩分配继承领地。正室孛尔帖有四个儿子，长子术赤是孛尔帖被蔑儿乞部族抢走后不久回来出生的，是否有成吉思汗的血缘，尚有疑问。成吉思汗西征后，术赤死去，但他的家属获得伏尔加河下游钦察汗族的居住区作为领地。这块土地位于钦察汗帝国的最西部。

次子察合台分得先前的耶律大石的哈喇契丹（西辽）国，包括现在的新疆在内的中亚地区。

第三子窝阔台分得先前的乃蛮部族的土地——阿尔泰山西麓，叫作准噶尔的地区。

幼子拖雷没有分得领土，按照蒙古的继承法，父亲成吉思汗死后，他就继承父亲的领土，即成吉思汗家族的发祥地蒙古。

继承父亲的领土不等于继承世界帝国蒙古的国主地位。重要事项必须经过忽里勒台讨论决定，所以游牧民族蒙古没有有关继承的明确成文法，自古以来就没有大帝国的概念，连习惯法也没有。成吉思汗本人也是采取由忽里勒台推举为可汗的形式。

成吉思汗死后两年召开大忽里勒台，第三子窝阔台被推戴为可汗。《新元史》这样评述窝阔台：

太宗宽平仁恕，有人君之量。

胸襟豁达，沉稳宽厚。大哥术赤和二哥察合台经常反目争执，西征攻打花剌子模的时候，还是窝阔台居中调解他们之间的不和。成吉思汗对窝阔台的性格也十分欣赏，似乎打算指定他为继承者。但成吉思汗死后的两年里，可汗空缺，由幼子拖雷任监国，临时代理皇帝执政，而且幼子继承的倾向性还很大。召集大忽里勒台也是以拖雷的名义进行的，会议上推戴幼子的呼声很高，但是耶律楚材尊重成吉思汗的遗愿，力推窝阔台，其他兄弟也都表示同意。

虽然幼子继承不是铁律，但在游牧民族中依然顽固地视为天经地义。其实拖雷可以以此为武器与窝阔台争夺继承权，但是他对窝阔台的即位表示心悦诚服。虽然窝阔台人品高尚，但可以说是拖雷的自我牺牲避免了蒙古的分裂。

拖雷的自我牺牲不仅仅表现在没有对可汗位置的贪图迷恋，甚至还把自己的领地蒙古让给窝阔台。窝阔台所分到的领地是准噶尔，成为蒙古皇帝后无法统治国家的核心地带蒙古，这种现象不合常理。于是拖雷毅然决然地放弃自己的领地蒙古，献给窝阔台。

世上流传各种各样有关窝阔台豪爽大度的故事，然而要说豪爽，应该说拖雷更胜于窝阔台。

以中国式的庙号称呼的时候，成吉思汗为太祖，窝阔台为太宗。建国初期的两个皇帝称为太祖、太宗，宋、金、辽也都是如此。只是宋、金的太宗是太祖的弟弟，所以从父子继承这个意义上说，蒙古的太祖、太宗的关系与辽一样。

太宗窝阔台在位十三年死去。他的时代完成了消灭金国的事业，还在蒙古的喀喇和林修建宫殿。他推荐孙子失列门和拖雷的长子蒙哥为自己的继承者。失列门是窝阔台的第三子阔出之子。其实窝阔台看中的是阔出，但因早死，其子失列门受到他的格外宠爱。

为什么太宗没有指定长子贵由呢？因为贵由与术赤家族的家长拔都

交恶。作为蒙古帝国的皇帝，必须紧密团结各地的家族，具有调解亲和的能力，而贵由似乎是强烈的自我主张型的人物。

然而，太宗死后，太宗皇后乃马真监国，摄政四年多。由此可知，游牧民族的女性权力相当强大，她们平时也是驮着帐篷到处移动，不是藏于深闺的柔弱女子，和男人一样骑着骏马在草原上奔跑驰骋，也拿起武器参加战斗，所以具有很大的发言权。

1246 年召开大忽里勒台，决定下一代皇帝。召集者自然是太宗皇后乃马真。太宗死于 1241 年，乃马真皇后的摄政时间有点过长。太宗皇后也违背太宗的遗愿，打算立长子贵由。但是，术赤家族的拔都表示反对，所以这个大忽里勒台长期未能召开。1246 年的大忽里勒台是在排除拔都的抵制之后召开的，贵由的即位从一开始就有点勉强，按照中国式的庙号称为定宗。

定宗贵由与术赤家族的拔都的不和产生于对欧洲的远征。太宗窝阔台时代，1236 年开始第二次西征。这次远征攻进莫斯科，大火焚烧，陷落俄罗斯首都基辅，总司令是拔都。贵由是他的部下，但年龄比拔都还大一岁。当时贵由三十岁、拔都二十九岁，都是血气方刚的军人。之所以让拔都当总司令，是因为他的领地紧挨着俄罗斯的钦察汗。贵由以自己是皇帝窝阔台的长子而骄矜，拔都以自己指挥一切而自负，在作战以及其他问题上都产生对立。太宗窝阔台在长子贵由远征的时候死去，但是他知道这两人在前线不和的情况，以为立贵由为继承者不妥，所以没有提名推荐他。

太宗皇后期待他们的感情对立能逐渐和解，可是拔都始终反对贵由即位。

贵由即位以后，拔都仍然不承认这次大忽里勒台的决定，率兵东进，贵由也进兵叶密尔河畔。蒙古帝国的窝阔台家族与术赤家族的内战到了一触即发的危急局势。然而，就在这个时候，定宗贵由猝死。局势大变，一场内战得以避免。据说贵由是基督教徒，他是死于荒淫和嗜酒。这一年是 1248 年，他在位不过三年。

拔都率兵东进大概是为了与贵由决一雌雄，既然对手已死，为表明自己没有背叛蒙古帝国的意思，便说自己是来拜谒贵由的。于是，拔都召开忽里勒台，推戴拖雷家族的蒙哥为可汗，即宪宗。

然而，参加这次忽里勒台的只有术赤、拖雷两个家族，窝阔台和察合台两家都没有参加。定宗皇后斡兀立海迷失作为监国，一直坚持拥立两个儿子忽察、脑忽，认为这次忽里勒台并不是蒙古的所有部族都参加，所以无效。于是，拔都在鄂嫩河畔召开大忽里勒台，窝阔台家族以太宗窝阔台推举失列门和蒙哥为依据，打算立失列门为可汗。然而，如果要说到太宗的遗愿，拥立贵由也是有根据的。

最后由拔都一伙强制通过，再次确定宪宗蒙哥立为可汗，定宗皇后斡兀立海迷失用毛毡包裹着被扔进河里，失列门、忽察、脑忽都被充军流放。但是，蒙哥不能放过与自己争夺可汗地位的失列门，也把他扔进河里杀死。

窝阔台家族就此没落，将其领土分割赐予宣誓效忠于新可汗的窝阔台系诸王。窝阔台家族领地中，属于原先拖雷家族贡献的蒙古本土，自然物归原主。所以只是准噶尔分割成细小的土地分配给旧窝阔台系诸王，形成一群小领主。与钦察汗、察合台这样的大势力相比，窝阔台系显然一落千丈。

被迫牺牲自我、韬光养晦的拖雷家族终于开始扬眉吐气了。但是，宪宗蒙哥在1259年讨伐南宋的时候死去，拖雷家族就继承者问题发生内讧。

拖雷的正室生有蒙哥、忽必烈、旭烈兀、阿里不哥四个儿子。宪宗蒙哥死于重庆的时候，忽必烈正在包围鄂州（湖北武昌）的南宋军队，旭烈兀远征攻打巴格达，小弟弟阿里不哥作为监国留守国都喀喇和林。

阿里不哥召开忽里勒台，打算让大家拥戴自己为继承者可汗。拖雷家族自诩是成吉思汗的嫡系，最大的根据就是这是幼子的家族。这样的话，拖雷的这个幼子阿里不哥才应该立为可汗。忽必烈得到这个消息后，与南宋的宰相贾似道签订和约，急忙赶回多伦诺尔，也召开忽里勒台，推戴自己为可汗。

这样，拖雷家族出现两个可汗，最后通过武力解决，阿里不哥被流放，忽必烈确保了可汗的地位。哪一个都自称得到忽里勒台的推戴，可见当时蒙古对忽里勒台没有明确的规定。

忽必烈与阿里不哥内讧的时候，窝阔台家族的海都站在阿里不哥一边。海都是太宗窝阔台第五子合失之子，在窝阔台领土被分割的时候，他得到海押立的领地。海都是一个心怀壮志的人，不甘心窝阔台家族就这样沉没下去，一直在寻找东山再起的机会。忽必烈与阿里不哥的争斗给予他这个机会。阿里不哥于1264年投降忽必烈，此时海都这个风云人物已经收复窝阔台家族的故地，联合察合台汗国、钦察汗国，壮大自己的势力。

海都的叛乱持续很长时间，忽必烈在东方称王称霸，灭亡南宋，远征日本，出兵缅甸、安南、爪哇，却未能在自己生前平定海都的叛乱。其实与其说是叛乱，不如说是两大势力的对立。

忽必烈自称是蒙古的可汗，其实不过是东亚帝国的一个君主。他的弟弟旭烈兀在西亚建立伊尔汗国，忽必烈对这个大帝国鞭长莫及。形式上另当别论，实质上是平等的友好国家的关系，而不是隶属关系。敌对势力海都在从俄罗斯中部至中亚的辽阔地区活动，忽必烈对他们也无能为力。

成吉思汗帝国显然已经分裂，不再是先前那样的世界帝国了。本章的开头说到成吉思汗建立的蒙古帝国的弱点是没有明确忽里勒台的构成和功能，所以在决定继承者问题上多有不稳定的因素。这个政权即使成为世界帝国，依然带着浓厚的部族共同体的氛围。在鄂嫩河流域游牧的时期，也许充满牧歌般的宁静，一旦扩张进入中国及伊斯兰、欧洲等文明地区，事情就发生了变化。以下是从成吉思汗到忽必烈的谱系图。

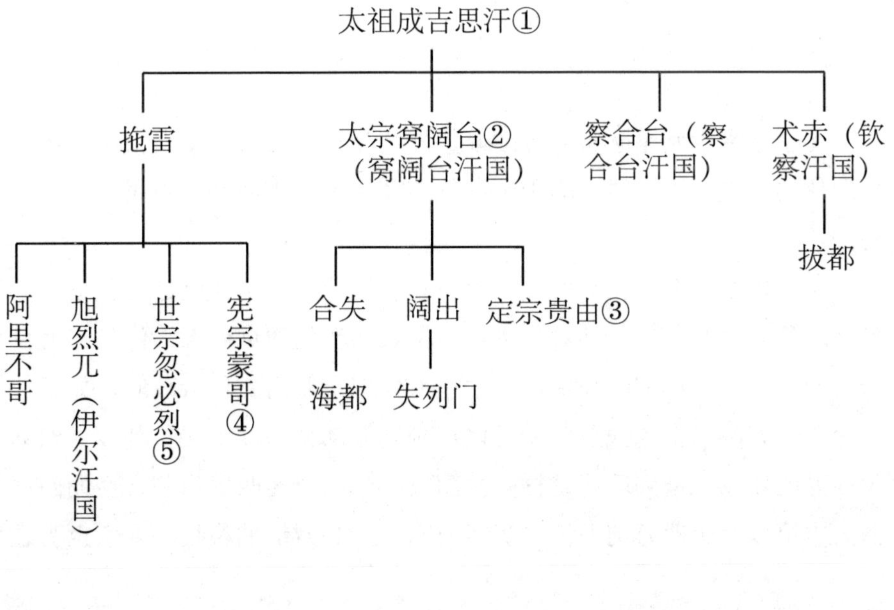

中国的庙号原则上以建国者为祖，继承者为宗。成吉思汗自然称为太祖，然后是太宗、定宗、宪宗这样延续下来，到第五代忽必烈，称为世祖。成吉思汗创建世界帝国，但在忽必烈时代，发生分裂，成为东亚帝国，他就是始祖。始祖这个庙号，大概包含着这种微妙的含义吧。

反对忽必烈即位可汗的小弟弟阿里不哥得到很多蒙古王族的支持，当然其中也有海都这样为了窝阔台家族的复兴而唯恐天下不乱、参与内讧的人。当时一般的蒙古人的确都用怀疑的眼光看忽必烈，甚至连他的哥哥宪宗蒙哥也表现出对他疑心重重的迹象。

宪宗蒙哥是一个蒙古主义者，似乎以保卫蒙古的传统作为自己的使命，讨厌奢侈，喜欢朴素的生活，但是他又笃信巫觋卜筮，十分迷信。《新元史》称赞他聪明果毅，但也说他猜嫌骨肉。

宪宗的信条是回归成吉思汗的时代。他非常怀念淳朴憨厚的游牧民在成吉思汗一声令下纹丝不乱统一行动的时代。那个时候，一切都由成吉思汗一个人说了算。成吉思汗即位的时候，他还没有出生。成吉思汗即位四十五年以后的1251年，蒙哥才在拔都的支持下即位的。与已经成为传说的创业时代相比，他觉得自己这个时代堕落了。

他最无法容忍的是竟然有这么多成吉思汗一族的诸王认为自己是这个世界帝国的共同拥有者，谁都认为自己有这样的权利。成吉思汗时代，所有人对他的恩赐都是诚惶诚恐恭恭敬敬地接受，而如今他们都盯着这个帝国，觉得自己分到的东西应该更多。

宪宗蒙哥看到军队将对金战争的战利品占为己有，觉得很不应该。他即位的时候，国家财政陷于破产状态使得他产生回归成吉思汗时代的想法。

定宗贵由极度铺张浪费，皇后斡兀立海迷失也是如此。征税采用承包制，称为“买扑”。其对象主要是擅长买卖的西域商人，例如让他以十万两买断一个地方的征税权。承包人先把十万两支付给政府，如果他能榨取十万两以上的钱财，就可以挣到差额部分。这个买扑制度显然催生残酷的榨取，遭到耶律楚材的激烈反对。一个名叫奥都剌合蛮的西域商人申请以四十四万锭的价格买断河南二十二万锭的税收，太宗也听之任之。这个申请一下子就可以使政府税收增加一倍，的确很有诱惑力，但奥都剌合蛮要赚到更多的钱，纳税者无法承受这样的负担。

国家财政就是依靠这种原始的方法勉强维持。

蒙古起先不知道向农民征税，所以还有人主张将农田变成牧场。是耶律楚材反对驱赶农民，宣讲税收的好处。而要征税，就必须普查户口。

黄河以北广袤的荒凉土地上只有七十三万多户，但是，开封沦陷以后，作为战利品从河南带来一百一十万多户。虽然官兵们认为这些是他们的奴隶，但国家依然作为户口普查的对象。这些俘虏被带到这里来的时候身无分文，于是与原住民区别对待，税金暂定为半额。

耶律楚材以税收作为国家的主要收入，但大手大脚的窝阔台随随便便就把疆土的一半分给王族和功臣。

河北地区（黄河以北）出现汉人世侯。金的贞祐年间南迁的时候，动荡不安的居民纷纷南逃，当然并没有走光。眷恋土地的农民要离开本土谈何容易，还有由于种种原因留在河北地区也不少。他们感觉被政府抛弃，于是自己组织起来，团结自卫。自卫团成立以后，就需要领导，当地豪族、政府官员就这样成为地方武装的领导。蒙古军队打进来的时候，有的自卫团抵抗，也有的谈判投降。蒙古对投降的首领封官许愿，加以利用。

蒙古军进入开封的时候，立即接收史馆实录等历史文献，让元好问感到高兴的张柔也是其中一人。他们就是这里的领主，被称为“汉人世侯”。于是诞生几十个大大小小的汉人世侯，其中最有实力的除张柔外，还有史秉直、史天泽、严实、刘黑马、张荣等。照顾从聊城释放出来的元好问，邀请他去济南游玩的赵天锡也是汉人世侯。他们在自己的领地内可以自由地任免官员、征兵，俨然是一个小小的独立国。

尽管蒙古灭亡金国，将其土地收入自己的版图，但在这块土地上的统治形式各色各样，既有王族、功臣的领地，也有汉人世侯的领地，当然也有政府直辖的土地。宪宗蒙哥考虑对这些土地实行一元化政策，尽管是王族、功臣、汉人世侯的领地，但必须立足于土地本身属于成吉思汗帝国这样的思想。

宪宗蒙哥考虑将金国的“行尚书省”制度应用于蒙古，中央设立行政机关尚书省，前面加一个“行”字，即为中央派出行政机构的名称。

现在中国最大的行政区划是省，例如山东省、江苏省，其由来就是“行尚书省”的简称。以前是府、县、州或者道，地方不用“省”。

国都喀喇和林设立中央政府，由亲信宰相忙哥撒儿掌管，蒙古以外的地区分为三部分，分别设立行尚书省。在汉地设燕京等处行尚书省，西域一分为二，在现在的新疆地区设别失八里等处行尚书省，在中亚地区设阿母河等处行尚书省。阿母河就是阿姆河。

蒙古以前在汉地的各地都配备称为“达鲁花赤”的监视官员，但没有直接干预行政事务，现在通过设立行尚书省，决心直接统治横跨东西的帝国领土。在宪宗蒙哥看来，这就是回归成吉思汗时代。成吉思汗的部下为主君俯首帖耳，唯命是从。蒙哥对行尚书省也要说一不二，绝对领导，让每个角落都成为蒙古帝国的天下。

宪宗蒙哥一即位，就任命弟弟忽必烈为漠南汉地大总督。这个职务握有兵权，统辖包括燕京等处行尚书省在内的地区。漠南，意为沙漠以南。所谓汉地，因为当时南宋还存在，所以不是指全中国。但是，忽里勒台已经决定讨灭南宋的方针。

作为王族一员，忽必烈分有河北邢州的领地。蒙哥即位之前，拖雷家族把蒙古地区献给窝阔台家族，没有合适的替代领地，也就一直没有大片领地。因此，虽然河北的领地很小，但对于拖雷家族是非常重要的，也比其他家族更关心汉地的情况。

邢州原来有一万户居民，日减月削，只剩下五百至七百户。忽必烈认为，这主要是因为派到这里的征税官的榨取过于酷烈，或者是征税承包者的缘故。《新元史》记载，刘秉忠、张文谦等儒者曾进言得良吏以治理，如能如此，一年内可增加数倍户数。酷烈的剥削榨取逼得农民逃亡，轻徭薄赋可以获得有利的效果，忽必烈在这块小小的领地上似乎学到了如此简单的道理，这个经验为他制定了管辖汉地的原则。

漠南汉地大总督忽必烈在金莲川建造城郭，现在北京北面大约二百五十公里的多伦县，称为开平府，成为元的上都。

对于蒙古人来说，修筑城郭是划时代的大事。在追逐水草放牧的他们看来，趴在一块固定的土地上定居的人们只能受到蔑视，正如汉族蔑视蒙古族是没有开化的野蛮民族一样，游牧民也轻蔑地认为面对黄土辛辛苦苦耕地的农民过的是可怜的非人的生活。然而，忽必烈在金莲川建造城郭这件事一定让蒙古族感觉到他表现出定居的意思，而大吃一惊吧。

蒙古人在大为吃惊的同时，也肯定忐忑不安。忽必烈重用的汉人，除了刘秉忠等之外，还有许衡、姚枢等。说到汉人，在蒙古人的眼里，都是一些读过很多书、一肚子坏主意的家伙。忽必烈也许被这帮汉人欺骗了，城郭建成以后，忽必烈说不定也会变成汉人吧——蒙古人感到惊恐害怕。

猜嫌骨肉的宪宗蒙哥也许怀疑弟弟忽必烈利用不可端倪的汉人以扩大自己的势力。

也许忽必烈认为，既然自己身负管辖汉地的重任，就必须熟悉、习惯汉地的风俗。如果认为掠夺和榨取是获得利益的唯一手段，以这样的思想管辖汉地，必然会重复邢州的失败。

宪宗二年（1252年）春，元好问前往金莲川觐见忽必烈。这一年六月，忽必烈觐见哥哥宪宗，受命远征云南。

这是忽里勒台决定的讨伐南宋战役的一个步骤，目的是对南宋形成包围圈。忽必烈从云南进入西藏，他的部将兀良合台进兵远至安南（越南）。

宪宗七年（1257年）九月，宪宗蒙哥亲自率领南征军从喀喇和林出发，从六盘山经过宝鸡，进入汉中，向四川进发。当然这是南宋的领土，蒙古军一边战斗一边前进。九年（1259年）七月攻打重庆的时候，宪宗在钓鱼山死去。

黄河千里

元好问的十首《续小娘歌》最后一首应该不是在前往聊城的途中创作的，因为内容涉及金国灭亡。哀宗在蔡州死去是在元好问到达聊城以后。

黄河千里扼兵冲，虞虢分明在眼中。
为向淮西诸将道，不须夸说蔡州功。

“兵冲”是军队进攻的要道。“扼兵冲”就是扼守要道。千里一曲一直的黄河在中原大地上形成复杂的地形，实际上就是天然的要害。但是，南宋似乎过分依赖天然地形。在我——元好问的眼中，这分明是虞与虢的关系。

春秋时代，晋献公加强军备，吞并霍、耿、魏、虞、虢等国。晋为讨虢，向虞借道。晋以虢接受晋的亡命者、虢成为反晋活动的据点为由讨之。虞借道给超级大国晋，认为现在晋没有理由讨伐自己，但如果拒绝晋的要求，担心也许会成为晋讨伐自己的口实。

这时，虞国大臣宫之奇反对借道给晋，引用“唇亡齿寒”的谚语，阐述虞、虢是辅车相依的关系。但是，他的建议未被采纳，晋军从虞国经过，攻打、灭亡虢国。果然正如宫之奇所言，晋灭虢后掉过头立即消灭虞国。据《史记·年表》记载，虞、虢这两个小国都是在公元前655年灭亡。

在元好问看来，金、南宋两国与蒙古的关系犹如过去的虞、虢两国与晋的关系。金为蒙古所亡，南宋如同虞国，就是下一个被蒙古消灭的对象。元好问确信这是不言自明的。

所以，想对出兵淮西协助蒙古讨金战争的南宋将军说："不要炫耀自己在蔡州包围金哀帝、逼其自杀的功劳。"

1257年九月，元好问在真定鹿泉去世。一个月之前的八月，宪宗蒙哥亲征，从喀喇和林发兵，发动对南宋的战争。

虞、虢是春秋时期的小城市国家，当年就被消灭。13世纪的金国和南宋都是大国，金国灭亡以后四十五年，南宋才被蒙古灭亡。

现在来看看金灭亡以后的中原状况。南宋元号端平元年（1234年），金国灭亡。应蒙古的邀请，南宋将军孟珙率两万兵马北上。对于蒙古来说，两万兵马的援军也是难得，因为南宋站在自己一边可以对金国造成巨大的心理压力。另外，当时蒙古军粮食困难，孟珙将军带来的三十万石军粮解了燃眉之急，大大地鼓舞了士气。

南宋的援军是在很仓促的情况下派出去的。蒙古使者王檝来的时候，双方应该已经谈妥条件，但没有达到签约的程度，当时南宋一心只想着北进讨金报仇。

孟珙是一员猛将，在后来的作战中也发挥其勇猛的作风。蔡州之战，蒙古军的汉人将军张柔中箭负伤，也是孟珙把他救出来。此事见于《宋史·孟珙传》，《元史·孟珙传》却没有记述。阅读历代史书，还是应该注意这样的地方。

金哀宗死于蔡州，临死前让位给完颜承麟，大概以为他还有可能从这里逃出去。哀宗身体肥胖，骑马很困难，所以对逃跑已经绝望。当时完颜承麟也战死。

攻打蔡州可以说是南宋与蒙古的蜜月时期。两国在这时应该签订有明确的协议。后世史学家认为，南宋以两万援军和三十万石粮食取悦蒙古，趁着蒙古还怀有感恩之情的时候，赶紧谈判签约。清代赵翼这样评述道：

两国方敦邻好，初无嫌隙。宋果欲复三京八陵，宜先令孟珙等即在军前定议。

“三京”即汴京（开封）、洛阳、归德。“八陵”自然是北宋八代陵寝。北宋太祖的永昌陵、太宗的永熙陵等修建在巩县的西南，不属于开封，离洛阳近。金国的归德府就是宋的应天府，即现在的商丘市。开封沦陷后，高宗赵构在此即位，是南宋的发祥地，被视为圣城。

在南宋向蒙古施恩的时候，也许双方的确在谈判结为同盟的条件。但从南宋的朝廷气氛来看，应该不会像赵翼所说的那样，让孟珙负责谈判。宋朝从建国初期就以文高武低作为国家基本政策，武将的地位比我们想象的要低得多。

武将有兵权，宋朝一直警惕出现唐朝末期节度使那样的军阀。岳飞被杀，其背景也显示宋朝的这种基本政策态势。

对南宋与蒙古结盟讨伐金国，有各种各样的批评，其中最多的指责是忘记了海上之盟的教训。不过也有人为之辩护。

蒙古即使不借助南宋的力量，也许时间会晚一点，但肯定要消灭金国。那样的话，南宋对祖辈的仇敌连一根汗毛也没有碰到。钦宗、徽宗被劫往北地，无辜百姓和皇族宗室大量被杀，如果不报这一箭之仇，死后怎么有脸面对列祖列宗呢？逼迫金哀宗在蔡州自杀，可以说多少报了这一仇。

对南宋来说，金国是侮辱自己先祖的仇敌，而蒙古先前与南宋没有任何恩怨，虽然不是朋友，但也不是敌人。不是敌人的人动员一起讨伐仇敌，如果还无动于衷，那只能被人看作没有出息的懦夫，所以南宋首先是报仇。

蒙古请求南宋派遣援军和供应军粮，但并没有答应共同灭金后将河南地区归还给南宋，也许蒙古有过暗示，却没有明确承诺。赵翼说南宋趁着双方保持友好气氛的时候，应该试图通过谈判收回河南。但谈判代表不会是孟珙这样的武将，而是宰相级别的文官。

如果批判南宋没有吸取历史教训，那就不是海上之盟，而是北宋末期开封被围时候的教训。形势稍微有所好转，与实力极不相称的强硬派论调就占据优势。事实证明这是误国的。也许强硬派的论调出于忧国之情、忠君的思想，但导致的结果是国家灭亡，君主被劫往异域的偏远之地。

在双方谈判的时候，强硬派还攻击对方，故意激怒对方。和谈达成协议，金军一撤走，强硬派就大喊大叫不归还三镇，把已经撤走的金军叫回来，使首都遭受蹂躏。向朝廷提出强硬政策的代表人物是太学书生陈东。不言而喻，他是一个爱国者。他极力呼喊彻底抗战，但是他对南宋的抵抗力量——政治、军事、经济等综合国力的知识几乎一无所知。

大喊大叫实行强硬政策的是书生，这反映出南宋政权的性质。在蔡州消灭金国以后，也是宰相郑清之在朝廷主张用不着和蒙古谈判，就应该收回三京八陵。郑清之是以谨饬著称的学者郑若冲的儿子，本人文藻艳逸，但不能不说他此时的出兵论是错误的。其实出兵论是赵范、赵葵兄弟提出来的。这一对兄弟也可以说是武将，他们的父亲赵方是将军，南征北战，不过原先是进士出身。他们跟随父亲转战各地，然而在进士至上主义的南宋社会，他们大概还是属于文官系列。虽然很多廷臣反对，但在郑清之的积极推动下，最后还是决定出兵。

在此之前，南宋理宗任命朱扬祖、林拓二人为谒陵使。他们负有向曾经被金国统治的北宋历代陵寝参拜的任务。宋朝南迁后，经过一百零七年，南宋才终于可以派遣谒陵使参拜北宋的陵寝。北宋历代陵寝未遭破坏是张邦昌被立为傀儡皇帝时向金国提出的条件。

当谒陵使到达孟珙军营的时候，蒙古方面就已经得到南宋出兵的情报，于是立即部署兵力，对河南地区严加防范，援军接连派往潼关。一旦发生战争，就不能参拜陵寝，孟珙劝这两个谒陵使说，十天之内大概两军不会接触，趁着这个空当儿，赶紧去参拜。于是，这两个谒陵使在小部队骑兵的护卫下，日夜兼程，至陵下而归。

谒陵使回京以后，将绘有历代陵寝形状的《八陵图》献给皇帝，理宗阅览，热泪盈眶，伤感叹息。

在主战派的煽动下，南宋派兵北上，首先进入开封。开封已经被蒙古军队掠夺洗劫一空，带着战利品和俘虏撤回北方。前面说过，崔立在开封发动政变，投降蒙古。蒙古军队将一座空荡荡的开封城交给崔立看管。

崔立逼迫文人为他建立功德碑，看来此人品格低下，对于反对自己的人，不论是大臣还是其他人，一律格杀勿论。之所以发生异常事态，肯定因为出现异常施虐狂的杀人魔鬼。我再说一遍，在立碑这个问题上，不应该追究元好问的责任。

崔立恃势恣横，为部下所憎恨。南宋军队逼近的消息一传来，崔立就被部下杀死。杀死崔立的是一个名叫李伯渊的人。李伯渊立即投降南宋，南宋军队兵不血刃进入开封城。这一年是南宋端平元年（1234 年）六月，离金国灭亡仅仅半年。

由于参与立碑等问题，元好问似乎极其仇恨崔立。当他听到崔立被杀的消息时，一定异常兴奋。他的诗歌一向风格沉郁，而这个时候创作的诗歌感觉激情奔放，痛快淋漓。元好问在聊城创作的题为《即事》的诗这样唱道：

逆竖终当鲙缕分，挥刀今得快三军。

“竖”意为竖子，“鲙缕”意为切得很碎的鱼肉。这个万恶不赦的逆贼终于得到这样的下场，大快人心。然而，兴奋的余韵激发起另一种兴奋，逆贼虽然被除，但哀帝死而不能复活，灭亡的金朝也不可能再生。他以这样两句作为该诗的结句：

秋风一掬孤臣泪，叫断苍梧日暮云。

苍梧是古代圣王舜死去之地，位于湖南，但这里指的是哀帝死去的蔡州一带。我想用我的呐喊撕裂天上的暮云。

据《元史》记载，当时宋军有二十万，占领开封的是全子才的部队。全子才进入开封以后，似乎很悠然自得，无所事事。赵葵率五万淮兵随后进入开封，据说他怒叱全子才，在开封半个月的时间里究竟做了些什么？为什么不尽快攻打洛阳和潼关？

持续的战乱使洛阳变得荒凉萧条。南宋以为洛阳人民都像盼星星盼月亮一样盼望大宋军队的来临，会热烈欢迎盛情款待，然而，“寂然无应者”。到日暮时分，好不容易见到三百多家残余的住户爬到城墙上表示投降。开封和洛阳在宋军进入的时候都已经是一座空城。南宋军队进入洛阳的第二天，携带的粮食就已告罄，可见这次出兵完全没有计划。反对出兵的史嵩之似乎在补给军粮方面也采取消极拖延的态度，这暴露出南宋内部的尖锐矛盾。

蒙古军队听到宋军已经出兵的消息，立即南下。因为情报迅速，所以事先已做好充分准备。蒙古军队决堤黄河，水淹宋军，并且切断各路宋军之间的联络。

这一年年初，南宋军队曾支持蒙古军队三十万石粮食，仅仅半年以后，宋军士兵就在洛阳断粮挨饿。既然后方没有军粮送来，宋军就打算在本地筹措，他们以为河南人民都会争先恐后地把家里的存粮拿出来送给盼望已久的王师。但河南荒芜穷困的程度已经超出了他们的想象，当地的筹粮未能如意。

蒙古的精锐部队陆续在潼关集结，从北面和西面排山倒海般进攻洛阳。蒙古军队的司令是元帅塔察儿。洛阳的宋军兵败如山倒，一溃如水。

南宋的文官武将本来就没见过蒙古军队，不知道什么样子。一方面没有接触过，另一方面情报又不准确。南宋在与金国交战的时候，情报战也不如金国。情报战的糟糕在韩侂胄发动的开禧北伐（1206 年）中开始暴露出来，但南宋毫无反思。

不仅如此，中国历代王朝往往对收集外部情报显得并不热心，或许这可以说是中华思想的体现吧，从一开始就具有轻视了解外部情况的倾向，从而造成情报战落后的局面。

当时南宋军队的溃逃丢盔卸甲，毫无纪律可言，各路宋军之间联络中断，互不配合。其实这一场“三京挠败”之战完全可以避免，只要不出兵，当时的蒙古军队就没有南下的打算。元好问的“不须夸说蔡州功”在这里已经成为事实。只是这场战斗并不是蒙古军队像春秋时期的晋国那样吞并虞、虢，而是南宋挑起来的。

史学家评论范葵的出兵论是“妇人之谋”，全子才的行动是“小儿之技”。现在的妇女们听到这样的话也许会生气，但那个时代认为妇女、儿童缺少远见。

第二年，蒙古军队开始南下，其理由是问责南宋违反盟约进兵开封和洛阳，双方展开持续数年的战争。南宋在战争初期处于主动地位，但后来完全是蒙古军队单方面的进攻。

这个时期南宋的英雄是攻打蔡州而声名卓著的孟珙，他数次将蒙古军队打得落花流水。孟珙是湖北襄阳人，出生于世代武将的家庭。第四代祖先孟安曾在岳飞的麾下建功立业。但是，武将在南宋不吃香。像范葵那样，因为父亲是进士出身，他虽然是武将，但也被视为文官，于淳祐七年（1247 年）任枢密使，当上宰相，最后还是因为不是进士出身而辞职。

孟珙号无庵居士，每次打完仗，都要扫地焚香，远财物女色，饮食简素，风格低调儒雅。

由于蒙古军队的入侵，大量的居民、军人从中原南逃，孟珙把他们收容起来，编入军队，实行屯田。其实他拥有父亲孟宗政留下来的两万“忠顺军”，完全可以成为军阀，但他的日常生活宛如高僧，了解他的人都不会怀疑他的行为。

由于孟珙不是进士出身，当然不会授命他担任此职，但如果蔡州战役后任命他为负责与蒙古方面谈判的全权代表，南宋与蒙古也许可以保持长期的稳定关系。

嘉熙元年（1237 年），孟珙在黄州大破蒙古军队。嘉熙三年（1239 年），他从蒙古军队手中夺回自己的故乡襄阳。第二年，他担任四川宣抚使，大兴屯田，后兼任江陵府知事，大规模兴修水利，获得成功。孟珙不仅作为军人，即使作为政治家，在当时亦无人可以与他媲美。他最后的职务是京湖制置使，淳祐六年（1246 年）九月死去。他没能成为宰相，也许只是因为不是进士出身吧。

蒙古的骑兵部队进入河川水路纵横交错的淮河地区，就失去其擅长的机动灵活的作战本领，越往南走，越无法像以前那样开展风扫残云般的冲锋扫荡行动。

孟珙死后，继任京湖制置使大任的是贾似道，此人与孟珙的性格截然相反。孟珙是高僧风格的勇将，贾似道是游玩享乐的骄儿，但两人的共同点是富有才华，工作出色。

贾似道是淮东制置使贾涉的儿子，生于嘉定六年（1213 年）。这一年正是金国的胡沙虎杀卫绍王，宣宗即位；术虎高琪又杀胡沙虎，当上左副元帅的动乱时期。蒙古对金国不断施压，但南宋比较安宁平稳，虽然金国被迫无奈向南发兵，但对南宋并没有形成严重的威胁。如果回头看去，贾似道的少年时期应该是在“和平时代”度过的。《宋史·奸臣传》中他的传记这样记述其少年时代：

少落魄，为游博，不事操行。

这个“落魄”，与其说是潦倒失意，不如说是近似于无赖。四处游荡，耽于赌博，不修操守。这个不良少年，很快就时来运转。他的姐姐进入后宫，受到理宗的宠爱，生有儿子。不知何故，理宗与别的后宫女子未能生子，于是贾似道的姐姐成为贵妃，具有与皇后同样的权势，贾似道也因此沾光得势。

宋朝有恩荫制度，父为高官建树功勋，其子受到荫庇，可以当官。这就是所谓的任子。贾似道因为其父亲是制置使，所以他担任嘉兴司仓。我在讲述北宋梅尧臣的时候，谈到任子当官，很难飞黄腾达。这样的例子很多。在被称为非进士不成才的时代，有资格成为任子的人当中，也有很多积极进取的人参加科举，争取进士及第。贾似道是理宗所宠爱的贾贵妃的弟弟，理宗想方设法也要让他当上进士，首先赋予他第一次考试免试的特别恩典，最后一次考试是殿试，皇帝亲自当考官，当然不会有问题。前面说过，第一次考试名列榜首的陆游，由于秦桧的幕后活动，结果殿试时输给秦桧的孙子。皇帝可以操纵科举考试的结果，不言而喻，贾似道荣幸地进士及第。

后来贾似道被提拔为大常丞、军器监，但是这个人耽于游玩戏乐，偕诸妓浮舟西湖至深夜乐而忘返。有一次，理宗夜晚从宫殿楼上眺望西湖，只见湖中灯火辉煌，说道“定然似道游玩”。第二天，他命人调查，果然如此，便命京尹史岩之劝诫贾似道。史岩之回答说，贾似道虽有年轻人的越轨之处，“然其才大可用也”。贾似道虽然天生好玩，但对工作处理得当，雷厉风行，颇有魄力，被称为“具眼之士”，看来他并不是玩物丧志的纨绔子弟。

贾似道历任丰州知事、湖广总领，兼任户部侍郎后，又担任制置副使、江西路安抚使，在孟珙死后接任京湖制置使时，才只有三十三岁。他的确很有能力才干，但如果不是贾贵妃的弟弟，肯定不会这样官运亨通。

贾似道身居京湖制置使要职，蒙古军队南下的时候，正如以前的金国南伐一样，从黄河沿线攻打南宋有三条路线。第一条是从河南进入江淮，第二条是从湖北汉水进兵，第三条是从陕西向四川方面进军。第一条路线的淮河复杂的水系成为阻挡不擅长水战的骑兵的铜墙铁壁。第三条路线中金国与南宋以前的国境线大散关山脉成为天然屏障。南宋最警戒的是第二条沿着汉水进军的路线。三国时代的魏国曹操正是沿着这条路线大败刘备、孙权的联军。曹操当年在赤壁之战中兵败撤退，但汉水平原是大军容易进攻的路线。

守卫此地的是京湖制置使。京湖就是京西荆湖，名副其实的总管第二路线湖北的军事、政治要害的长官。正因为如此，才授命孟珙这样值得信任的将领担此重任。贾似道接任这个职务，说明理宗对他的信任非同寻常。如果仅仅因为他是贾贵妃的弟弟，其实完全可以让他身居高位，把他放在更安全的位置上。贾似道的确如史岩之所判断的那样，是一个值得重用的大才。

贾似道年轻时放纵不羁，但他毅然决然的果断、敏捷机智的思维、卓越超群的行动力一定受到理宗的赏识。理宗阅人无数，很多官员尽管人品高尚，但性格瞻前顾后，优柔寡断，最终还是一事无成。人格虽然有点缺陷，但精明能干，这样的人在国家危难时刻可以派得上用场。

下面简要论述南宋末期理宗的治世情况。

西湖之滨

在四代皇帝统治九十八年之后，理宗十九岁即位。他是宁宗之子，因此以养子的形式即帝位。拥立者是史弥远。拥立皇帝的大臣作为“定策功臣”往往握有绝对的权力，拥立宁宗的韩侂胄就是一例。

理宗的即位有点勉强。

宁宗是光宗的第二子，光宗的弟弟，即宁宗的叔父魏王赵恺有儿子名叫赵柄。赵柄与宁宗是堂兄弟，两人关系很好，但赵柄早死，其子赵垓也在三岁死去，所以绝嗣。宁宗觉得赵柄家香火断绝实在遗憾，便立宗室希瞿之子赵均为沂王，祭祀赵柄的家庙。但是，宁宗的亲生儿子也早死，养子也在二十八岁死去，于是立沂王为皇子，改名贵和。这样，沂王的位置空缺出来，史弥远以继续祭祀其家庙为借口，将已经成为庶民的太祖第十世孙赵与莒改名贵诚，加入皇族，立为沂王。

贵和作为宁宗的养子成为皇子，但尚未册立为皇太子。宁宗一死，史弥远坚称遵循遗诏，强行让贵诚即位。这个新帝就是曾经流落在绍兴府民间的赵与莒。

史弥远大概早就预料到赵与莒会即位，曾委托郑清之教授贵诚帝王学。贵诚即位，即理宗，那个未能即位的可怜的贵和后来被史弥远设计杀死。

虽说拥立皇帝的大臣是定策功臣，但由于父子相承，几乎都是从几个皇子中挑选一个。蒙古也是如此，成吉思汗死后，耶律楚材在忽里勒台推荐窝阔台，他也是定策功臣。同样都是定策功臣，但史弥远拥立理宗相当勉强。如果没有他的努力，理宗应该不会当上皇帝的。因为从太祖即位后二百多年，同样是第十世的后裔就有成百上千。

理宗即位初期，在史弥远面前抬不起头来。史弥远是进士出身，父子两代皆为宰相，其性刻薄，从杀贵和这件事看得出来，可以说是残忍狠毒。文官轻蔑武将是宋朝的风气，而史弥远尤甚。他把武将比喻为狩猎的鹰，鹰在饥肠辘辘的时候会努力捕获猎物；如果让鹰吃得饱饱的，它就会逃走。武将和鹰一样，所以论功行赏的时候，褒奖极少。

绍定六年（1233 年），史弥远死去，理宗大概松了一口气吧。史弥远是在理宗即位第十年死去的，担任宰相二十六年，比他前任的秦桧以及后任的贾似道都长得多。

《宋史》将秦桧和贾似道收在《奸臣传》里，史弥远也是为非作歹之徒，却没有收在《奸臣传》里，大概因为他有“拥宁立理”的功绩吧。史弥远死去的那一年，蒙古军队攻陷开封，金哀宗逃往蔡州。第二年，孟珙与蒙古军共同攻打蔡州，灭金。

理宗终于亲政，时年三十岁。他自然胸怀抱负，只是在史弥远执政期间，他的抱负无法在政治上反映出来，现在可以实现自己的宏图了。

史弥远向理宗偷偷教授帝王学的时候，请的老师是郑清之。郑清之是国子学录，相当于现在的国立大学的校长助理的职务，原先是一个学者。他教授即位之前的理宗应该是朱子学。理宗亲政以后，立刻任命郑清之为皇帝的顾问。

前面说过，理宗一亲政，主战派就积极主张趁着蔡州胜利的大好时机收复三京八陵，由于郑清之表示同意，所以朝廷决定出兵。这次出兵导致蒙古军队的南下，以失败告终，只是由于孟珙等顽强的抵御抗战以及蒙古军队不服南方水土，南宋才顶住北方的压力。

北宋末期对金强硬派的头领是太学书生陈东，而赞成强行收复三京八陵的是太学的老师郑清之。郑清之大概受到朱子学的巨大影响。

南宋初期的思想界还是新法派显示强大的力量，王安石的思想占据主流地位。北宋既不是灭亡于新法也不是灭亡于旧法，而是热衷于党争，把国家搞乱。

从“新法”这个称呼也可以知道，王安石的学问是针对政治革新的实用性学科，但至南宋出现朱熹，建立思辨与实践的哲学体系，称之为朱子学。

按照朱子学的论点，宇宙万物都是由称为“气”的一种微小物质构成，气动则“阳”，气静则“阴”，阴阳结合，形成五行（金、木、水、火、土），构成万物。宇宙的这种动静有一定之规，产生这种动静的是“理”。“理”是偏在的，做学问的人目的必须是穷理。理是宇宙秩序，在人们面前形成三纲、五伦、五常或者礼等，这个秩序不能乱。所以朱子学非常尊崇名节。

朱子学含有佛教因素，但是朱熹明确认为佛教是异端邪说。他的学说认为宇宙充满气，这让人想起例如密教认为大日如来充满全宇宙、万物都是其反映的学说。

朱子学重视秩序，以秩序为绝对服从的原则，这种学说很符合执政者的心意，因此往往被为政者所利用。朱子学在日本也是长期被视为官学。然而，具有讽刺意义的是，由于朱熹这个天才所创建的朱子学体系本身过于完整，以至于后来无人发展。这与空海创立真言密教的空前绝后的完整体系，以至于密教内部无法发展的情形一样。儒学从批判朱子学的视角反而促使产生新的发展和新的变化。陆九渊、王阳明以及或者日本的伊藤仁斋的学问，可以说正是建立在这个批判的基点上。

朱熹的性格坚强不屈，所以为韩侂胄所憎恨，将朱子学定性为“伪学”，予以禁止。在朱熹眼里，韩侂胄就是对宇宙的秩序制造混乱的家伙。朱子学被认为是对统治者有利的学问，那这不适用于以下犯上，那些篡权者、对皇帝心怀叵测的人都害怕朱子学的名节论。

名分、节义观念很强的人总是具有浓厚的人的气。韩侂胄的人的气就很稀薄。那种本来就缺少名节的人几近于禽兽，没有文明的夷狄必须受到轻蔑。朱熹反对与金国签订和约，就是认为这样做会扰乱宇宙秩序。朱熹断定金国是不共戴天的仇敌。自己的祖先那么多人被俘虏、被杀戮，如今还要和他们签约媾和，简直岂有此理！

理宗在接受郑清之老师的帝王学教育的时候，所灌输的就是这一套道理。郑清之老师从太学的课堂拉到政治舞台上来，理所当然地赞成夺回三京八陵。蒙古是远离礼教的夷狄，根本就不可能作为谈判的对手。

理宗这个庙号自然是他死后的谥号，“理”是朱子学理论中宇宙运动的方向，是人必须穷极究明的东西。对于一心迷恋于朱子学的皇帝，则取学问的根本——“理”作为庙号。文、武、仁、德、顺、英、孝、宣等文字经常用作庙号，有好几个皇帝使用同样的庙号，但中国历史上的“理宗”只有一人。

我们在无形中都受到朱熹（1130—1200年）的影响，当我们说到儒学或者儒教的时候，其实多半指的是朱子学。年长的人在学校里一定都学过他的《偶成》这首诗，从中浮现出一个迂腐呆板的老先生的形象。

少年易老学难成，一寸光阴不可轻。
未觉池塘春草梦，阶前梧叶已秋声。

其实就是让人们刻苦学习。这里所说的“学”，自然就是朱子学的穷理之学，这个学说并不是为了仕途立身、出人头地。朱熹本人十九岁进士及第，但认为科举考试的学问是非人的，不是真正的学问——穷理。朱熹的高足几乎都不参加科举考试。对于参加科举考试的弟子，他写信劝说“重新考虑”；对于科举落第的弟子，他写信表示“祝贺”。在编纂《近思录》（1176年刊行）的时候，他想收录批判科举毁灭人才的文章，遭到另一个编者吕祖谦的反对，只好作罢。后来朱熹在书函中还提到这件事，深感遗憾。

如果想到这些，我们就会知道《偶成》中“学”的内容，大概会减少一些从诗句中所感受的沉闷压抑的心情。

真实的朱熹并非古板固执之人，大概也喜欢喝酒，还写有《醉下祝融峰》一诗，其豪爽潇洒的诗风令人感觉不会与《偶成》的作者是同一人。

我来万里驾长风，绝壑层云许荡胸。
浊酒三杯豪气发，朗吟飞下祝融峰。

强调名节，令乱臣贼子惧怕的朱熹不是一个拘泥形式的教条主义者，不是一个将其他各种学说解释成对自己有利的心胸狭隘的人。他重新解释《诗经》，做出巨大的业绩。古注将《诗经》的诗歌很不合理地分为政治诗、伦理诗等，而朱熹将诗歌还原为人的真实心态，例如重新定位为恋爱诗等，还其原本面目。

朱熹生于福建尤溪县，其吟咏福建武夷山九曲的《九曲歌》非常有名。我也曾经游览过武夷九曲，感觉一路的风景与他诗中所描写的一样优美灵动。

史弥远死后，可以随心所欲的理宗开始将朱子学者聚集在自己身边。朱熹讨厌科举，所以朱子学者多为民间人，即使在朝廷，也是像郑清之那样，一般都是担任太学等教育以及礼仪部门的官职。理宗则把这些人推上现实的政治舞台。

端平元年（1234 年），史弥远死去的第二年，在地方的真德秀、魏了翁分别被任命为翰林学士、直学士院。这个任命受到世人的赞誉喝彩。魏了翁接着又担任同签书枢密院事、督视京淮京湖军马，参与领导政治、军事。不过，“督视”原本只是监督、视察，传达皇帝意见的职务，似乎实际上并不执政。

来自民间的赞誉，声音最响的是学生。临安（杭州）有太学、宗学、武学这三学。武学是军官学校，宗学是皇族、宗室成员研修学问的地方，国家的最高学府是太学。地方也有此类的学校，但比太学低一级。杭州也有，称为京学。

在庆元伪学之禁期间，朱子学遭到镇压，禁止学习。但是，越是被禁的东西对青年学子越有吸引力，古今皆然，太学的书生对朱子学的兴趣反而高涨起来。伪学之禁一解除，太学变成清一色的朱子学的天下。

民间著名的朱子学者受到朝廷的重用，这对书生们是一个大好消息，然而长期侍奉朝廷的大臣对此感到不痛快。在实务型的政治家看来，这些学者都是不谙世事的迂腐之人，于是在官员之间产生一股反对、抵制学者当官的暗流。学者接连不断地进入朝廷，官员们就会失去自己的地位。当既得利益受到损害的时候，受害者意识就迅速强烈起来。

对学者政治家登上政治舞台表示欢迎的不仅仅是学生，还有普通民众。南宋的官员堕落腐败，贪赃枉法，人民生活日益贫困，物价飞涨，税金沉重。

金国灭亡以后，南宋无须支付巨额岁贡，但是人民的负担不但没有减轻，反而更重，最大的原因是军费开支的增长。

如果仅仅是蔡州战役，问题还不大，因为这一战灭亡金国，正式结束岁币的支出。其实上，岁币之前就已经停止，金国出兵就是为此而兴师问罪，只是双方的交战拖延时日，才导致军费不断增加。蔡州之战可能是一场以后也终结军费开支的战役。

收复三京八陵的战争，把南宋拖进无法自拔的泥潭。后来，蒙古军队不断南下，使得南宋的军费开支给民生造成巨大的压力。

人民的生活日益艰难，自然盼望焕然一新的政治改革。人民并不是欢迎朱子学者从政本身，而是对与以前稍微不同类型的政治家的出场抱有些许的期待。然而，人民的期待完全落空了。

翰林学士真德秀与朱熹一样，也是福建人，曾任泉州等地知事，对政治实务并非一窍不通，但是他本质上是一个精神论者，在与金国交战的时候，还说“宋之敌非金而在我”，主张政治改革。上数十万言书，纵论时政，言辞坦率，直言不讳，令人望而却步。一当上翰林学士，他就向理宗讲授精神论，献上《大学衍义》四十三卷，其意自然是说精读即可治国。也许他有一套治国执政的构想，但调到中央的第二年，就因病告退。

魏了翁也曾在中央担任兵部郎中，但看到朝廷里面的乌烟瘴气，辞职回到地方。他是在湖南开办鹤山书院培养后辈时被理宗召进京的，但由于受到廷臣的抵制，只好再回到地方。

理宗本来打算以这两个人为中心推行“端平更化”。更化，就是更新变化的意思。但是这两个深孚众望的学者只是告诉理宗说政治上没有立竿见影的灵丹妙药。理宗整天阅读《大学衍义》，也别无良策，一筹莫展。

史弥远死后，理宗期待至少可以按照自己的意图执政，现在才知道其实并不尽如人意。他很快就发现蔓延着一股对他起用的学者加以抵制、排斥的暗流。要按照自己的意图执政，就必须有效地运行中央政府，但是未能如愿。

最让他灰心沮丧的是收复三京八陵之战，这场原本为实现自己理想的战役反而引起意外的灾难。他命吴泳章起草“罪己诏”，自责使兵民死于战火，人民流离失所，备尝涂炭之苦。

是皆朕明不能烛，德有未孚，上无以格乎天之心，下无以定乎民之志。

如果理宗能够痛加反省，振作精神，勤勉国政，还是民之大幸，但是他似乎开始厌倦政治，也许早就有这样的倾向。自“端平更化”受挫以后，他就自暴自弃，贪图享乐了。

在这个非常时期，理宗还扩建西子湖畔的宫殿，夜夜笙歌筵席。这期间，与蒙古的作战断断续续进行，刘锐、陈隆之在四川文州战死，田世显在成都叛乱，防守湖北的孟珙死去，由贾似道继任。

与理宗为推行“端平更化”而起用的人们相比，贾似道无疑是截然相反的另一种类型，他不会讲授什么《大学衍义》，却善于敏捷妥当地处理具体政务。

我在论述忽必烈进兵湖北的时候还会涉及贾似道。

下面简略提一下南宋末期的呈现颓废色彩的文化。以元好问为标志的金代文化回荡着质朴的声响，而南宋文化堕落成盆景式的小家子情趣。元好问将南宋文化称为“江西之唾”，觉得不足挂齿。

南宋的诗人以朱熹为顶点，还有陆游、范成大、杨万里这些人，其他突出的诗人也就数不上来了，但是诗歌变得市民化，很多市民写诗。例如戴复古，他本来是个农民，却过着职业诗人一样的生活，经常跑到高官那里，把堆砌一大堆美词丽藻阿谀奉承的诗歌奉献上去，接受润笔。庆贺生日、结婚典礼这样的喜庆的日子似乎更是他挣钱的好机会。

老去知无用，归来得自如，
几年眠客舍，今日爱吾庐。
处世无长策，闲时读故书。
但能营以饱，浑莫其余间。

他一直寄居别人家里，后来儿子为他新建住所，喜而赋此诗，虽然语言平白坦率，但还是小巧精致的感觉。

当时有所谓的“永嘉四灵”，指的是永嘉的四个诗人，因为每个人的字都有一个“灵”字，通过人们的宣传，就名声在外。这四个人是赵师秀（灵秀）、翁卷（灵舒）、徐照（灵晖）、徐玑（灵渊），其代表是翁卷。下面介绍一首他的五律《春日和刘明远》：

不奈滴檐声，风回昨夜晴。
一阶春草碧，几片落花轻。
知分贫堪乐，无营梦亦清。
看君话旧隐，如我愿逃名。

与其说是隐者之诗，其实应该说是小市民之诗，隐者必须具有激烈的胸怀。陶渊明也是一个壮怀激烈的诗人，这正是朱熹对他的评价。

写诗的阶层不断扩大，其中也会产生陆游这样一生创作万首诗的诗人，南宋诗歌的数量大概非常庞大，但由于反复无常的政治斗争，也有很多诗歌人为地消失。还有很多诗歌质量不高，即使收入诗集，也没有珍惜保存，时间一长，自然而然地亡佚。宋朝的政治斗争在当事者死后还依然延续下去，蔡京建立元祐奸党碑，将已经死去的司马光、苏轼等与还活着的程颐等的名字一起刻在上面。程颐与其兄程颢并称“二程”，将宇宙法则命名为“理”，试图将心性学体系化完整化，可以视为朱熹的先驱。不过，第一流文人的作品还是留存下来，但旧法派小文人的诗文大概当时就已经消失了。

蔡京失势后，新法派元气大伤，原先配享孔子的王安石像降格成为从祀庙庭。

当时的进士学习王安石的学问才能考试及第，所以南宋初期还是新法派的势力占优势，只是将刻名于元祐奸党碑上的程氏学问作为正宗的势力也很强大。

南宋时代，政治斗争就不是表现在新法与旧法的党争，而主要是主和派与主战派的争斗。然而，这也只是表面现象，真正的内幕是争权夺利之徒结党营私，扩张自己的势力。

秦桧在与金国缔结和约这个问题上，似乎极其害怕自己被视为反面人物，只要听到有人诽谤自己，即便只是微辞，也要坚决镇压。秦桧把反对议和的李光发配到藤州，而吴元美将自家的房子命名为“潜光亭”，也被以含有暗中支持李光之意的罪名关进监狱。大概害怕在小说里被描写成反派角色，秦桧禁止一切野史发行，甚至学习儒学的团体也被禁止，这样让天下人闭嘴不许说自己的坏话。史书这样记述道：

桧又疏禁野史，许人首告，并禁民间结集经社。

李光藏书万卷，都被秦桧一把火烧个精光。这样的胡作非为，所毁灭的书籍无法计数。

元好问的诗中描述被蒙古掠走的俘虏遭受非人待遇的惨状，以及洗劫之后荒芜的土地，将蒙古比喻为神话中凶残暴戾的蚩尤，将被蒙古士兵带走的女子比喻为跟随回鹘的马匹，虽然读起来相当晦涩，但仔细琢磨，还是可以读出其中的含义。尽管元好问如此谴责蒙古，却没有受到惩罚，而且还觐见了忽必烈。

蒙古真的如此宽宏大量吗？南宋在政治斗争中，总要毁灭对方的文章，这无疑是相信文章所具有的力量。蒙古只相信自己的武力，根本不相信文章还会有什么力量，因此对元好问的文章置之不理。

蒙古与南宋对文章的看法大相径庭。元好问自然相信文章的力量，他要把文章留存于世的这块土地如今为蒙古所统治，但当时的蒙古还处在对诗文一无所知的阶段，所以不会出现问题。可以说，以元好问的文章为代表的金代诗文——《中州集》比起南宋的诗文要幸运得多。

鄂州兴亡

关于贾似道，的确还有不少疑点需要澄清，但现在无法明确分辨。《宋史》把他归到《奸臣传》里，所以也许就把各种罪状都安在他头上。

宪宗伐宋，其规模极其宏伟壮观。前面说过，蒙古军队南下有三条路线，但是从忽必烈的根据地开平府（金莲川）指向南宋首都杭州的第一条路线从一开始就没有考虑，其实他们并没有过多地担心淮河的复杂水系所造成的困难，而是决定了从西南包围的基本方针。他们预定忽必烈沿着第二条路线南下，宪宗蒙哥率领大部队进攻四川，再从四川往西挺进。忽必烈攻打云南、西藏的时候留下来的兀良合台部队继续南下，攻打安南国，即现在的越南。兀良合台再从安南北上，计划在长江中游的鄂州三军会师，然后合力向杭州发起总攻击。

鄂州的州城就是现在的武昌，这个地区的最高司令原先是孟珙，他死后，由贾似道继任。忽必烈攻打鄂州之前，就得知他的哥哥蒙哥已经死去的消息。

他仿佛看到留在国都喀喇和林的小弟阿里不哥召集忽里勒台推戴自己为大汗（可汗）的景象。此时的忽必烈和最要好的三弟旭烈兀已经攻陷巴格达，正在攻打伊朗、伊拉克，由于距离太远，无法即刻返回。忽必烈要被推戴为可汗，不能指望依靠旭烈兀的票数。他此时已经决心召集另外的忽里勒台，但必须抓紧时间，立即动手。

进入四川的大部队在到达合州（重庆）的时候，失去主帅蒙哥，于是撤兵，正在退回喀喇和林的途中。忽必烈的部队已经逼近鄂州，如果北撤，那么从越南北上的兀良合台部队很可能在南宋军队的包围中陷入孤立的境地。

从越南北上进入的地区是人口稀少、南宋军队薄弱的广西地区，但一进入湖南，到处都有南宋的军营，其北面湖北更是南宋的国防重地。如果忽必烈撤兵，兀良合台的部队势必在敌人地盘内孤立无援。

兀良合台是成吉思汗最信任的禁卫军速不台之子。速不台跟随成吉思汗西征，从南俄罗斯攻占克里米亚。在后来拔都的欧洲远征中，他担任副司令，是攻陷金国开封的主将。1248 年七十三岁时死去，已有十一年。现在已经是建国功勋的二代、三代的时代，争夺可汗这个位置的都是成吉思汗的孙子们，而把这场内讧搅得更加混乱不堪的更是成吉思汗的曾孙海都。

忽必烈咬紧牙关坚持等待着与兀良合台的部队取得联系，这个关键时刻，决不能抛弃他。兀良合台是忽必烈攻打云南、西藏时候的战友，尽管忽必烈恨不得立即北归，但是他横下一条心，依然坚持包围鄂州。

侵犯四川的蒙古军队由于宪宗蒙哥的死去而撤兵的消息已经传到鄂州，贾似道知道忽必烈不可能长久围困鄂州，所以并不感到燃眉之急。

兀良合台的部队终于到达湖南的潭州（长沙），但如果不攻下来，就无法立即北上与忽必烈会师。

恰好这个时候传来小弟阿里不哥召集忽里勒台的消息。

阿里不哥是拖雷的幼子，蒙古在继承这个问题上，幼子最为有利。忽必烈担任漠南汉地大总督，重用汉人幕僚，修建城郭，这些做法受到蒙古长老的责难，认为是中国化。甚至宪宗蒙哥也怀疑弟弟忽必烈的真实意图。忽必烈的盟友、三弟旭烈兀此时正在西亚，所以局势对忽必烈绝对的不利。

忽必烈只能采取以他自己的名义召开另一次忽里勒台的方法，而且必须火速进行。于是，忽必烈决定放弃攻打鄂州，与南宋的制置使贾似道签订和约。此时也得知一时攻不下潭州的兀良合台部队已经东进，正从洪州（江西）北上。忽必烈心急如火，打算尽快停火，收容兀良合台的部队，一起北归。

在当时这样的局势下，贾似道与忽必烈之间签订卖国密约的说法令人难以信服。

果断决定临阵撤兵的忽必烈显然比拥有大军坚守鄂州城的贾似道处境更为不利。忽必烈必须等待兀良合台的部队一起会师，这是一项极为困难艰巨的任务。而且在撤退的途中会遭到各地宋军的袭击，为了减轻袭击的程度，忽必烈也必须对贾似道做出让步。

贾似道这个人年轻的时候游乐嬉戏，但绝不是傻瓜，其实极其聪明，思维敏捷，精明能干。他不至于愚蠢到居然没有意识到自己处在极其有利的地位。

有人认为，贾似道与忽必烈之间的密约包含将南宋原先提供给金国的岁贡原封不动地转给蒙古、南宋臣服蒙古、将长江以北的土地全部献给蒙古等内容。如果这是事实的话，毫无疑问贾似道就是卖国贼。然而，在当时的情况下，这完全是不可能考虑的，而且从后来贾似道的政治活动来看，似乎可以断定没有这个密约。在不知道宪宗蒙哥死讯的情况下，贾似道才有可能签订屈辱性的和约，但从蒙古军队撤出四川的动作中，蒙哥之死已经毫无疑义。

蒙哥死于七月，忽必烈在南下途中就已经接到这个讣报，但是他依然继续南下，无疑就是为了收容兵力较少的兀良合台部队。贾似道率领援军前往张胜守卫的鄂州城已经是十一月。贾似道不仅对蒙哥之死，而且对蒙哥死之后蒙古内部的状况以及首脑们的动静也得到相当详细的情报。

对于南宋以及南宋的代表贾似道来说，最担心的是忽必烈也许有在汉地自立的打算。只要忽必烈攫取东亚的文明圈，其盟弟旭烈兀攫取西亚文明圈的阿拔斯的伊朗、埃及，那么蒙古高原上的乡巴佬阿里不哥就成为他们慢慢夹击烹调的俎上之肉。

忽必烈的军营中有在开封接收金国实录的张柔这样的汉人领导，也许他们会劝说忽必烈："蒙古高原有什么魅力啊？还是在汉地自立称帝吧。"另外，军营里也有兀良合台的儿子阿术，蒙古的长老们当然热切渴望忽必烈即可汗位。忽必烈本人应该也不打算把蒙古世界帝国轻轻松松地交给小弟。贾似道判断忽必烈十有八九要北归，所以不可能与他签订誓约臣服的和议。只是在和约谈判的过程中，很有可能贾似道千方百计地探听忽必烈是否有意在汉地自立称帝这个南宋最担心的问题。

按照常识判断，包围鄂州的忽必烈军队处于不利处境，宪宗蒙哥一死，就不可能期望得到北地的支持，而南宋军队是在本土作战，可以得到各地的援军，有的地方还成立了民间的义勇军。鄂州北面的襄阳在南宋军队手里，作为军事基地，对蒙古军队形成最大的威胁。蒙古军队曾一度攻陷襄阳，又被孟珙夺回来。在撤兵的时候，蒙古军队依然担心贾似道的追击以及襄阳的军队截断退路。

怀疑贾似道签订屈辱性和约的最大理由是后来忽必烈派遣的使节郝经在途中被扣。有人推测这是因为贾似道害怕忽必烈的使节进入国都杭州后，会使皇帝知道他与蒙古之间私自签订的卖国条约。

贾似道与忽必烈之间大概的确有某种不便公开的秘密约定，但这不是誓约臣服的屈辱性和议。按照我的大胆的推理，大概是急于北归的忽必烈为了在途中不会受到南宋军队的追击对贾似道行贿。贾似道向皇帝汇报说大获全胜，但忽必烈的军队就在南宋军队的眼鼻子底下安然渡江撤兵而未受重大损失，而且忽必烈在决不能见死不救的兀良合台部队抵达鄂州之前就先行渡过长江。在忽必烈部队渡江的时候，贾似道命令水师的夏贵袭击，结果只获得一百七十个首级，这样的战果也太小了。过后不久，夏贵投降蒙古。这似乎让人闻到一种阴谋的气味。后来忽必烈派使节郝经去国都杭州，或许是以揭露这个阴谋作为手段的蒙古方面的威胁。

连迟到的兀良合台部队也都架起浮桥安全渡江到北岸，正因为贾似道已经对忽必烈做出不攻击的承诺，才使得忽必烈放心大胆地先行过江。问题是这个承诺究竟是什么内容。简单地说，忽必烈收买了贾似道。那么，以什么作为诱饵呢？巨额的金银还是美女？贾似道应该不缺这些东西。只要在忽必烈的部队渡江的时候给予狠狠一击，就会得到朝廷下赐的大量财物。宋朝对臣子的褒奖在历代王朝中是最丰厚的。

贾似道以在鄂州的“大捷”战功被召到中央担任宰相。除了南宋末期的宰相之外，贾似道还是一个著名的书画收藏家。

皇帝将位于西湖北面葛岭的宅邸下赐给贾似道，他将其命名为“集芳园”，在里面修建半闲亭。他给自己起了个雅号——“半闲老人”，大量的文化遗产就收藏在半闲亭里。流传至今的古代书画上经常都有收藏者的钤印，在漫长的岁月里，收藏者不断变换，如果献给皇帝，就收藏在故宫里。著名的书画上甚至盖有几十枚或是鉴赏者或是收藏者的钤印。最多的鉴藏印是清朝的乾隆皇帝，但贾似道的鉴藏印也极多，如“秋壑”“秋壑图书”“悦生”“长”等都是他的钤印。

已经中国化的金朝历代皇帝中，最富有艺术情趣的是章宗。金章宗写一手与宋徽宗一模一样的瘦金体。他也喜欢在金朝内府所收藏的书画上盖鉴藏印，有“明昌”“明昌宝玩”“群玉中秘”“御府宝绘”等。然而，贾似道经常在金章宗钤印的书画作品上钤上自己的鉴藏印。这意味着金国灭亡后，原先收藏在金国帝室里的珍宝流落到贾似道的手里。大概是在蒙古攻陷燕京或者开封的时候，金朝皇室收藏的珍宝就流散出来。金国内府所收藏的珍品，肯定几乎都是北宋开封沦陷的时候，与徽宗、钦宗一起运到北地的。如果这样的话，贾似道就是把被金国掠夺去的宋国的财宝收回来。这些应该都是北宋的历代皇帝，尤其是徽宗呕心沥血收藏的珍品。

贾似道大概是从商人手里购买的。金国灭亡的时候，内府的书画很有可能流落民间。但蒙古攻陷开封的时候，汉族将军张柔曾接收、保管金国史馆的所有文献，尽管当时的蒙古族对这样的文化遗产也许漠不关心，蒙古军中却也有知道文化遗产价值的汉人官员。蒙古攻陷燕京时，大文化人耶律楚材投降，成吉思汗经常采纳他的建议。很有可能他告诉成吉思汗“这些东西极有价值”，于是蒙古接收了这些珍宝。

收藏家往往具有变异的心态，贾似道热衷于古代美术品，甚至还有他盗墓的传闻。我的推理是：鄂州之战的时候，贾似道向忽必烈索求蒙古从金国内府接收的书画。从开封沦陷到忽必烈从鄂州撤兵，其间经过二十七年。也许忽必烈还不具备鉴赏中国书画的审美观，但肯定知道这些珍宝具有金钱无法计算的极高价值。忽必烈奉哥哥蒙哥之命从开平府出发南伐的时候，考虑到途中也许需要补充军费，于是把内府的部分书画带出来。宋徽宗、金章宗不会这样做，但是，只知其价值不知其“美”的忽必烈很有可能把书画带在军中，以便需要的时候变卖换钱。

蒙古的情报网十分发达，消息灵通，忽必烈知道贾似道酷爱古代书画，也许他从一开始就打算用书画作为击倒对方最高司令的“糖衣炮弹”。

我的推理没有什么根据，只是想强调鄂州之战给我们留下很多无法解开的谜团。顺便提一下，收藏在大英博物馆里的那幅著名的《女史箴图卷》上也有金章宗和贾似道的钤印，但令人不可思议的是，还有“绍兴”的印章。这是南宋高宗的鉴藏印。如果是这样的话，这幅画就不是靖康之变时与徽宗、钦宗一起落入金国手中。可以设想，在南宋的高宗时代，这幅画还收藏在杭州的南宋内府里。之所以有金章宗的钤印，大概是南宋经常派遣使节去金国时将这幅画献给金章宗的。宋高宗一直要求金国归还二帝以及自己的生母，如果能达到这个目的，《女史箴图卷》也不足惜；也有可能是高宗的生母平安回来以后，高宗作为答谢赠送的礼物。

这幅画不知道经过什么途径落到贾似道手里，上面不过是我的推理。但不管怎么说，贾似道大量收回被金国夺走的宋代文化遗产，这一点应该是予以肯定的功绩吧。

蒙古军队从北面进攻位于长江南岸的鄂州，就是在长江上架设浮桥过去的。在长长排列的木船、木排上铺上木板，然后踩着木板过江。最近中国的历史学家考证，六百年后，清朝末期，太平天国的军队攻打武昌（鄂州）的时候，也是在与当年忽必烈时代完全相同的地方使用相同的浮桥方式过江的。顺便提一下，中华人民共和国政府架设“武汉长江大桥”也选择同一个地点。

贾似道被列在《奸臣传》里，成为后人所不齿的恶贯满盈的人物，但是鄂州“大捷”升任中央政府宰相的时候，肯定是受到众人的吹捧。他的鄂州“大捷”也许是对皇帝谎报战功，但这一战的胜利的确在他脸上贴了不少金，加上前任宰相实在无能，口碑很坏，于是贾似道的声望一下子得到提高。

真德秀、魏了翁这样的学者政治家虽然登上政治舞台，被寄予厚望，但是他们除了讲授《大学衍义》外，没有令人瞩目的具体业绩。期望过大，失望也就过大。他们登上政治舞台似乎就是为了证明学者的确迂腐。

原先对学者政治家鼓掌喝彩的学生们很快也就偃旗息鼓，其实当时学生的声音具有相当的力量。日本比叡山的僧兵只要遇到不顺心的事，就抬着日吉神社的神舆强烈诉求，弄得朝廷叫苦不迭。据说天子叹息道“只有骰子和山门不听话”。南宋的学生也是这样的个性。

三学的学生、京学的学生，尤其是太学的学生是进士的强大后备军，个个十分自负，以为自己是未来的国家栋梁，所以往往盛气凌人。比叡山的僧侣依仗天子的皈依蛮不讲理，南宋的学生则以学习圣人之学问作为借口将学府变成不可侵犯的圣地。严厉批评学生的官员很难还能保住乌纱帽。侮辱学生就等于侮辱圣人，这就是学生的理论逻辑。

学生做了坏事，都知事处以杖刑，立即爆发激烈的“学生运动”，大喊大叫这是对研修圣人学问的学生的侮辱，事情一闹大，弄得都知事只好辞职。

在学者政治家问题上失败的理宗起用史弥远的侄子史嵩之，然而这个人事任命遭到学生的反对。由于史嵩之缺少学者风范，不受学生的欢迎。恰好此时史嵩之丧父，服丧期未完。太学学生黄恺伯等一百四十人上书，搬出儒学的根本教义：

大臣者，佐天子以孝治天下者也。

反对史嵩之担任宰相。理宗对学生的反对运动忍无可忍，不满地说道：学校讲正论无可非议，但说得有点过头了吧。大臣回答道：

正论是国家元气，今正论犹在学校，要当保养一线之脉。

世间一般人都是做好好先生，不去得罪别人，尤其对上面也不会刻意反对，但是，正是“正论”才是国家的精神基础，这个基础正在丧失，幸亏在学校里还能够勉强保留下来。这是非常珍贵的精神，一定要着力保护，不能让正论之火熄灭。这个大臣的意思就是说应该采纳学生的意见。

于是，史嵩之继续服丧，被解除宰相的职务。学生运动已经发展到足以解除宰相职务的强大力量。上面为学生辩护的那个大臣名叫徐元杰，强调正论的珍贵固然正确，但感觉对学生过于纵容，让他们得意忘形，得寸进尺。

学生身在太学这个圣地，所以才能一味主张“正论”，而且他们都是出身于高贵门第，父辈有权有势，他们是仗势放言，无所顾忌。另外，通过这样的主张正论的活动，学生运动的领袖也可以扬名。

但是，学生们似乎走得过头了，而徐元杰这样的人偏袒学生，肯定学生运动，也许是害怕学生们把矛头针对自己吧，认为只要表态支持学生运动，就可以躲避他们的攻击吧，这不过是他的自保手段。这样，学生越发放肆任性，甚至能把宰相拉下马，对自己更不知天高地厚了。

贾似道从鄂州凯旋进京当宰相之前，宰相名叫丁大全。从他的经历来看，此人虽是进士出身，但主要是卖身投靠外戚而升迁，似乎是一个典型的官迷。他把外戚家的女佣娶为妻子，看来只要为了升官，什么事都可以做得出来。而且他依仗外戚这样的强大背景，傲慢狂妄，横行霸道。他是坑害诬陷当时的右宰相董槐后，自己爬上去的，所以遭到挥舞着“正论”旗帜的太学学生的猛烈攻击。

丁大全是一个很卑劣的人，但是他没有迎合讨好学生运动，这一点还是值得肯定。当时，理宗宠爱阎贵妃，她似乎插嘴干预国家政治。丁大全逢迎取悦的正是这个女人，大概觉得自己信心十足。

进退大臣，须当以礼。

太学生陈宜中等六人上书，以这样的正论责难丁大全的奸恶。丁大全采取严厉的镇压措施，把这六个学生全部开除学籍，发配外地。六个学生出发前往流放地时，国子、祭酒、司业，即“大学教授”们，衣冠束带为他们送行。丁大全越发恼怒，在三学立石碑，上刻：

诸生亡妄议国政。

然而，丁大全平时的所作所为甚不得人心，所以舆论都站在六个学生一边，称之为“六君子”。

丁大全任宰相三年后，于开庆元年（1259 年）失势。这一年发生鄂州之战。丁大全的私生活靡乱，只因为儿媳妇长得漂亮，就学唐玄宗的做法，霸为己有。贾似道接替这样臭名昭著的人担任宰相应该说占有便宜，首先他允许六君子回京，这个措施得到一片赞扬声。

贾似道增加教育预算，不知道是因为注重热心教育，还是为了博得学生的好感，同时他还把知名的朱子学者召到中央，委以要职。这样一来，太学学生就以为贾似道是自己的支持者，挥舞正论大旗批判政治的行动明显减少。贾似道作为宰相执政，可以消除干扰的杂音。贾似道起用朱子学者，显然有他的用意。学者不谙具体政务，政务就完全操纵在他的手里。而把朱子学者放在自己身边，最大的政治批判势力——学生也就不会反对他。这也正是在游玩赌博中所学到的精明周到之处。

贾似道其实富有才华，十分能干。南宋好久没有这样一个具有卓越政治才能的宰相了。是否成功另当别论，贾似道至少在重建国家财政以及其他政治问题上采取积极进取的态度。

贾似道还整肃纲纪。他亲自指挥鄂州之战，目睹南宋军队的腐败，将领们侵吞战利品，占为己有；还在军费上做手脚，多领冒领。贾似道对此严厉处置，他了解情况，一切都瞒不过他的眼睛，许多将领受到处分，这次整顿使历来纪律松弛的南宋军队大大振作起来。

理宗末期，出现宋朝罕见的宦官干预政治的迹象，贾似道坚决把这种宦官跃跃欲试的势头压下去，同时还压制外戚的发言权。他原本就是外戚，所以知道压制外戚的要害之处。在封杀宦官、外戚的力量的时候，他避免采取整肃军纪那样大刀阔斧的做法，而是随机应变、灵活机动的策略。

在重建国家财政方面，贾似道也不得不采取相当强硬的措施。

南宋的经济实力其实相当强大，国家的北半部被金国夺去，后期又变成蒙古的疆土，但南宋依靠半个国土创造出比拥有整个国土的北宋还要强大的经济力量。

江南本是富庶之地。唐朝的财政主要依靠江淮地区，南方的经济实力供养北方，尤其通过运河把江南的粮食运往北方。从另一个角度来说，失去北方领土意味着减轻南方人的负担。也有人认为，对金国的岁贡其实就是先前南方供养北方的负担，所以不能说增加了新的财政负担。从北方迁居过来的人增加以后，江南地区得到更大的开发，经济实力越发增长。

但是，南宋的经济增长以没有战争作为前提条件。这一点与战后的日本很相似。史料尤其重视记录历史大事件，所以容易产生战争频仍的错觉。南宋与金国的关系，初期的确有过交战的时候，但秦桧掌权以后，和平成为常态。海陵王的南征、韩侂胄的北伐等战争是例外。金国灭亡，南宋与蒙古国境相连，战争就成为常态。不论经济取得多大的发展，财力也经不起如海绵吸水一样被战争榨取，至南宋末期，经济状况急剧恶化。

由于南宋强行发动夺回三京八陵的战役，造成与蒙古漫长的国境线出现紧张的局势。前面说过，这是按照朱子学的意识形态发动的具有强烈政治性倾向的重大事件。

贾似道当上宰相的时候，正是有多少钱都不够花的可悲的时代。苏州等江南地区的丝织品，据称是继承越州窑的龙泉窑的青瓷、景德镇等的陶瓷都出口到国外。平清盛在兵库建造福原京，大力发展对宋贸易。除了进口各种物产外，还进口那部规模庞大的《太平御览》。由于时代不同，无法用现代的感觉去估算当时对外贸易的利润对国家财政带来多少好处。但高宗绍兴十六年（1146 年）的上谕明确提出以鼓励发展贸易作为国是：

市舶之利，颇助国用，宜循旧法，以招徕远人，阜通货贿。

各种史料记载，南宋时代，福建的泉州、广东的广州都是十分繁荣的对外贸易港口。

南宋末期居住在泉州的大贸易商蒲寿庚似为阿拉伯人。桑原骘藏的《蒲寿庚事迹》对他进行详细的考证。

南宋如此雄厚的经济实力还是无法满足与蒙古打仗的军费开支，要完善军备，就不得不对人民进行榨取。盐、茶、酒等政府的专卖品接连涨价，为确保军粮的供应，政府需要在得到农民支持的名义下，强制实行“和粜”。就是政府以远比市价低得多的价格收购米谷的制度。不论价格多么低，反正付款，也许不能说是纳税，但对农民来说，这种强制性的收购就是一种纳税。据说南宋政府通过“和粜”每年购入的粮食达到八百万石，可见这个制度是何等的恶毒。而且政府购买和粜的钱款称为“会子”，所支付的是一种票据。由于滥发会子，导致会子行情下跌，农民苦不堪言。会子的下跌又造成物价反弹，通货膨胀自然不可避免。

贾似道废除这种臭名昭著的和粜制度，考虑用其他方法确保军粮的需要，这就是公田法。土地兼并现象严重、贫富差距悬殊也会造成社会不稳定。公田法规定，拥有两百亩以上土地的大地主，政府收购其土地的三分之一作为公田，即政府的土地，以其收入代替和粜。

不言而喻，这个制度对大地主很不利。中央的高级官员都是大地主阶级出身，公田法在朝廷受到强烈的抵制。气候异常，风雨不顺，也有人上书皇帝，怪罪是公田法引起天怒。虽说是购买土地，但因为使用的是会子，实际购买价格往往比会子票面价格要低得多，甚至几乎等于无偿收取。那么，这就不是收购，而是没收。另外，有的地方官认为增加公田就是自己的业绩，便出现扩大公田法的适用范围至二百亩以下的中小地主以及自耕农的土地的倾向。取代和粜出台的公田法虽然未必受到好评，但公田法的精神是防止土地兼并，站在国家的立场上来看，可以说是值得肯定的制度。

贾似道力排众议，强行实施公田法，可见他具有相当强大的政治力量，当然因此也遭到大地主、大官僚的憎恨。把贾似道放在史书的《奸臣传》里，也许反映出这些统治层的怨恨。贾似道除了制定公田法外，还着手整顿滥发的会子，积极采取对策控制通货膨胀。

说他是奸臣，证据何在呢？他本人就是大地主，但为了保证国家利益的优先，心甘情愿地牺牲大地主的利益。也许他喜欢游玩，缺少学者风度。他在葛岭的别墅里处理政务，廷臣们不去朝廷，却到贾似道的集芳园请示汇报，这的确相当狂妄专横。后来蒙古对南宋的压力增大的时候，他建议迁都，但未被采纳，于是获罪，被发配到福建，在流放地被杀。迁都也好，公田法也好，都是站在国家立场上的意见。如果仅仅以此就定性他是奸臣，因为证据不足，所以才捏造出所谓的鄂州和议吧。

鄂州之战后，贾似道掌权长达十六年，依靠强有力的政治力量施政，肯定树敌不少。如果贾似道与忽必烈之间私定密约，即使他身居最高权力的位置上，也不可能隐瞒十六年吧。一旦暴露出来，他就立刻身败名裂。不仅鄂州和议，恐怕盗墓也是捕风捉影的编造。

不论北宋还是南宋，都尊崇文人，以理知作为最根本的要义。真德秀、魏了翁虽然无能，但受到尊敬。即使能力超群，像贾似道这样耽于玩乐、靠营私舞弊混个进士的人大概与那个时代格格不入吧。他的奸臣形象比真实的自我有过之而无不及，但他支撑南宋政局是历史的真实。如果没有贾似道大刀阔斧的政治措施，南宋应该会更早地自我毁灭。

崖山悲歌

从1259年的岁末至第二年年初，忽必烈之所以急急忙忙从鄂州撤回开平府，有各种各样的原因。

不论竞争对手阿里不哥在其根据地蒙古地区做什么动作，忽必烈都不害怕。蒙古高原只有游牧之地，生产率极低，成吉思汗在这样的地方营造出强大的势力，靠的是掠夺战争。起初只是小规模，后来逐渐扩大。但是，如今的蒙古已经成为世界帝国，所以，争夺领导权的斗争从一开始就具有宏大的规模。阿里不哥的老巢蒙古高原无法成为大战争的补给基地，只要战争的时间稍微拖长，就会断绝军粮，兵员也得不到补充。

阿里不哥当然也明白这一点，他有一个参谋名叫阿兰答儿。阿兰答儿在蒙古地区集结兵力，拥立阿里不哥的另一个志同道合之士脱里赤在漠南诸州开始招兵买马。漠南诸州是忽必烈统治的地盘。

忽必烈的妻子得知这个情况后，一方面派人去喀喇和林表示抗议，另一方面急如星火地向鄂州的忽必烈报告。请速还——这是她带给身在前线的忽必烈的话。忽必烈的儿子在开平府。如果蒙古征调大军，漠南的部队就应该由担任该地大总督的忽必烈集结，即使忽必烈出征，他的儿子也在那里。现在事先没有任何通知，就派脱里赤来这里集结部队，所以忽必烈的妻子才大为恼火。从征集部队的做法也可以看出，阿里不哥想当可汗的意图昭然若揭。

忽必烈被妻子催促着赶紧北归。《元史》记载就在忽必烈退兵的前一刻，贾似道的代表宋和前来提出和议。忽必烈回答自己是奉命南征，无权擅自停战，如有事大（指投降）之心，请乞朝廷（指喀喇和林）。这一段记述插在北归之前，令人感觉是很不自然的故意做作。《元史·世祖本纪》的这一段记述没有出现岁币、臣从这样的字眼儿。

忽必烈经燕京回到开平府，便立即召开谋求一己之利的忽里勒台，即位登上可汗的宝座。如果不从漠南获得粮食和兵员的补充，阿里不哥就不可能战胜忽必烈。1260 年秋，忽必烈首战告捷。这一年的五月，忽必烈定元号为中统。在定国号的前一个月，发生贾似道扣押忽必烈派往南宋的国信使郝经的事件。如果为贾似道辩护的话，也许当时南宋还不知道阿里不哥与忽必烈哪一个是蒙古的君主，所以如何接待这个国信使，感到棘手。

郝经是蒙古的翰林侍读学士，可见忽必烈在忽里勒台上被推戴为可汗之前，就采用中国式的官制。他通过制定元号，更是向中原国家迈进了一步。

1264 年，蒙古改元为至元。至元八年（1271 年），定国号为大元。中国的历代王朝的习惯都是以第一次封王的发祥地作为国号，汉、魏、晋、隋、唐、宋皆如此，但忽必烈没有被封过王，所以国号也不是地名，只是选择美好的名字。当时的汉文诏书这样说道：

可建国号曰大元，盖取《易经》“乾元”之义。

在十二年前定元号为中统的时候，诏书也有这一句话：

法《春秋》之正始，体大《易》之乾元。

也许在部分地区已经习惯上就使用“大元”这个国号。如果取自大易乾元，那么“大”这个字就不是美称，“大元”二字即为国号的观点也可以成立。继元号之后的国号也取自大易乾元，说明忽必烈已经决心要把自己的政权中原化。

五年前，即至元三年（1266 年），阿里不哥已经全面投降忽必烈，现在只剩下海都的叛乱还在顽抗。

忽必烈改元至元的这一年十月，南宋的理宗死去，在位长达四十年。

治世初期，政权为定策功臣史弥远所独裁，后期为贾似道所操纵，他是一个没有主见没有个性的皇帝。他也没有皇子，原先流落民间的理宗有一个胞弟赵与芮，封为荣王。这个荣王有一子名叫赵禥，于是立为皇嗣。理宗原本也是想立这个与自己血缘最近的侄子为皇嗣，但因为此人不甚贤明，群臣不太热心，便搁置下来。此时最积极主张立赵禥为皇嗣的是贾似道。于是，赵禥被立为皇太子，理宗死后，他即帝位，即度宗。定策功臣自然是贾似道，度宗在这个宰相面前根本抬不起头来。

宪宗蒙哥死去，蒙古从南宋撤兵是在1259年，南宋灭亡是1279年，其间恰好二十年。蒙哥死去、继承者斗争、海都叛乱，主要是蒙古内部的状况使得南宋王朝得以延长寿命。

忽必烈从容不迫，慢慢地养精蓄锐，然后再一举压垮南宋。蒙古已经改名称为元，攻击南宋最大的障碍就是襄阳。只要南宋确保襄阳，元就不敢大意出兵。忽必烈奉蒙哥之命南下的时候，没有拔掉襄阳，而是进兵鄂州，因此感觉蒙古军队如履薄冰。

忽必烈决定正面攻打襄阳。确立大元国号两年后的至元十年（1273年）正月，元军终于攻陷樊城，襄阳的命运也就朝不保夕。

襄阳城孤立无援，频频告急，但是宰相贾似道就是不发援军。据说守将吕文焕每次巡城，都要面南恸哭，已经束手无策。此时，忽必烈送来劝降书：

尔等拒守孤城，于今五年，宣力尔主，固其宜也。然势穷援绝，其如数万生灵何?

按照蒙古的规矩，降者留命，抗者杀之。敌我双方对峙已久，南宋也知道这个情况。吕文焕终于率将吏投降。

元军清除了南下的最大障碍，就在占领的襄阳大造兵船。与南宋作战，肯定会发生很多元军不擅长的水战。但是，如今的元已经成为中原王朝，上战场打仗的不仅仅是蒙古族的士兵，还有很多汉族官兵，怕打水战的短处已经得以改善。

元军攻陷襄阳三年后，南宋灭亡。元军占领襄阳的第二年，就向日本派遣远征军，但失败而归。日本方面称为文水之战。七年后，元朝第二次派遣远征军，再次失败，这就是日本所称的弘安之战。关于这两次元朝远征日本的情况，我将在《复兴与明暗》中予以综述。

元朝第一次远征日本两年后，南宋灭亡。攻陷襄阳的元军继续南下，终于攻克二十年前围而未破的鄂州。六百年后的太平天国战争也是如此，一旦攻陷鄂州（武昌），然后一泻千里，南京也就气数尽矣。元军占领鄂州，就控制了长江上游，形成绝对有利的态势。

至元十二年（1275 年）二月，贾似道调动各路精兵十三万在芜湖迎战元军，结果被打得落花流水。这是决定南宋命运的败战。在这次战役之前，安庆府知事范文虎投降元军。范文虎是贾似道的女婿。

元军的总帅是伯颜，他的父亲晓古台曾跟随忽必烈的弟弟旭烈兀攻打西亚，伯颜也在伊朗一带的战场上锻炼成长，后来他仕于忽必烈，受到赏识。元朝的南伐军有两个司令，一个是汉人世侯、七十四岁的史天泽，另一个就是三十九岁的伯颜。史天泽在这一年（1274 年）死去，所以伯颜作为最高司令指挥作战。出发之前，忽必烈告诫伯颜：

汝勿能杀。

忽必烈已经成为中原的皇帝，他要极力抹去成吉思汗时代以来的斩尽杀绝的血腥形象，叮嘱伯颜在攻打南宋的时候，切不可滥杀无辜。

芜湖的失败导致贾似道十六年执政的终结，撤职后发配到福建漳州，为郑虎臣所杀。郑虎臣的父亲被贾似道流放，所以对他怀有冤仇。

虽然出现吕文焕、范文虎这样投降元朝的高官，但也有池州的赵昂发，饶州的唐震、江万里，江淮招讨使汪立信这样宁死不屈的人。伯颜特地探望汪立信的遗族，诚挚吊唁慰问。

各地勤王义军风起云涌，江西的文天祥等集结郡中的豪杰、溪洞山蛮等勇猛之士一万多人疾驰临安府（杭州）。文天祥二十岁的时候以名列榜首的成绩进士及第，而且据说是一个美男子。可以说他是在南宋历史的最后一页上熠熠生辉的勇士。文天祥在江南各地开展广泛的游击战。

伯颜进入建康（南京）的时候，天气已经暑热，接到待秋凉后继续进军的诏书。伯颜本想一鼓作气攻下杭州，但忽必烈没有同意。

伯颜率南伐军出发是1274年七月，此时的南宋，度宗已死去，四岁的皇子赵㬎即位，皇太后谢氏摄政。当此危在旦夕的国难之际，还立幼帝，其前途已经黯然无光。

曾被丁大全处以流放、后来得到贾似道赦免的六君子的首领陈宜中此时担任宰相。他是一条赤心热血的汉子，但仅有一腔热血无法闯过难关。

另一方面，身居要职的朝廷大臣弃官逃遁者多达几十人。太皇太后（理宗皇后）听到这个消息，叹息道：

我朝三百余年，待士大夫以礼。

的确如此，在历代王朝中，宋朝对待士大夫的礼遇最为优厚。不得以言论杀士大夫的石刻遗训依然有效。虽然太皇太后感慨悲叹，其实南宋灭亡的时候，为国殉死的人数远比其他王朝多。清朝赵翼在《廿二史札记》中这样评论道：

历代以来，捐躯徇国者，惟宋末独多，虽无救于败亡，要不可谓非养士之报也。

多有殉国之士，其代表人物大概就是文天祥吧。不论什么朝代，当国势危难之际，总有人临阵逃脱。南宋灭亡的时候，有的人的举动令太皇太后扼腕叹息。但是，客观地看，正如赵翼所言，与唐末、明末、清末相比，宋末的骨气铿然之士尤其多。这固然有厚待士大夫的因素，但朱子学对思想的影响深入人心。

入秋以后，伯颜进兵，常州保卫战最为惨烈。虽然忽必烈告诫伯颜不可乱杀，但这只是原则。遇到顽强抵抗的，为儆戒他人，还是毫不留情地大屠杀。常州就是杀戮的战场，常州知事姚訔、通判陈照都被砍死。

伯颜的部队终于占领杭州城东北部的皋亭山。文天祥与张世杰等主张将三宫（幼帝、度宗皇后、理宗皇后）转移海上，自己背城一战，但遭到六君子的陈宜中的反对。

监察御史杨应奎捧着皇帝的标志“传国之玺”投降。伯颜接受，开始投降谈判，文天祥作为右丞相兼枢密使，来到伯颜的军营里。

文天祥要求元军后撤到嘉兴，直至和谈达成协议。他的要求自然遭到伯颜的拒绝。但文天祥能言善辩，思路清晰，合情合理，伯颜似乎受到感动。他赏识文天祥这个南宋状元的才能，有意让文天祥为元服务，于是劝降。文天祥自然严词拒绝，伯颜便把他扣压下来。文天祥在诗集《指南录》中这样吟咏当时的情景：

单骑堂堂诣虏营，古今祸福了如陈。
北方相顾称男子，似谓江南尚有人。

文天祥被押解前往燕京途中，在镇江逃跑。他从镇江往东行去。三宫已被元军俘虏，幼帝恭宗之兄赵昰在杭州逃脱，前往温州，被陈宜中、张世杰拥立为帝。弟弟即位是因为嫡出，赵昰的母亲是杨氏，他是庶子。度宗死去的时候，据说群臣主张拥立稍微年长者为帝，所以打算让九岁的赵昰即位，但遭到贾似道的反对。这个赵昰称为端宗，是一个不幸的少年。他被元军追赶，从福建泉州逃到广东惠州，死在一个荒无人烟的小岛上，享年十一岁。其胞弟、八岁的赵昺被拥立为帝，但跟随身边的家臣接二连三地逃走，顿觉形影相吊，甚至连六君子之一的宰相陈宜中也借着到福建办事而一去不复返。

赵昺是南宋的末代皇帝，但没有帝号，只称为昺帝。《宋史》不承认这两个亡命者为皇帝，称他们为“二王”。

可怜的皇帝居住在现在的澳门西面崖山岛上仅能遮风避雨的陋屋里。

文天祥继续开展游击战，但于元至元十五年（1278年）在广东潮州被元将军张弘范抓俘。

张弘范把文天祥带到自己的船上，逼迫他写劝降书。文天祥写下这样一首诗作为回答：

辛苦遭逢起一经，干戈寥落四周星。
山河破碎风飘絮，身世浮沉雨打萍。
惶恐滩头说惶恐，零丁洋里叹零丁。
人生自古谁无死，留取丹心照汗青。

遭逢如此辛苦，起因都是读经书、应科举、中进士。当时已经是朱子学的时代。“惶恐滩”“零丁洋”都是真实的地名。零丁洋后来成为鸦片战争的战场。

张弘范率两万精锐部队南下，攻打崖山岛。

至元十六年（1279 年）二月六日，元军发动总攻。南宋军的张世杰、陆秀夫战到刀折矢尽。当时南宋还有自己的元号，这一年是祥兴二年。

陆秀夫首先把自己的妻子、子女扔进海里，然后自己端正衣冠，背负幼帝，一步一步走进大海。此时殉死者甚多，不少是宫女。皇帝的母亲杨氏闻儿子已死，恸哭道：

我忍死艰关至此者，正为赵氏一块肉尔，今无望矣！

遂赴海死。张世杰一度逃脱，图谋东山再起，但据说覆舟而亡。

文天祥在敌船上看到祖国灭亡的最后一幕。他有一首五律《有感》：

揭来南海上，人死乱如麻。
腥浪拍心碎，飙风吹鬓华。
一山还一水，无国又无家。
男子千年志，吾生未有涯。

这是一首悲痛欲绝的诗歌。他被押送到燕京，忽必烈诚恳相劝，但文天祥决不降元。他在土牢里写下《正气歌》，最终遇害。

元朝将军伯颜带着投降的南宋恭宗、度宗皇后、理宗皇后这三宫凯旋燕京。燕京位于现在的北京一带，当时称为大都，开平府称为上都。伯颜也创作有欢呼自己胜利的诗歌：

马首经从庾岭回，王师到处悉平夷。
担头不带江南物，只插梅花一两枝。

跟随三宫来到大都的南宋遗臣汪元量写有吟咏元朝皇帝与皇后设宴欢迎的诗歌：

皇帝初开第一筵，天颜问劳思绵绵。
大元皇后同茶饭，宴罢归来月满天。

大概是蒙古式的宴会吧，但对于与元朝的皇帝、皇后一起茶饭的南宋幼帝以及两个遗孀来说，无疑是屈辱的感觉。

据说大元皇后——忽必烈的妻子在宴席上面带忧色。她对丈夫说道，自古以来没有延续千年的王朝，自己的子孙后代大概也会有与他们同样命运的那一天吧。

元王朝灭亡南宋以后，自己的寿命不到百年。

复兴与明暗

正气歌

文天祥（1236—1282 年）被奉为忠臣义士的楷模。“二战”前，日本的国语教科书里有文天祥的故事。江户时代的朱子学者浅见絅斋[1]的《靖献遗言》也有文天祥的评传，该书对幕府末期鼓吹的尊皇思想发挥很大的作用。明治维新志士们的心中都深深镌刻着南宋忠臣文天祥的形象，成为他们的精神支柱，促使他们实行扭转乾坤的行动。

元世祖忽必烈虽然可以统治中国，却无法践踏毁灭文天祥的精神。从这个意义上说，忽必烈败给了文天祥。

状元文天祥不仅仅是才子，还具有坚忍不拔的精神。他第一次逃脱以后，就亲自指挥武装抵抗运动。他虽然是名列榜首的状元，起初仕途并不顺利，其原因是没有奉承迎合当时的当权派宰相贾似道。到南宋濒临亡国危难的时候，才凸显出他的存在。

南宋在广东崖山岛灭亡的时候，文天祥被抓俘在元军的军营里，目睹这最后的结局。元朝将军张弘范劝他投降，被他拒绝，不久从广东押解到北京。他在途中曾打算绝食自杀，但坚持八天后停止绝食。因为他要亲自向世人昭示什么叫忠诚。既然要亲自昭示，就不能死去，所以决心活下去，直至被杀的那个时刻。

张弘范的劝降自然是秉承忽必烈的指示。忽必烈高度评价文天祥的才能，归顺过来，予以重用。文天祥当然明白忽必烈的意图，为了挫败

---

① 浅见絅斋（1652—1711 年）：江户时代中期的儒学家。提倡尊王论。《靖献遗言》对近世的尊王论产生很大的影响。——译注

他的图谋，自己就必须活下去。这样的活比死还要难。一到北京：

馆人供帐甚盛。

将文天祥奉为上宾。然而，文天祥不睡在为他准备的暖床上，而是坐至清晨。

忽必烈对文天祥软硬兼施。在盛宴款待的攻势之后，元宰相孛罗把他叫到枢密院，施加压力，强迫他投降，遭到严词拒绝。不仅已经投降元朝的他的弟弟问璧，甚至年幼的废帝赵㬎也都来劝说，但文天祥依然毫不动摇。

文天祥被转移到兵马司，囚禁在地下土牢里。忽必烈大概想以肉体的折磨来摧毁他的意志。然而，文天祥威武不屈的意志坚如泰山。他在土牢里创作的那首《正气歌》十分著名，前面有一段很长的序。

他在序中首先描写兵马司土牢的模样：

余囚北庭，坐一土室，室广八尺，深可四寻，单扉低小，白间短窄，污下而幽暗。

然后一一叙述那里面各种各样的“气”。四处渗漏的雨水在桌椅上浮游的“水气”，水变成泥土的“土气”，暴热无风的“日气”，焚薪做饭的“火气”，食物腐烂的“米气”，众人并肩挨坐的腥臊汗垢的“人气”。

或圊溷、或毁尸、或腐鼠，恶气杂出，时则为秽气。

这种种“气”交迭混杂，一般人是无法承受的。文天祥似乎并非天生的身体健壮，而他病弱之身居然能在这样的地方坚持两年安然无恙，靠的是如孟子所说的“养吾浩然之气”。序最后说：浩然之气乃天地之“正气”，以此一气可以敌克其他七气——水气、土气、日气、火气、米气、人气、秽气。

《正气歌》相当长，对后人产生巨大的影响，所以我打算全文介绍。

这首诗歌的精神不仅对元朝以后的中国，而且对邻国日本也产生历史性的影响，可以说是认识历史氛围的重要文学作品。

日本的藤田东湖[1]、吉田松阴[2]、广濑武夫[3]等也都模仿文天祥写作《正气歌》。其中藤田东湖的《正气歌》深受幕府末期志士的喜爱，可以作为认识那个时代的一条线索。

文天祥的《正气歌》既对中国的历史进行回顾，同时也成为宋代以后的士大夫的理想形象。

唐朝中期之前，可以说是贵族时代，处于政治核心的人物几乎都是通过门阀关系而得到重用的。大约从唐朝中期开始，科举及第的进士登上政治舞台。他们得到认可，参与执政。对于认可自己的圣恩，必须以忠诚作为回报。宋朝是士大夫的时代，进士至上主义，甚至有人认为这是朱子学的产物。儒家伦理成为这个时代的鲜明特点，并传之后世。

文天祥在《正气歌》序中所说的压倒七种邪气的“正气”究竟是什么呢？让我们想象着文天祥囚禁在这土牢里的两年岁月，来阅读这首长诗。

《正气歌》四次换韵，所以把这六十行的长诗分成四段来解析，应该是妥当的。

天地有正气，杂然赋流形。
下则为河岳，上则为日星。
于人曰浩然，沛乎塞苍冥。
皇路当清夷，含和吐明庭。
时穷节乃见，一一垂丹青。

---

① 藤田东湖（1806—1855 年）：日本幕府末期的思想家。在德川齐昭的领导下进行藩政改革，积极的尊王攘夷论者。死于安政大地震。著有《回天诗史》《弘道馆记述义》等。——译注

② 吉田松阴（1830—1859 年）：幕府末期的尊王攘夷论者、思想家。曾企图偷渡出国，被捕入狱。后开设松下村塾，培养出高杉晋作、久坂玄瑞、伊藤博文等维新领导人。后受安政大狱株连，被处死。——译注

③ 广濑武夫（1868—1904 年）：海军军人。日俄战争时指挥福井丸参加封锁旅顺口的战斗，在搜寻失踪的部下返途中战死于小艇上。——译注

孟子说浩然之气至大至刚。这无疑是极好的能量，气本无形，杂然流动，可形成任何形状，下沉为山河，上升则为太阳、星星之形。在人的精神之中，就成为浩然之气，无限扩展，沛乎充满人类世界。当人所营造的大道（皇路）清正太平的时候，就会出现和谐形态的清明朝廷。

然而，一旦出现非常事态，这个名叫“正气”的能量就以节义的形态出现，并一一记载在史册上，永远传于后代。

文天祥在下一段落列举史书上记载的各种节义，表示“正气”在以前就是这样的表现形式。

在齐太史简，在晋董狐笔。
在秦张良椎，在汉苏武节。
为严将军头，为嵇侍中血。
为张睢阳齿，为颜常山舌。
或为辽东帽，清操厉冰雪。
或为出师表，鬼神泣壮烈。
或为渡江楫，慷慨吞胡羯。
或为击贼笏，逆竖头破裂。

关于齐太史简，我在第一卷已经记述。公元前548年，齐国宰相崔杼杀庄公，记录官在竹简上直书“崔杼弑其君”，被崔杼杀死。太史的弟弟同样这么记录，崔杼又把他杀死。太史的幼弟不屈不挠，还是这样记录，崔杼无奈，只好作罢。毫无畏死，正确记述史实的节义正是正气的表现形式。

董狐也是春秋时代的史官。公元前607年，晋国赵穿杀主君灵公，太史董狐直书“赵盾弑其君”。杀灵公的是赵穿，但赵穿的哥哥、正卿（宰相）赵盾没有杀赵穿，所以无异于赵盾弑君。董狐对权势熏天的人毫无畏惧，秉笔直书，犹如齐国太史。董狐的行为无疑也是正气的表现。

张良雇力士掷铁椎杀秦始皇，可惜未中，但这是不畏惧独裁君主的大胆行为。

汉武帝时代，苏武作为使节派到匈奴，结果被扣押十九年。这十九年间，他一直手持作为使节标志的节（符节）。无论是张良的椎还是苏武的节，都是正气的表现形式。

严将军指的是《三国志》里的严颜。他是刘璋的部下，镇守江州（重庆）的巴郡太守，与刘备的部将张飞交战，败而被俘。张飞问他为何不投降时，他回答道："我州但有断头将军，无有降将军也。"张飞大怒，喝令将其斩首。严颜怒斥道："要砍便砍，何须动怒！"这场战争是刘备对四川的侵略，动怒的应该是刘璋一方。严颜视死如归，怒斥粗暴的张飞，其勇气凛然威严，张飞也受到感动，将他释放，以客相待，所以实际上并没有被砍头。此处的"头"应解释为差一点被砍的意思。

嵇侍中指的是嵇绍，侍中是官职。嵇绍是竹林七贤之一嵇康的儿子，曾仕于晋惠帝。据《晋书》记载，八王之乱时，嵇绍以自己的身体庇护惠帝，身中万箭而死。他的血染红惠帝的衣服。动乱平定以后，家臣要把皇帝衣服上的血迹洗去，惠帝道："此嵇侍中血，勿去。"

张睢阳指的是安禄山犯乱时守卫睢阳城的张巡。据说他督战的时候，咬牙切齿，结果把牙齿全部咬碎。贼将尹子琦用刀撬开他的嘴巴，发现只剩下三四颗牙齿。尹子琦感其节义，欲释放，但有人劝诫说此人深得人心，一旦释放，后患无穷，最终还是把他杀害。

颜常山指的是唐朝常山太守颜杲卿，是著名书法家颜真卿的堂兄。安禄山叛乱时，他在河北发兵勤王，被俘，激愤骂贼，舌头被拔掉，杀死。

这些烈士的"头""血""齿""舌"无疑都是正气的具体结晶。

三国时代，黄巾之乱时，管宁避难辽东。曹操召请他为官，他没有答应。他活到八十四岁，长寿之人，但一生不入政界，甘于清贫。魏明帝赏识他的品德学识，以光禄勋（九卿之一）相请，也被坚辞不受。大概作为被魏所灭的后汉遗民以变节为耻。他生活贫困，总是穿着朴素简单的衣服，一年到头总戴着一顶皁帽（黑帽子），这成为管宁的象征。他的高洁清纯的节操比辽东的冰雪更加酷烈。这也是正气的体现。

正气还化为诸葛亮的《出师表》，那壮怀激烈的感情可以泣鬼神。

东晋将军祖逖为收复被后赵夺走的土地，发兵北伐，渡过长江的时候，他中流击楫宣誓：

祖逖不能清中原而复济者，有如大江！

如果未能收复失地而再渡江归去，有如大江！于是官兵群情激昂，士气高涨。气吞胡羯的气概就表现在楫上。

唐朝的朱泚叛乱，段秀实前往劝降，未果，以手中之笏击破朱泚额头，为此被杀。段秀实的笏与祖逖的楫一样，都是正气所凝结的形态。

是气所旁薄，凛烈万古存。
当其贯日月，生死安足论！
地维赖以立，天柱赖以尊。
三纲实系命，道义为之根。

正气凛然磅礴的英烈的事迹将流传万古。只要正气贯穿日月，充满其间，生死何足以论！天地依靠正气而存在，君为臣纲、父为子纲、夫为妇纲这“三纲”，即人伦也是以正气作为生命，道义是三纲秩序的命根子。

嗟余遘阳九，隶也实不力。
楚囚缨其冠，传车送穷北。
鼎镬甘如饴，求之不可得。

春秋时代，被晋国抓俘的楚国人依然头戴楚冠，所以将身在异域的俘虏称为“楚囚”。文天祥感慨自己生在亡国之时，力不从心，被俘送往穷北，甚至甘愿接受鼎镬之刑，却也未能如愿。

阴房阒鬼火，春院闭天黑。
牛骥同一皂，鸡栖凤凰食。
一朝蒙雾露，分作沟中瘠。

这一段描述囚禁在土牢里的情景，不需要详加解释吧。牛与骥、鸡与凤凰的比喻是说自己和那些无赖之徒关押在一起，也许暗指当时汉族与蒙古族混居的社会状况吧。

正如序中所说的，兵马司的土牢极其污脏，如果湿气侵染身体，估计自己就如同掉到沟壑里的瘦瘠的尸体一样。

如此再寒暑，百沴自辟易。
嗟哉沮洳场，为我安乐国。
岂有他谬巧，阴阳不能贼！
顾此耿耿在，仰视浮云白。

二度寒暑，即两年之间，都被这样污浊的妖气包围着，但是妖气躲避着自己，不敢接近。阴暗潮湿之地也感觉如安乐之国。谬巧意为妙法。让污浊阴湿之地变成快乐之地，并非因为自己有什么奇术妙法。为什么阴阳也不能损害自己的身体呢？回顾自己，原来身上存在着耿耿光辉灿烂的正气，如同仰视天空上那飘浮的云彩般洁白。

悠悠我心悲，苍天曷有极！
哲人日已远，典刑在夙昔。
风檐展书读，古道照颜色。

无际无涯的天空以其无限性让文天祥感到悲哀。在无法捕捉的地方忽然一种不安袭上心头。每当这个时候，他都要翻开书籍阅读。这首诗中所列举的那些哲人一天天远去，但他们留下的典刑——法则从古相传。这一切都记载在书籍里，只要翻开书籍，犹如春风拂面，自古流传下来的充满正气的人间正道仿佛照耀在自己的脸上。大概无须悲伤的心情让文天祥充满勇气。

文天祥以羸弱之躯在污脏的土牢里坚持两年。宋朝已经灭亡，然而，有这一个文天祥与没有这一个文天祥，对宋王朝历史的光辉度就大不一样。

文天祥在监狱里被关押了两年，说明忽必烈这两年对他的归顺还抱有一丝希望。许多人轮番前来劝降，其中最热心的是王绩翁。此人是南宋末期的兵部尚书，镇守福建，降元后，担任元朝的福建长官，后又历任刑部尚书、兵部尚书。他在祖国与灭亡自己祖国的敌国这两个国家里都担任兵部尚书，这样的经历实在与众不同。

王绩翁提出，如果文天祥没有归顺之意，可以让他当道士，脱离俗世，以保住性命。王绩翁以此为条件在同样是归顺者的谢昌元、留梦炎等十人之间开展释放文天祥的活动，但遭到留梦炎的反对。他提出文天祥获释后如果回江南招兵买马、东山再起，那我们十个人将被置于何地？威武不屈的文天祥获释以后，的确不会当一个驯顺老实的道士。不过，留梦炎的自私自利令我们深感不快。留梦炎也是状元，与文天祥不同的年份，同样都是状元，姑且不论身上是否存在正气，差距却如此之大。

囚禁的第三年，忽必烈明白文天祥绝不会屈服，正打算与宰相们商量释放他的时候，中山地区（河北）发生自称“宋天子”的人纠集数千人扬言夺回文天祥的事件。关在狱中的文天祥成为反元运动的象征。不论是拯救请愿活动还是劫狱夺人，只要出现这样的事态，狱中的英雄就成为极度危险的人物。忽必烈终于下决心处死文天祥。可以说，是文天祥的崇拜者缩短了他的寿命。文天祥的本意就是赴死。至元十九年（1282年）十二月，忽必烈召见文天祥，最后一次劝降，但正气的人只求赐死。死刑于第二天执行。

文天祥被处刑的地方称为柴市，后人在此地修建祠堂祭祀他，称为文丞相祠，在孙中山临终之地铁狮子胡同的北面、府学胡同的西面一带。

文天祥临刑之际，面南而拜，从容就义，享年四十七岁。数日后，其妻欧阳氏前来收尸，据说文天祥面部依旧如生。

文天祥的两年狱中生活，对他来说是正气的表现，对于宋王朝来说，是灭亡之后的余光。从另一方面来说，文天祥能多活两年，也说明忽必烈如何热心地网罗人才，同时也反映出元朝人才匮乏的现状。要统治广袤的疆土，需要大量的行政官员，蒙古族拥有勇猛的军人，却很少有优秀的文官，于是在各地不断地搜罗人才。南宋末期，稍有名气的人都难以拒绝元朝的招聘，其实是强制的，如文天祥那样的坚决拒绝，就会有生命危险。

与文天祥同乡的江西人，而且还是同一年进士的谢枋得也可以说是充满正气的人。南宋灭亡后，他改名更姓隐居福建相面算卦谋生，才华横溢，隐瞒不住。虽然接受程文海、留梦炎的推荐，但不去当官。至元二十六年（1289年），在福建行省参政魏天佑的强迫下，不得不前往北京。

谢枋得曾经绝食，一到北京就病倒，不久死去。他住在悯忠寺，留梦炎派医生给他治疗，还送去药和食物，他把药都扔掉。浅见絅斋的《靖献遗言》也记述有谢枋得的事迹，为日本人所熟悉，不仅如此，他编撰的《文章轨范》，在江户时期与《唐宋八大家》成为必读的教科书。

抵抗元朝统治的代表性文人是郑思肖。他本籍福建，生于杭州，长期居住在苏州。本名不得而知，思肖是南宋灭亡以后的改名。宋朝皇室姓“趙（赵）”，他把“趙”字的“走”去掉，剩下“肖”，所以其含义是“思念赵氏的宋王朝”。他在自己的房间里挂一幅“本穴世界”的匾额。“本”字可以分解为“大”和“十”，留下“大”，将“十”与“穴”组合在一起，成一个“宋”字。匾额上的文字实际上就是“大宋世界”。虽然外面都是元朝统治的世界，但希望这个房间始终还是大宋世界。

郑思肖还有其他如忆翁、所南、一是居士、景定诗人等号。忆翁是回忆宋朝的老翁；所南是“所南之人”，即不在北面的朝廷——元朝为官；一是居士是专心一志的居士；景定诗人是景定年间（南宋理宗的元号，1260—1264年）开始仕于南宋朝廷的诗人，他所有的号都带着浓厚的遗臣意识。郑思肖还是画家，喜欢画兰，但兰花不带土，如悬浮空中。人问何故，他回答道：“地为人夺去，汝不知耶？”大阪市立美术馆中的阿部藏品就有一幅郑思肖的墨兰图，也没画土。

明崇祯十一年（1638年），疏浚苏州承天寺里一口老水井的时候，僧侣在井底发现一个铁函。铁函里面填充石灰，石灰里埋着一个锡匣，锡匣里层还涂漆，封闭极其严密。内缄上写着“大宋孤臣郑思肖百拜封”，外缄并排写着：

大宋世界无穷无极
大宋铁函经
德祐九年佛生日封

德祐是南宋恭宗的元号，只有两年，宋朝遗臣不齿使用元朝的元号，依然固执于已经灭亡的南宋元号。德祐九年是1283年，文天祥被处死的第二年，相当于元朝的至元二十年。如果外缄所写的日期可信的话，这个铁函藏在水井里已有三百五十五年。

藏在铁函里是一部名叫《心史》的慷慨激昂的反蒙古文集。文章罗列蒙古族野蛮的种种行状，甚至还写到喜欢吃胎儿、忽必烈吃文天祥的心肝等。

这样做的目的就是把在蒙古统治下不能说的话写成文章、藏于水井，传之后代。关于这个“铁函心史”的真实性，自古就有不同意见。清代袁枚认为是伪作，日本的桑原骘藏主张是真迹。郑思肖的文章流传至今的有《所南文集》等，可以与从老水井发现的《心史》进行比较，也许伪作的水平可以达到以假乱真的程度，但如果仔细琢磨，会发现字体特点有共同之处，所以我个人的心情倾向于真迹的观点。

由于存在严重的歧视现象，汉人，尤其是知识阶层的汉人对元王朝的厌恶感、抵抗意识相当强烈，也就会留存下“铁函心史”这样的文集。

发迹于草原的元政权的确有不少粗暴野蛮残虐的行为，但对怀有敌意记录的文章也不能全信。公平地说，元灭南宋要比金灭北宋的做法要平稳得多。金把北宋二帝（徽宗、钦宗）掠到北地，放在恶劣严酷的环境里，随后穷困而死。与二帝同行的北宋皇族也很不幸，金的海陵王杀掉北宋皇族赵氏家族的男子就有一百三十多人。

大概因为投降的是幼小可爱的六岁恭宗和两个遗孀——谢氏（理宗皇后）、全氏（度宗皇后），所以免去脖子系绳的屈辱的投降仪式。刘邦灭秦的时候，秦始皇的孙子子婴投降，《史记》记述当时的情景是：

素车白马，系颈以组。

这完全是上刑场的景象，不折不扣的耻辱。能免除这样的仪式，可以说是巨大的恩典，所以全太后感动而泣，对儿子恭宗说“当谢恩”。

年幼的恭宗被元朝封为瀛国公，长大成人后，据说这个前朝皇帝与元朝公主结婚。史书记载，南宋灭亡十五年后的至元二十八年（1291年），宣政院的大臣说：

宋全太后、瀛国公母子，已为僧尼，有地三百六十顷，乞免征其租。

入僧籍以后，其领地可以免税。

前面《崖山悲歌》的末尾部分谈到，在宴请三宫的宴会上，忽必烈的皇后顿觉伤感。忽必烈的皇后似乎富有人情味，随三宫从杭州来到大都（北京）的宫女中，因为水土不服，有的神经错乱而自杀。世祖大怒，要将她们枭首示众，吓得全太后也战战兢兢。忽必烈的皇后过意不去，觉得她们可怜，便向丈夫建议把全太后送回江南。忽必烈回答道：

尔妇人无远虑。彼一国之母，遗民尚在。若听南归，万一浮言偶动，即难保全。非所以爱之也，可时加存恤。

你对她们同情，这无可厚非，可是你这个女人目光短浅，缺少远虑。全太后是前朝南宋的国母，也还是遗民。让她回江南固然不错，可是如果发生南宋遗民的抵抗运动，哪怕是风生水起，全太后就会有性命危险。如果出现动乱的传言，元朝就不得不清洗可能被动乱遗民抬出来作旗号的全太后。如果你关爱她，就不要送她回江南，时常前去看望就可以了——忽必烈从现实的政治局势出发，告诉他的妻子什么是真正的关爱方式。

从这段话可以看出，不仅仅皇后，忽必烈本人也挂念着全太后的安危。

南宋灭亡五十多年后，元文宗时代，政府收购全太后的田地作为维持大承天护圣寺的永业田，同样收购瀛国公的田地作为维持大龙翔集庆寺的永业田，当时御史台官员进言说“不必予直”，但未被采纳。全太后和瀛国公的土地是元国赐予的，改为寺院土地的时候，御史台认为可以不必付钱。但文宗没有同意，还是支付了地价。

并非南宋赵氏所有的土地都变成寺院领地。据史料记载，元朝末代皇帝顺帝时，就把瀛国公之子、和尚赵完普的土地赐予枢密使僧格失里。

元末，各地群雄林立，其中不少打着复兴南宋的旗号。至正十二年（1352 年），御史进言道：

群盗辄引亡宋故号以为口实。宜以瀛国公子和尚赵完普及亲属徙沙州安置。

即使不少造反队伍打着复兴南宋的旗号，前朝南宋皇帝之子赵完普也没有被清洗，只是整个家族被转移到沙州，即敦煌。

自王莽以来，以禅让形式实行篡位的时候，杀死前朝君主的情况实在太多，相比之下，元朝对南宋皇族的处置方式可以说是极其文明的。

清代赵翼这样主张因果报应观点的史学家认为这是因为北宋太祖品德高尚。太祖赵匡胤接受后周柴氏的禅让即帝位，但留下石刻遗训，严命后代子孙保护柴氏。实际上，在北南两宋的三百年间，柴氏一直保持着皇室宾客的地位。

北宋太祖的继承者不是其子，而是其弟太宗。这个过程，太祖之子被杀。北宋因为太宗的行为蒙上阴影，所以在灭亡的时候，徽宗、钦宗等太宗一族的许多皇族成为女真族金国的俘虏，在北地受苦受难。南渡创建南宋的高宗是太祖的皇族。由于太祖的善果，南宋灭亡之后，免遭北宋那样的杀戮。

大概有人认为，元朝优待亡国的南宋皇族是出于游牧蒙古族的门阀观念。从《元朝秘史》也可以看出，他们对谱系显示出异常的关心。

波斯史学家拉施特这样说道："蒙古如爱惜珍珠一样重视家系。"回头看一看成吉思汗崛起的历史就可以知道，部族、家族是最根本的基础。

蒙古对具有高贵血统的人深怀尊敬之心，也许南宋皇族就是因此而受到恩惠。

但是，蒙古消灭许许多多的政权，对这些国家的君主一族并没有像对待南宋皇族那样宽容。例如灭亡女真族的金国的时候，就对王朝皇族完颜氏进行严厉的镇压。按照赵翼的因果报应的观点，那是因为金国对北宋二帝及其一族过于残酷，所以才得到这样的报应。

蒙古灭亡金国以后，经过四十多年，才灭亡南宋。在这将近半个世纪的岁月里，也许蒙古族得到开化。值得注意的是，这四十多年里，蒙古族已经不再是草原牧民，而是中原之民。

进入中原的塞外民族，5 世纪至 6 世纪的拓跋氏北魏是最典型的例子，他们受到汉族文明的熏陶，完全汉化。据说蒙古族的元朝是中国历史上汉化程度最少的政权。

当然，这是总体而言，既然移居中原，不可能完全不受汉族文化的影响。蒙古族的开明开化对南宋皇族实在是幸事，这样考虑大概是妥当的吧。

元顺帝时代，由于受明太祖朱元璋的压迫，逃往北地。如同游牧民那样，由于是整个政权迁移，人员上没有受到很大的损失，可以说是成功逃亡。

元顺帝遁归沙漠后，子孙犹雄长于边外数百年。君子观于此，不能不信天道之有征也。

按照赵翼的理论，元顺帝逃脱成功，在塞外建立小政权，子孙绵延数百年，这是优待南宋皇族的因果报应。

虽说开明开化，元朝还是不允许公开赞颂文天祥。不管怎么说，这是一个拒不降元的不屈的人。文天祥的幕僚谢翱在浙江富春江的钓台祭祀文天祥的在天之灵，但是，这个祭文还要伪装成是祭祀唐朝忠臣颜真卿的形式。

谢翱倾尽家财支持文天祥领导的游击战。南宋灭亡后，他游历各地山水，以遗民诗人终其一生。下面介绍一首他的七绝《故园秋日》：

空园久闭无人住，城鸟应入巢其树。
食尽满园绿荔枝，引雏飞去人始知。

元军袭来

平清盛强行迁都福原（现在的神户市）是在源氏起兵的治承四年（1180 年）。平清盛一直在这里致力于建造城市，他本人移居福原，修建大轮田泊，无疑就是为了开展对宋贸易。大轮田泊这个兵库港因为难以承受强大的东南风，便建造人工岛以防风。至今此地还留着岛上町、筑岛寺等名称。

平清盛大概计划与宋朝开展大规模的贸易，宋的商船经常进入兵库港。据史书记载，承安二年（1172 年），高仓上皇特地从京都来到兵库参观宋船。进口物品中包括一千卷的《太平御览》，献给高仓上皇。平清盛极力推进振兴贸易的政策，不仅仅考虑经济利益，一定也着眼于文化的提高。

迁都福原是南宋孝宗的淳熙七年（1180 年）。平清盛的对中国贸易就是对宋贸易，当时中国分为两个政权——北有金、南有南宋。然而，日本只与南宋开展贸易，与金国几乎没有来往。

《宋史》有《日本国传》，而《金史》没有。《金史》的《外国传》只记载西夏和高丽。不能不说金国与日本缘分很浅，但由于金国与高丽领土相连，所以关系密切。金国灭辽，向北宋国都发兵的时候，高丽王朝第十七代仁宗承认金国的宗主国地位，主动称藩。

契丹族的辽国强盛的时候，高丽将辽国奉为宗主国。高丽与北方强大的政权国境相连，对北方的情报格外详细，事关国家的生死存亡，自然对北方政权的一举一动都非常敏感。

辽国被女真族欺负的时候，曾向高丽求援。高丽当时虽然以辽国为宗主国，却没有答应出兵救援。高丽做出正确的选择。

在此之前，北宋为收复失地打算讨伐宿敌辽国，通过高丽希望借助女真族的力量。但高丽反对北宋的这个计划，认为与女真族结盟很危险。北宋从山东半岛经过海路与女真族取得联系，订立所谓的“海上之盟”，结果北宋为金所灭。可见当时高丽对局势的判断是正确的。

高丽通过自己的聪明才智，与金国保持友好关系，以接受金国的封册、服属的形式保持着实质上的独立。然而，高丽的才智在蒙古人那里行不通。

金国末期，契丹族的耶律留哥在女真族的老巢中国东北地区发动叛乱。前去讨伐叛乱的金国将军蒲鲜万奴也趁机自立，称大真国大王。

耶律留哥重新振兴已经灭亡的契丹族王朝，国号辽，请求蒙古支持，与金国的讨伐军交战。但是，由于这个辽国内部发生兵变，耶律留哥被驱逐出国。这个驱逐耶律留哥的政权一般被称为“伪辽”。伪辽败于金军。不久，被驱逐出国的耶律留哥得到成吉思汗的支持，在蒙古军队的援助下，攻打伪辽。伪辽败退，渡过鸭绿江，逃到高丽境内，一路抢掠暴行。

伪辽是契丹族军队，所以也被称为“丹贼”。高丽借助蒙古、臣服蒙古的蒲鲜万奴以及耶律留哥的部队镇压在自己国内掠夺放火、为非作歹的丹贼。当然主力军是蒙古，于是高丽向蒙古承诺每年献上贡赋。

成吉思汗撤军参加西征，蒲鲜万奴趁机脱离蒙古独立出来，并将此事通报给高丽，对高丽主张其权益。耶律留哥这个时期死去。

高丽进入严峻的时代，在蒙古与蒲鲜万奴的夹缝中，陷入进退维谷的困境。另外，蒙古所要求的贡赋简直就是彻底的榨取。高丽承认辽国、金国为宗主国的时候，只要献上贡物，就会得到更多的回报，可以说是一种朝贡贸易，对高丽来说，是通过朝贡挣钱的买卖。可是对蒙古完全是只出不进。

中原王朝具有垂惠四夷、使浴王化的中华思想。所谓王化，就是文明化。要让四方尚未开化的人变得文明，就必须给予文明的东西。契丹族、女真族虽然不是汉族，但他们建立的政权定国号为辽、金，以中原王朝自居。尽管谈不上有多么的慷慨大方，但是对朝贡国并没有太过分的榨取。

后来蒙古政权所定的元的国号也是中原风格，但毫无继承中原王朝风格的意思。在草原上以部族为单位游牧的时候，掠夺是强者的权利，甚至认为是一种美德，那么对弱者加以等同于掠夺的榨取，自然就是天经地义。

高丽向蒙古承诺每年献上贡赋是在成吉思汗十三年（1218 年），这一年献上兵粮米一千石，但从第二年起改为“方物”。不仅包括金银、绸布、獭匹，而且数量庞大。蒙古的大头领官着古欤几乎每年都要到高丽催促贡赋，有时还会与蒲鲜万奴的使者不期而遇。万奴也来高丽催促岁币。

携带着从高丽催讨的大量“方物”的着古欤在回国途中的鸭绿江遇袭被杀。《元史·外国传》说这起事件发生在成吉思汗十九年（1224 年）十二月，而《新元史》说是在成吉思汗二十一年，因为蒲鲜万奴送给高丽的自立通告上说：

成吉思老师绝域，不知存亡。

当时，成吉思汗的西征军似乎没有消息。

杀死蒙古使者的，史书上只有“贼”一个字，但“贼”的后面也许是对屡屡逼迫榨取感到愤怒的高丽政府，也有可能是蒲鲜万奴，不过更可能只是一般流寇干的。但可以想象，由于成吉思汗西征军队消息不明，使得袭击者大胆起来。

发生这起事件以后，高丽与蒙古处于断交状态。不久成吉思汗死去，太宗窝阔台即位，第三年（1231 年），蒙古出兵高丽。对杀害蒙古使者着古欤兴师问罪是侵犯高丽的口实。蒙古军的司令是撒礼塔，高丽的国境卫队将军洪福源投降，并为蒙古军充当向导。

高丽军队英勇奋战，但还是抵挡不住蒙古军队凶猛的进攻，终于乞和。蒙古在高丽派驻七十二个达鲁花赤，达鲁是镇压的意思，花赤是执行者的意思，可以认为就是蒙古皇帝的代理吧。派驻这七十二人表明高丽与蒙古不再是藩属关系，而是通过合并实行的直接统治。

达鲁花赤穷凶极恶，对高丽的榨取丧心病狂，简直是榨干最后一滴血，甚至将派去求情的使者都扣押起来。高丽实在忍无可忍，决心奋起反抗压迫，将国都迁到江华岛。他们知道草原上的常胜军不惯水战，从而开始了高丽对蒙古的长达三十年的抵抗运动。

迁都江华岛是根据权臣崔瑀的意见强行决定的。当时的高丽与日本的情况一样，都是军人政治。日本是北条氏[①]时代，高丽是崔氏掌权，两国都是独裁政治。

高丽的迁都无异于是对蒙古的宣战。高丽屡次遭受蒙古的侵犯，国土被占领蹂躏，人民被屠杀抢掠，蒙古对反抗者实行惨无人道的镇压。

太宗窝阔台死去、皇后摄政的五年（1241—1246 年）以及定宗贵由死（1248 年）后的大约三年里，由于蒙古内部围绕汗的继承问题发生争斗，高丽才幸免于难，没有遭受蒙古的攻打，但蒙古内部问题解决以后，又开始出兵。从宪宗蒙哥四年（1254 年）至第二年，蒙古军队对高丽的进攻极为残忍凄惨。《新元史》这样记述道：

是年，大军所过，俘男女二十余万，死者不可胜计。郡县皆煨烬。

蒙古对高丽提出的要求是：恢复不履行承诺的贡赋、国王出陆（离开江华岛）、国王或太子入朝。

不久以后，江华岛发生政变，崔氏政权没落，太子倎（后改名禃）得以入朝。宪宗蒙哥九年（1259 年）即为高丽高宗四十六年。前一年发生的政变意味着高丽国王从权臣崔氏的控制下解放出来。

蒙古皇帝宪宗本应会见高丽国太子，但是他率领伐宋军的主力部队正在四川征战，太子倎不顾路途遥远，千山万水前去四川会晤，却在途中接到宪宗死去的通知。此时他已经来到甘肃的六盘山，只好返回。

那时，忽必烈正在鄂州（武昌）与南宋缔结媾和协议，然后急急忙忙北归，准备与弟弟阿里不哥争夺帝位。从六盘山返回的高丽国太子在襄阳会见北归途中的忽必烈。据说忽必烈惊喜交织，说道：

---

① 北条氏：伊豆国的豪族，本姓为桓武平氏，因对镰仓幕府开创有功而成为实际掌权者，也叫执政北条氏或镰仓北条氏。——译注

高丽万里之国，自唐太宗亲征而不能服，今其世子自来归我，此天意也。

忽必烈与太子倎的邂逅成为蒙古与高丽改善关系的契机。虽说是改善，自然不是平等关系。蒙古凭借强大的武力背景，将高丽纳入自己的势力范围，只不过这一次不是动兵镇压，而是依靠怀柔政策打开局面。

太子倎在中国逗留的时候，本国的父王死去。高丽以国王患病为由，没有同意蒙古方面关于国王入朝的要求，看来未必是借口。太子倎的入朝其实带有人质的性质，高丽国王一死，蒙古就送太子倎回国即位，就是高丽的元宗。

所谓怀柔政策，只是没有用兵，以前蒙古对高丽的贡赋要求十分苛刻，现在蒙古决定从高丽撤兵，废除派驻达鲁花赤，高丽可以恢复本民族的衣冠风俗，不必遵照蒙古族改动。高丽对过于沉重的贡赋要求根本无法兑现，乃无米之炊，虽然蒙古采取威胁恫吓的高压政策，但经过高丽长期不断的诉求，诉说国内土地荒芜贫瘠的实际状况，也会得到蒙古的理解。

江华岛的政变虽然肃清了权臣崔氏，但军人政治依然持续，正如日本的平家变成源氏、北条变成足利一样，高丽的国王仍然受到权臣的摆布。国王为夺回王权，有意借助蒙古的力量对抗权臣。这样，集结在国王身边的文人派都是亲蒙古的，而以取代崔氏的金俊为首的军人派都具有强烈的反蒙古倾向。高丽国内的局势也变得复杂起来。

这个时候的蒙古面临着忽必烈平定弟弟阿里不哥的反抗和讨伐南宋两大任务。蒙古帝室内部的兄弟之争与政权的性质深有关系。后世的史学家把忽必烈称为汉地派，把阿里不哥称为蒙古派；或者称前者为农耕派，称后者为游牧派。固执地坚持传统游牧帝国的人们跟随阿里不哥，在他们眼里，忽必烈重用汉人，模仿汉族农耕国家的组织，是一个很危险的领导人。蒙古人大概已经感觉到自己也会像过去的北魏、辽、金那样淹没在汉族文化的大海里，从而失去固有文化的危险。

一战定乾坤，忽必烈获胜，顽强抵抗的阿里不哥也不得不屈服于哥哥忽必烈。失败的一个重要原因是粮食补给接续不上。来自汉族地区的补给一旦中断，草原上大部队的生活就陷入困难。游牧国家的供给营养主要依靠掠夺，一旦周边国家强大到能抵御外来掠夺的时候，游牧国家至少就不能成为游牧大国。如果对周边国家肆无忌惮地反复掠夺，竭泽而渔，也就枯竭了自己的营养源。忽必烈担任过汉地总督，深有体会，知道不可能建立游牧大国，所以要转变成农耕地的征服王朝。

高丽的领土一直遭受蒙古军队的蹂躏。忽必烈时代，情况有所好转，这并不仅仅因为高丽的元宗在太子时代与忽必烈在襄阳会晤结成友好关系的缘故，也因为忽必烈本人奉行避免游牧式的直接掠夺的政治哲学。当然，必要的关键时候还是要行使武力，但优先实行怀柔政策。从汉文明本位的历史观来看，忽必烈接触汉族文化，逐渐开化。

高丽国王元宗利用蒙古的这种性质改变，采取亲蒙政策，打算从军人权臣手中夺回实权。忽必烈至元元年（1264年），蒙古举行平定阿里不哥庆祝活动，高丽的元宗不顾权臣金俊的反对，亲自参加庆祝活动。

高丽建国三百四十六年，历经二十四代国王，虽然接受过外国的封册，但从未有过国王本人亲自入朝外国，元宗是第一个。

蒙古帝国的性质已经发生变化，高丽王国也要改变性质。过去高丽国王从来不敢忤逆权臣的意志，如今元宗对金俊的强烈反对不予理睬，亲自前往大都（北京），而且平安归来。有蒙古的势力作为后盾，对权臣也就无所畏惧。但是，由于过分依赖蒙古的力量，加快了高丽对蒙古的附属国化的速度。

“元寇”是在这样的历史背景下出现的。元宗入朝两年后（1266年），蒙古第一次招谕日本。《元史·日本传》记述道：

元世祖之至元二年，以高丽人赵彝等言日本国可通，择可奉使者。

“可通”，意为可结为友好关系。高丽人不是说“可取”，并不是建议进攻日本。因为提出这个建议的恰好是高丽人，于是就出现极为大胆的推理：被日本海贼骚扰沿海而束手无策的高丽打算借助蒙古的力量，唆使蒙古攻打日本。这个推理实在过分。从元寇的行为来看，其实在人力、物力方面蒙受最大损失的显然还是高丽。高丽从一开始就对蒙古出兵日本战战兢兢，煞费苦心地加以阻止。

赵彝的进言其实是强调与日本结为友好关系，蒙古不仅可以获得通商的利益，还可以孤立南宋。赵彝出生于高丽的咸安，朝鲜半岛南端的马山一带的人。这个地方靠近对马，大概与日本的通商相当繁荣，他在当时可能是一个日本通。

蒙古最大的目的是如何压制南宋，日本从平清盛以后一直与南宋通商，这在多大程度上增强南宋的力量，虽然详细情况不得而知，但对于千方百计削弱南宋力量的蒙古来说，日本是必须注意的国家，于是挑选承担与日本结为友好关系的使节人选。第二年，兵部侍郎黑的和礼部侍郎殷红被选中担任此项任务。

这两人携带前往日本的忽必烈致日本国王诏书中这样写道：

大蒙古国皇帝奉书日本国王：朕惟自古小国之君，境土相接，尚务讲信修睦。况我祖宗，受天明命，奄有区夏，遐方异域，畏威怀德者，不可悉数。朕即位之初，以高丽无辜之民久瘁锋镝，即令罢兵还其疆域，反其旄倪。高丽君臣感戴来朝，义虽君臣，欢若父子。计王之君臣亦已知之。高丽，朕之东藩也。日本密迩高丽，开国以来，亦时通中国，至于朕躬，而无一乘之使以通和好。尚恐王国知之未审，故特遣使持书，布告朕志，冀自今以往，通问结好，以相亲睦。且圣人以四海为家，不相通好，岂一家之理哉。以至用兵，夫孰所好，王其图之。

一开头就称对方为小国，大国意识暴露无遗，但诏书的目的是通好，其中也有“以至用兵”这样威胁的语言，所以语气并不温和。诏书讲述对高丽如何宽容，言外之意是说难道你们还不明白吗？把对方当作没见过世面的乡下佬。接到这样的文书，自然心情会极不愉快。

“圣人以四海为家”——这句话大概出于《史记·高祖本纪》中“天子四海为家”，或者是《论语·颜渊篇》的“四海之内皆兄弟也”。这样的运用典故倒给人留下不由分说的印象。

《元史·日本传》的叙述很简单：

高丽国王王禃以帝命遣其枢密院副使宋君斐、借礼部侍郎金赞等导诏使黑的等往日本，不至而还。

蒙古的使节没到日本，中途而返。这是高丽努力说服的结果。日本看到这样的诏书，肯定会大为恼火。高丽与日本是邻国，对日本的性情十分了解。据说文人派的李藏用致函蒙古使节黑的，条分缕析不可赴日的缘由。军人派的反蒙古势力看到这种情况，出现逼迫高丽政府与蒙古断交的动静。黑的为李藏用的热诚所感动，来到巨济岛后返回。高丽送给世祖忽必烈的文书这样解释：

大洋万里，风涛蹴天。

然而，忽必烈早就有言在先：

勿以风涛险阻为辞。

黑的和殷红回国后，不久又被授予同样的使命再次来到高丽。这一次李藏用的努力最多只能是尽量拖延时间。

使节一行到达九州的大宰府，递交国书。国书送到镰仓，再转到京都，但决定不受理。《元史》这样记述第二次招谕日本的结果：

留六月，亦不得其要领而归。

这个结果自然令忽必烈大为震怒，命令高丽的实权派人物金俊和宰相李藏用速来解释。金俊属于主张与蒙古断交的军人派，不听忽必烈的命令，只有李藏用一个人前往。

这时，忽必烈命令高丽征集军队、建造一千艘巨船。他对李藏用说道：

往谕尔主，速以军数实奏，将遣人督之。今出军，尔等必疑将出何地，或欲南宋，或欲日本，尔主当造舟一千艘，能涉大海可载四千石者。

这段话说得比较模棱两可，出兵和造船的目的或者讨伐南宋或者远征日本。但是他之前在派礼部郎中孟甲前往高丽的诏书中写道“今将问罪宋”，目的十分明确。

蒙古的最后目的还是要消灭南宋，虽然先向日本出兵，但这是孤立南宋的一步棋。如果是这样的话，那么在南宋灭亡之后，为什么还再次远征日本呢？

当时日本的奥州出产黄金，似乎也流入中国，于是日本被视为“黄金国”，忽必烈对它垂涎三尺。当时在中国旅行的马可·波罗在《马可·波罗游记》中这样描写日本：

日本国是位于距大陆一千五百英里的大洋上的很大的岛屿。居民肤白，讲求礼节，举止文雅，崇拜偶像。已经独立，拥有自己的国王。该国到处都有黄金，国人无不持有大量黄金。大陆尚未有人去过该国，甚至连商人也未去过，所以丰富的黄金从未被带到国外。正因为没有流失国外，该国才拥有这么多的黄金。

再来看看该岛国国王雄伟壮观的宫殿吧。国王的宏伟宫殿到处都是金碧辉煌的金子。我们欧洲人的房屋、教堂的屋顶都是洋铁皮铺设，而这座宫殿的屋顶则全部使用纯金覆盖，所以乃无价之宝。宫殿内许多房间的地板也都是用厚约两指的金板铺设而成，其他不论是大厅还是窗户，都是黄金造就。此宫殿之奢侈豪华无法形容，纵使有人对此做出准确评价，也不可信。①

马可·波罗还叙述日本盛产珍珠以及其他各种各样的宝石。

也许这就是当时中国对日本的一般性认识吧。即使只有上面所说的一半财富，也是非常壮观的。13世纪的日中贸易，由于日本方面大幅入超，就使用大量的砂金进行结算。留学生、旅行者也携带不少砂金出国，体积不大，携带方便。另外，作为出口商品以及礼品，不少金银镶嵌的漆器生活用品和工艺品也进入中国。大概由于这些原因，给中国造成日本是“黄金之岛”的印象吧。

忽必烈的朝廷对日本的了解应该更准确一些，但还是超过真实的情况。

① 日本国是位于……也不可信：这段话转译自平凡社出版的爱宕松男翻译的日文版《东方见闻录》。——译注

世祖忽必烈在给予日本的诏书中说到“时通中国”，因为史书上记载遣隋使、遣唐使的史实。在唐朝的时候派遣贡使的国家，为什么不向蒙古朝廷朝贡呢？这其中流露出他的自负所产生的焦躁感。蒙古是古今中外前所未有的世界上最强大的帝国，忽必烈为此充满自豪。即使为了满足这种自尊心，也必须要求日本派遣贡使。

至元五年（1268年）九月，忽必烈第三次向日本招谕。当时使节只到对马就返回，当然没有得到日本的回信，但是抓住两个日本人塔二郎、弥四郎回来。

这两个日本俘虏献给忽必烈，据说忽必烈十分开心，让俘虏参观宫殿等。第三次招谕日本没有成功，而忽必烈并没有发火，大概因为知道高丽发生了实权派人物金俊被杀事件、高丽使节在日本无法长期逗留的情况吧，同时手中有这两个日本俘虏，可以借送还的机会再次向日本招谕。既然已经决定下一次将要采取的措施，就不必焦躁不安。

高丽的金俊被杀是元宗的指使，在元宗的授意下，林衍执行暗杀任务。任务完成以后，林衍就变得碍手碍脚。长期备受军人权臣欺负的元宗考虑尽快除掉林衍，但是林衍早有觉察，先发制人，废黜元宗，立国王的弟弟安庆公淐为王。

此时元宗的世子谌正入朝蒙古，得知父亲被废黜的消息，决定借助蒙古的力量打倒林衍。对于蒙古来说，这是干涉高丽的绝好机会。在绝对强势的蒙古军队的后盾支持下，元宗成功复位。

在发生这次动荡的至元七年（1270年），蒙古第四次对日本招谕。蒙古虽然送还了那两个俘虏，可是日本方面的态度依然故我，对蒙古的国书不予回答。虽然也写好了表示拒绝接受国书的复函，但是连这封复函也没有送给蒙古使节，完全置之不理。大概没有比这样更严厉的拒绝态度吧。

高丽的政治局势风雨飘摇。在林衍废黜国王的时候，一个名叫崔坦的人以诛灭林衍为借口，举兵攻陷西北部六十多城，然后投降蒙古。蒙古出兵，占领被崔坦破坏的地区，设置东宁府。从此以后，包括西京（平壤）在内的高丽西北部被蒙古占领长达二十年。崔坦被任命为第一任东宁府长官。

接着，发生“三别抄之乱”。“别抄”指的是正规军之外的杂牌军，有“左夜别抄”“右夜别抄”和“神义别抄”三个军团，称为“三别抄”。崔氏以后，三别抄成为军人权臣的武力后盾。

国王试图借助蒙古的力量压制军人权臣，所以三别抄自然反国王、反蒙古。林衍病死以后，其子林惟茂打算抵抗占领的蒙古军，但军人派内部也发生斗争，林惟茂被杀。

国王元宗打算趁此机会放弃江华岛的江都，迁回旧都开京。蒙古对高丽的忠诚表示怀疑的原因之一，就是因为它把国都设在蒙古骑兵难以攻打的海岛上，因此经常逼迫它“出陆”——离开海岛，返回旧都。于是高丽把朝廷半年放在江都、半年放在开京，以此应付蒙古的追逼，不过，这样的做法看来已经到头。

元宗打算通过与蒙古结为亲密无间的关系以延长高丽国的寿命，因此请求蒙古的公主下嫁给世子，不久得以实现。按照元宗的方针，放弃江都是必然的措施，但遭到反国王、反蒙古的三别抄的反对。他们竟然使用武力实行抵抗，拥立元宗的弟弟承化候温为国王，在元宗看来，这无疑就是叛乱。

蒙古大军进驻高丽，三别抄占据江华岛进行抵抗。但由于离开京太近，不利于抗战，于是动用一千艘舟船，全部转移到全罗道的珍岛上，以此为根据地。三别抄进而向珍岛的南面出兵，渡过济州海峡，占领济州岛。当时济州岛称为耽罗。

蒙古对日本发出第五次、第六次招谕，但是镰仓幕府依然不理不睬，这两次蒙古的国信使都是赵良弼。第六次招谕的时候，蒙古的国号已定为“元”。

赵良弼是女真族，他的父亲曾担任金国的节度使，在与蒙古的交战中守护太原而阵亡。赵良弼举进士，在赵州担任教授的时候，被忽必烈召见，其才能受到赏识。忽必烈即位前曾受封汉地，邢州也是其中之一，但是原先一万户的居民锐减到五百户，税收也无法维持下去。刘秉忠、张文谦这些儒者就向忽必烈建议得良吏而治之，果然大见成效。只经过一年，户数就增加数倍。而赵良弼当时被任命为邢州安抚司幕长，也是良吏之一，在治理邢州方面做出业绩。他出任赴日国信使，不是受命，而是毛遂自荐。

此时赵良弼已经五十四岁，忽必烈怜其年龄，但是他执意要去。第六次招谕的时候，他在大宰府居住一年多。至元十年（1273年）五月，赵良弼回国，向忽必烈进言不可攻打日本。他亲眼所看到的日本绝不是“黄金之岛”。《元史》这样记述他的劝言：

臣居日本岁余，睹其民俗，狠勇嗜杀，不知有父子之亲、上下之礼。其地多山水，无耕桑之利，得其人不可役，得其地不加富。况舟师渡海，海风无期，祸害莫测。是谓以有用之民力，填无穷之巨壑也，臣谓勿击便。

对此，《元史》说：

帝从之。

但《新元史》说：

帝弗听。

元已经在高丽屯田，做好出兵日本的准备，不会半途而废。忽必烈没有听从赵良弼的劝告，所以《新元史》的记述是正确的。这也是《元史》多有疏漏的一个实例。

元朝远征日本的时间推迟，是因为三别抄占据南方的海岛，蒙古军渡海危险。赵良弼从日本回国谒见忽必烈的时候，三别抄的最后一个据点耽罗才被攻陷。

渡海远征的所有障碍已经完全消除，元朝在耽罗设置耽罗国抄司，将这个岛屿变成蒙古的直辖领土。耽罗原先是高丽的领土，元朝从高丽夺走东宁府和这个岛屿，建成牧场，作为重罪犯人的流放地。

经过高丽国王的苦苦哀求，耽罗回归高丽是在二十一年后的至元三十一年（1294年）。此时忽必烈说道：

此小事，可使还属高丽。

自然，成为元朝直辖领土的济州岛是远征日本的基地。

这是高丽充满苦难的时期，元朝命令它建造九百艘战船，征集士兵和水手共一万五千人。高丽疲惫不堪，从窝阔台时代到太子倎（元宗）觐见忽必烈朝廷的三十年间，由于一直与蒙古军打仗，国土荒芜破败。臣属蒙古以后，日子也不好过，贡赋的征收苛刻沉重，加上国内连续发生林衍、崔坦、三别抄的动乱，民力根本得不到休养生息。现在又要为元朝备战，即使征调到造船工人，也无法解决他们的吃饭问题。只好向元朝诉苦，仰仗他们的粮食供给。士兵、水手的征集数目也完不成任务，于是请求稍微减少一点。

就在这个时候，1274年五月，世子谌与元朝公主结婚。第二个月，元宗死去，世子于八月即位，即高丽的忠烈王。元朝的远征军是十月出发，正月下令高丽建造战船，可见是夜以继日拼命赶造出来的。监督官名叫洪茶丘，高丽人对他恨之入骨，说他毒如蛇蝎。其实他原先也是高丽人，作为高丽军民的总管将军来到这里。他的父亲洪福源在担任高丽国境守备军队长的时候就投降蒙古，而且还充当向导带领蒙古军侵略自己的祖国。不论什么时代，都会有这样的走狗。洪福源是镇守边疆的将军，在军内的地位不算很高，但由于充当向导有功，受到蒙古的重用。

恰好这个时候高丽王族永宁公綧在蒙古当人质，他非常憎恨这条走狗，最终洪福源因为永宁公的进言被处死。其子洪茶丘对本族同胞高丽人的残酷暴虐简直是登峰造极，因为他内心怀着这样的刻骨仇恨。

不久以后，在元朝第二次远征日本的时候，高丽再次奉命造船，但是向世祖忽必烈恳求千万不要派洪茶丘担任监督官，得到许可。可以想象第一次远征日本的造船监督官洪茶丘是何等的恐怖。

洪茶丘是一种畸形变态者。不仅仅是他，那些早期投降蒙古的高丽军队摇身一变，作为蒙古军进驻自己的故乡高丽以后，大概因为良心自责走向极端的变态，对同胞进行毫不留情的镇压。高丽的忠烈王在第二次远征日本之前向忽必烈请求：如果元军进入高丽，无论是蒙古族的军队还是汉族的军队都可以，就是希望不要派洪茶丘及其部下（早期投降蒙古的）高丽军。

从这些情况可以知道，高丽在为元朝的第一次远征日本做准备的时候吃的苦头不计其数。《高丽史》这样记述督促的严酷：

驿骑络绎，庶务烦割，期限急迫，疾如雷电，民甚苦。

由于督促过于严酷，在造船中难免出现偷工减料的情况。所谓日本的“神风”把元军的船队吹刮得顷刻覆灭，有人认为其实是因为战船本身不结实的缘故。

元军第一次远征日本是在至元十一年，即日本的文永十一年（1274年），日本所谓的“文永之战”。《元史·日本传》只是简练地概述：

冬十月，入其国，败之。而官军不整，又矢尽，惟虏掠四境而归。

《新元史》的记述比较详细，这是柯绍忞（1850—1933年）于20世纪初编撰的，弥补了《元史》的疏漏。他不仅参考魏源等前人的研究成果、拉施特的《集史》等波斯语史料，在论述“元寇”问题上，还使用日本的史料。由于柯绍忞编撰《新元史》的业绩，被日本东京帝国大学授予文学博士的学位。

元军攻占对马、壹岐，博多湾近在眼前。《新元史》这样记述元军在对马、壹岐的所作所为：

肆行杀戮，获妇女以索贯手心，系于船侧。

这段话大概是根据日本资料《僧日莲注画赞》的记述。当时日本方面的记录《历代皇纪》《一代要记》《帝王编年记》《保历间记》《镇西要略》《菊池军记》等各家军记都有“穿掌系于舷”的记述。

蒙古军队在各地肆虐暴行，到忽必烈时代，稍微开明一点，但手掌穿绳悬吊起来的做法也只有蒙古军才会做得出来。柯绍忞编撰《新元史》的时候，正是辛亥革命的高潮时期，被汉族视为异族的满族王朝被推翻。以汉族为中心的民族主义情绪正是飞扬高涨，他们对六百多年前的异族王朝蒙古族也同样怀有敌忾之心吧。柯绍忞在日本的资料中只采用《僧日莲注画赞》的记述，这一点值得关注。

元军攻占博多、箱崎，进而打算进攻大宰府。日本的武士还从来没有遇到过元军这样的集体作战，对这个战法很不习惯。在博多攻防战的时候，日本军退到大宰府。元军使用一种名叫石火矢的、日本见所未见的新武器，战鼓动地，喊声震天，山呼海啸地袭击而来，不仅让习惯于单打独斗的日本武士惊骇万分，连马都受到惊吓。日本方面的战记这样记述：

打鼓呐喊，我马惊跃狂躁。

不过，日本武士勇敢作战，元军也受到很大损失。元军攻占博多、箱崎，火烧筥崎宫，但是心惊胆战地害怕日本军的夜袭。在军事会议上，蒙古将军主张回到船上，避免遭到夜袭；高丽将军主张继续前进，速战速决。最后蒙古总司令忻都拍板定夺，撤回船上，海上遇袭的危险性比较小。

撤到海上的元军虽然没有遭到日本军的夜袭，却遭到台风的袭击，日本称之为“神风”。

官军战船触崖石，多破坏。

急急忙忙赶造出来的船只并不结实，接连沉没，大量士兵溺水身亡，失去战斗能力的残余战船只好往北撤退。元朝的第一次远征日本就这样以失败告终。

但是，元朝并没有就此善罢甘休。其实，元朝第一次远征日本的失败没有受到很大的损失。被神风吹翻的船只都是高丽用自己的资金建造的，虽然因哭诉造船工人没有饭吃，忽必烈供给了一些粮食，但数量有限。远征军的士兵半数是高丽军队，其他虽然名义上也是元军，但除蒙古族之外，还有汉族、女真族的部队。全部舰队和一半的士兵都是高丽人，从人数比例来说，高丽所受的损失最为惨重。

元朝计划第二次远征，最感到恐慌的不言而喻还是高丽，舰队已经全军覆没，必须重建。高丽从迎娶元朝公主的忠烈王那个时代开始，就决定与蒙古结为亲密无间的关系以生存下去，因为没有别的活路。忠烈王亲自改穿蒙古服装，尽管是所谓的一体化，但其实并非忽必烈嘴上所说的那样一视同仁，现实情况是给高丽加上更沉重的负担。

第一次远征失败的第二年，元朝任命礼部侍郎杜世忠和兵部侍郎何文著为正、副使节到日本表示通好，他们抵达长门的室津。以前的使节都是去九州的大宰府，大宰府才真正是日本对外关系的正式窗口。可是，以前去大宰府都没有取得成果，这一次便打算去京都或者镰仓直接会见首脑。他们倒是如愿到了镰仓，却被当时的执权北条时宗在龙口斩首。龙口位于江之岛对岸，是当时的刑场。龙口是法难之场。据说日莲[1]即将被斩首的时候，突然满天白光闪耀，行刑人惊恐万状，无法执行。四年之后，杜世忠在日莲幸免斩首的地方被处死。

流放到佐渡的日莲获赦后于文永十一年三月来到镰仓，别人问他蒙古侵犯的时间，他预言说“今年一定”，然后于五月去身延山隐居。十月，果然蒙古来犯，日本由于神风躲过了这场危难。杜世忠被斩是在第二年的九月。

不知道当时的国书说了什么无礼的话，杀使节是非同寻常的举动。镰仓幕府断然采取这样的行为，一定做好了思想准备，动员家臣，命令九州、四国的海岸线加强戒备。

元朝好长一段时间不知道自己的使节在日本被杀，还一直等待着日本方面同意归顺的回复国书。元朝并不认为第一次远征日本失败，至少已经占领博多和箱崎，况且元军并不是被日本军击退，而是根据总指挥的命令夜间回到船上，结果遭遇台风，这是由于不可抗力，不是战败。

杜世忠在日本的龙口被杀的时候，元朝正出兵伐宋。南宋的安庆府知事范文虎（贾似道的女婿）投降，元将军伯颜进入建康府（南京）。战场已经转移到江南地区，元朝正倾注全力与南宋作战，自然推迟对日本的远征。

第二年，至元十三年（1276 年）三月，元军进入临安（杭州），南宋的三宫被迫北迁。后来文天祥坚持开展游击战争，至元十六年（1279 年）二月，奉戴幼主的南宋军的抵抗在广东崖山彻底失败。《新元史》在这一年的二月甲申日项中这样写道：

---

① 日莲（1222—1282 年）：日本镰仓时代的僧人，日莲宗的创始者。认为一部《法华经》即可拯救末世。1253 年开创日莲宗，曾向幕府上呈《立正安国论》，被发配到伊豆。获赦免后仍继续批判幕府以及其他佛教宗派，因此险遭斩首于龙口，后改为流放佐渡，免刑后隐居甲斐身延山。——译注

放江淮、湖南、江西、福建造战船六百艘以征日本。

看来已经开始远征的准备，上述四省是南宋灭亡后成为元朝疆土的地方。

元朝的第一次远征只是把负担加在高丽身上，第二次远征也就可以强迫先前的南宋承受造船和征兵的负担。

南宋的军队并没有毁灭，在南下的元军闪电般的攻势下，范文虎等很多南宋将领投降，他们的军队没有受到很大的损失。如果这些军队起来反对蒙古，问题就异常严重。第二次远征日本的时候，蒙古士兵已经习惯于水战，而且也投入了前南宋的军队，但是元朝的真正意图似乎要把前南宋的军队抛弃在大海彼岸。一旦占领日本，就实施屯田计划。

这一年六月，前南宋的降将范文虎派周福、栾忠来日本，向日本通报南宋已经灭亡的信息，并且劝说日本归顺元朝乃为上策。大概元朝以为由前南宋旧臣劝说具有说服力。这两个使节到达大宰府，日本的幕府命令就地斩首。

可怜的周福等人出发前来日本以后，元朝才得知四年音信不通的杜世忠等原来已被斩首。杜世忠所乘坐船只上的高丽水手后来历尽艰难逃脱出来，向高丽报告这个情况。高丽立即向元朝报告，于是元朝又命令高丽像上一次那样建造九百艘战船和征集部队。

在元朝第二次远征日本的时候，高丽国王忠烈王积极主战。远征日本对高丽人民造成巨大的痛苦，高丽国王为什么还要高唱主战论呢？

无论高丽王是否主战，都不会对忽必烈的决策产生影响，高丽注定要被卷入远征日本的作战中。既然如此，与其让元朝拿着鞭子逼迫自己像奴隶一样为他国而战，还不如自己积极主张征日，当作为本国而战。对元朝的这一场远征采取积极协助的态度，大概会稍微提高自己的附属国地位。对这个身穿蒙古服装、留着蒙古的开剃（剃发）、娶蒙古皇女为妻、成为元朝皇族一员的高丽忠烈王，也许有人认为他是民族的叛徒。然而，如果冷静地考虑一下，正因为忠烈王采取亲蒙古的政策，才营造出对高丽有利的政治环境。

在高丽参战之前，忠烈王入朝元朝廷，直接向忽必烈提出高丽军队享受与元朝军队同样的待遇、限制对高丽怀有敌意的洪茶丘的权限等要求。忽必烈几乎完全满足忠烈王的希望，授予“驸马国王”的宣命。驸马，就是皇帝的女婿。忠烈王从而成为元朝的皇族成员，同时还被任命为征东行省中书左丞，具有军队的指挥权。

第二次远征日本的军队，从高丽出发的四万东路军和从庆元（浙江宁波）出发的十万江南军于六月十五日在壹岐会师。江南军自然就是前南宋的军队。

东路军和前一次一样，还是忻都、洪茶丘率领的元军与金方庆率领的高丽军的混成军，于五月三日从合浦出发，如果预定六月十五日会师的话，这个出发日期太早。东路军在巨济岛停留一段时间后，进击对马，扫荡对马的日本军，然后进军壹岐，而且不等江南军的到来，于六月六日独自进入博多湾。这显然是争抢头功。然而，这一次距离第一次的侵犯已有五年，日本方面还把元朝的使节斩首，所以已经做好决一胜负的准备，构筑坚固的石堡垒，增强军队。元军登上志贺岛、能古岛，觊觎本土，日本军勇猛反击，出动小舟袭击敌军战船，双方展开激烈的战斗。时值夏季，元军士兵发生瘟疫，而且与江南军会师的日期临近，于是元军舰队暂时退到壹岐。

但是，江南军没有按时到达壹岐，这支部队的司令是阿剌罕和降将范文虎。临出发前阿剌罕忽患重病，匆忙换将，改由阿塔海替换阿剌罕。由于出现这个意外，延误了出发日期。另外，后来又根据情报，认为会师地点平户岛比壹岐更合适，于是急忙变更。向东路军通知会师地点变更的先遣船队由于航线差错，误到对马，结果延误时日，好不容易才与东路军取得联系。

江南军于六月十八日从庆元出发，六月末抵达平户岛，与从壹岐过来的东路军会合。元军在平户休整将近一个月，侦察日本方面的动静，研究作战方案，于七月二十七日开始行动，占领鹰岛。战斗开始，元军凭借优势准备登陆本土。

然而，七月三十日，台风进入北九州地区。第二天七月一日（这一年闰年，两次七月），狂风暴雨，成为所谓的“神风”。这是日本方面的史料记录。镰仓时代的日本与元代的历法不同，元代是八月闰月，所以按元朝计算，应该是八月一日。元的战船在狂暴肆虐的台风中翻覆沉没，众多官兵溺水而死。以杜撰而臭名昭著的《元史·日本传》记载只有三名生还者，但《世祖本纪》记述道：

十存一二。

就是说，生还者有一二成。同样是《元史》的《阿塔海传》说“丧师十之七八”。包括水手、杂役等，共计大约二十万人，生还者三四万，这应该是真实状况。《高丽史》记载高丽军的生还者为一万九千三百九十七人，所以江南军的生还者比例要低得多。

从人数来说，江南军大约是东路军的两倍半；从战船来说，东路军九百艘，而江南军是大约其四倍的三千五百艘。这是因为江南军的战船都是小型船只。元朝命令江南四个地方造船，除福建外，其他三个地方大体都是江河，不擅长制造海上远洋船。而且刚刚被元朝灭亡的南宋恐怕也不会不折不扣地服从元朝的命令，造船的时候，偷工减料比高丽有过之而无不及。这种偷工减料其实是反抗元朝的一种表现方式，然而可悲的是，其结果却让众多前南宋的官兵丧失性命。

日本军趁此机会，对元军进行反击，据说俘虏二三万人。这些俘虏被带到博多，只有前南宋的官兵幸免一死，分配给家臣当奴隶。蒙古人、高丽人、女真人、汉人（曾经是金国疆土的华北地区的人们）全部被杀。

这一年是日本的弘安四年（至元十八年，1281 年），所以日本史称“弘安之战”。

两次远征日本失败，但忽必烈还是不死心。两次都不是败于日本，而是台风倾覆战船。蒙受战争损失的是建造战船、征集兵员的高丽和中国江南地区，元本身并未遭受沉重的打击。

远征日本导致高丽和江南疲惫贫困，也许元朝反而觉得这是好事，这样它们就失去反抗的力量。然而，不能不说元朝的想法过于天真，江南地区的反抗运动此起彼伏。

第二次远征日本失败的第二年，忽必烈再次命令高丽建造战船，恢复征东行省，忠烈王任左丞相。这个时期，江南地区的叛乱风起云涌，元朝只好暂时搁置远征日本的计划。

忽必烈数次计划远征日本，但最终都因为各种原因未能实施。至元二十年（1283 年），广东、福建发生叛乱，元朝只好将为远征日本而征集的部队用于镇压造反军。

第二年，阿塔海率领一万多部队南下镇压占城（越南南部）的叛乱，但同样遭遇暴风雨，只好撤回。阿塔海率领的部队其实也是为远征日本而征集的队伍。

不仅占城，越南北部的交趾也发生叛乱。交趾顽强抵抗元朝的镇压，加上蒙古皇室出现内讧，迫使元朝无法实施攻打日本的远征计划。

至元二十一年（1284 年），王绩翁毛遂自荐要去日本劝其归顺。前面说过，这个王绩翁当年最热心地劝说文天祥投降，曾担任南宋和元两朝的兵部尚书。

先前两次派往日本的使节都被斩首，随行人员极其恐惧，在一行到达对马以后，将王绩翁杀死。

忽必烈至死也没有放弃远征日本的计划。他死于至元三十一年（1294 年），前一年还命令高丽建造战船，准备远征。忽必烈离世之后，元朝才取消远征日本的国家方针。

日本的赖山阳[①]（1780—1832 年） 写有一首著名的元军远征日本题材的《蒙古来》诗歌，与模仿文天祥的《正气歌》创作的藤田东湖的《正气歌》一道，为幕府末期的志士所喜爱。

筑海飓气连天黑，蔽海而来者何贼。
蒙古来，来自北，东西次第期吞食。
吓得赵家老寡妇，持此来拟男儿国。
相模太郎胆如瓮，防海将士人各力。
蒙古来，吾不怖。
吾怖关东令如山，直前斫贼不许顾。
倒吾樯，登虏舰。
擒虏将，吾军喊。

① 赖山阳：江户后期的儒学家、历史学家、汉诗诗人、书法家。性格豪放，游历各地，与文人墨客交往。其著作《日本外史》对幕府末期的历史观产生巨大影响。著作还有《日本政记》《日本乐府》《山阳诗钞》等。——译注

可恨东风一驱附大涛，不使膻血尽膏日本刀。

一般都把神风视为天佑神助，这首歌却说“可恨”，这正是气壮如牛的志士们所喜欢的理由。

藏在苏州古寺的井底长达三百五十五年的《铁函心史》中有这样两首题为“元贼谋取日本”的七绝：

一

涉险应难得命还，倭中风土素蛮顽。
纵饶航海数百万，不直龙王一怒间。

二

海外东夷数万程，无仇于鞑亦生嗔。
此番去者皆衔怨，试看他时秦灭秦。

前面说过，明末发现的《铁函心史》是一篇激进的反蒙古的文集。由于汉族的民族意识过于强烈，以至于非汉族王朝的清代也视其为危险品，列为禁书。但世间还是流传有几种刊本。日本于文久三年（1863年）也由保冈氏影印。清末的梁启超（1873—1929年）于光绪乙巳年（1905年，明治三十一年）重印《铁函心史》，在序中说自己读古人文章诸多，却未如本书震荡人心。

如果《铁函心史》不是伪作，那么生于杭州、主要居住在江南地区的郑思肖，就是元朝第二次远征日本时江南军队出发的目击者证人，他的记述应该值得关注。《铁函心史》有这样一段话：

辛巳六月半，元贼由四明下海，大船七千只，至七月半，抵倭口白骨山，筑土城驻兵对垒。晦日，大风雨作，雹大如拳，船为大浪掀播沉坏，鞑军半没于海，船仅回四百余只。二十万人在白骨山上，无船渡归，为倭人尽剿。

辛巳是1281年，四明是宁波，晦日是七月三十日，鞑军指的是蒙古军。连《元史·日本传》都说“十万之众，得归者仅三人”，而露骨的反蒙古的“铁函心史”却说四百多艘战船回来。这也是我认为《铁函心史》是真品的根据之一。

《元史》的记述多有混乱之处，但生还者仅三人这种令人震撼的写法一定强烈地铭刻在人们的脑子里。因此甚至在20世纪编撰的、可信度很高的《新元史·范文虎传》中也采用这个“生还者仅三人”的观点。《元史》里没有范文虎这个重要人物的传记。

明末好异之徒，作以欺世。

这是认定《铁函心史》系伪作（《四库全书总目提要》《续文献通考》等）的结论。如果这样的话，当时《元史》已经问世，而且明代文人必读的笔记《五杂俎》里也有“阿剌罕等率师十万往征，得返者三人耳”的记述。就是说，“生还者仅三人”在明末已经成为大家的共识，那么激烈的反蒙古的代表性人物的文章不采用这个观点，令人无法信服。另外，《元史》将士兵逃避的岛屿称为“五龙山”，这是日本的鹰岛，元军给它起的名字叫“五龙山”，但是《铁函心史》称之为“白骨山”。这肯定是远征军士兵对这个岛的俗称。如果《铁函心史》是伪作的话，应该参照文献使用正式的名称，所以强烈感觉《铁函心史》是作者即使不是从生还者直接听到，也是根据世间传闻而记述的第一手资料的文章。

郑思肖有一首题为《元鞑攻日本败北歌》的长诗。前面介绍过马可·波罗的日本观，这首长诗的开头表达元代的江南人典型的日本观：

东方九夷倭一尔，海水截界自区宇。
地形广长数千里，风俗好佛颇富庶。
土产甚伙并产马，舶来中国通商旅。

之后叙述元朝远征日本的败北，结尾是：

翻身鼓掌一笑时，万古万古万万古。

色目人种种

1981 年 7 月，在长崎县鹰岛南岸发掘出蒙古的官印，新闻媒体也进行大量的报道。这无疑是元朝时候的蒙古军的遗物。这枚官印刻的是八思巴文字。

蒙古人在成吉思汗时代之前没有文字，迫于记录的需要，就使用当时的表音文字回文。《元朝秘史》也是使用这种文字记述。然而，已经成为世界级君主的蒙古人还只能借用其他民族的文字，这是自尊心所无法容忍的。党项族一创建政权就创造西夏文字，契丹族一建立辽王朝就创造新的契丹文字，女真族一建立金王朝就创造女真文字。虽说是以汉字为范本，但无疑都是自己的文字，绝非借用。蒙古人基于同样的想法，命令西藏僧人八思巴创造新的文字。

八思巴是“圣者”的意思，他本名洛哲坚赞，生于西藏的名门，据说七岁时能诵读数十万言的经文，而且大体明白其意。西藏人尊其为圣童，称之为“八思巴”。关于他的生年，诸说纷纭，但大体在 1235 年至 1239 年之间。八思巴十五岁会见当时尚未即位的忽必烈。忽必烈对这个神童极为尊敬，一即位就封他为“国师”，委托他创造一直悬而未决的蒙古文字。

虽说是新的蒙古文字，正如西夏文字以汉字为范本一样，八思巴文字其实是以西藏文字为母体。他将横写的西藏文字改为竖写，字体变成方块形。至元六年（1269 年），新文字颁布，规定以后国家的正式文件的正文必须使用这个文字。这是在定国号为“元”的两年前。

八思巴尽管是一个天才，可是他创造的文字很不方便，棱角突出，不能快写，因此几乎没有实用价值。但是，这是国家规定的正式文字，所以必须将译成蒙古语的中国古典文献再以八思巴文字表记。圣谕、公文等正文必须使用八思巴文字，可是谁也看不明白，只好阅读回纥文表记蒙古语或者译成汉语的附件。谁也看不懂的文字出现在所有的公文中，造成大量人力、物力的浪费。不过，与花费在远征日本的人力物力相比，这大概算不了什么。八思巴文字是方形的书体，倒是适合于雕刻印章、石碑。曲阜的孔庙石碑上也刻有八思巴文字。

八思巴文字的存在仅仅是为了满足蒙古人的民族自尊心。

蒙古人是平时过着以部族为单位的集体生活的游牧民，所以对家系极为关心。这种关心体现在将自己放在最优先的地位，对其他民族采取歧视的态度。元这个国家也是蒙古人的地位最高，然后是色目人。色目是“各色名目”的意思，指的是蒙古族以外的从游牧民到西域人的西部民族，也包括马可·波罗这样的欧洲人。再下来是汉人，但这个“汉人”不是汉民族的意思，而是指金国时代居住在中国北方的人们。最后是前南宋的人民，称为“南人”，属于最下层。《马可·波罗游记》中经常出现的“蛮子”，指的就是南人。

也由于南北风土相异的因素，在长达一百五十年的时间里，汉人就生活在其他民族政权的统治之下。至于燕云十六州的人民，从五代开始就脱离中原政权，其间相隔三百多年。所以，虽然同是汉族，区别对待也不是没有道理。不过，将汉族分为汉人和蛮子区别开来可以说是元朝实行统治的良策。蒙古族毕竟是少数民族。如果占国民绝大多数的汉族团结起来共同反抗蒙古族，胜负可想而知。不让汉族团结起来，这是蒙古族政权最好的政策。

向蒙古族政权提出这个政策建议的肯定是色目人，他们在这个政权中处于有利的地位。唐朝也是世界帝国，但外国人要想在军界、艺术领域崭露头角，要经过与汉族的竞争，绝无特权可言。然而，色目人在元朝的待遇优于汉族，只有蒙古族政权的存在，他们才能成为这样骑在汉族头上的特权阶级。所以他们绞尽脑汁献计献策，为的是希望这个政权永久存在下去。

色目人尤其在经济领域发挥着出色的作用，中亚的索格达纳人（栗特人）自古就是著名的天才的商业民族。而游牧民族蒙古族在经济方面是外行，所以在元朝政权里，色目人可以弥补蒙古族的短处，受到重用。

色目人官员的代表性人物大概是阿合马，《马可·波罗游记》中名为“Acmat”。

阿合马恣肆专权，汗对他极为信任，言听计从，所以无人敢违背他的意图，地位再高、权势再大的人也惧怕他。只要阿合马上奏某人其罪当诛，不管本人如何辩解自己一身清白，最终汗也不会听到。由于无人胆敢违抗阿合马的意志，因此根本找不到愿意为自己作无罪辩护的人。为此阿合马杀害不少无辜者。岂止如此，貌美的女人，一旦被他看上，无论如何最终都会把她弄到手。①

来自威尼斯的外国人马可·波罗于杭州沦陷的至元十二年（1275年）来到上都。这个时候正是阿合马的鼎盛时期。元朝第二次远征日本失败后的第二年（1282年），阿合马被王著、高和尚谋杀。十年后的至元二十九年（1292年），马可·波罗离开中国。在忽必烈的朝廷当官的马可·波罗自然见过同样是“色目人”的阿合马。阿合马死后，马可·波罗一定听到有关阿合马的许多事情。上面记述的内容应该基本符合事实。

阿合马是一个口碑很坏的人，《元史》把他放在《奸臣传》里，极其冷淡地寥寥一句：

阿合马，回纥人也，不知其所由进。

那个时代，回纥与回回经常混淆，《元史》也犯这样的错误。另外，《元史》说他来历不明，其实拉施特的《集史》基本判明了阿合马的“其所由进”。

《集史》称他为阿合马·费纳喀忒（即费纳喀忒的阿合马）。费纳

① 阿合马恣肆专权……弄到手：这段话转译自平凡社出版的爱宕松男翻译的日文版《东方见闻录》。——译注

喀忒位于塔什干西南部，锡尔河的右岸。阿合马是伊朗人后裔。其经历也基本了解，他原先是弘吉剌部族首领按陈（亦称阿勒赤）的家奴，大概是管理领地以及家庭事务的执事。按陈的女儿察必嫁给忽必烈的时候，阿合马作为“媵臣”进入朝廷，从而逐渐得宠。

察必被册立为皇后，她就是那个对南宋皇族表示同情的、性格善良的贞懿皇后。阿合马的工作才能很快得到赏识，中统三年（1262 年）被任命为中书省左右部，这是宫廷内部事务与财会的负责人。史料记载，阿合马在前一年曾清点燕京万亿库的诸色物资，兼任太仓使。这个职务虽说是仓库主任，但是他发挥出色的管理手腕，使得各个仓库物资充足。忽必烈看中的正是他的才能。

忽必烈虽然是开国英主，但赵翼在《廿二史札记》评价他重利：

然其嗜利黩武之心则根于天性，终其身未尝稍变。

忽必烈对这个像魔术师一样获取利益、充实国库的阿合马十分信任。至元三年（1266 年），为了提拔他，特地设置一个制国用使司的职位，不久升格为尚书省。这样，阿合马就摆脱中书省的监督，与中书省平起平坐。五年后，尚书省与中书省合并，阿合马成为事实上的独裁宰相。

虽然阿合马的横行霸道无以复加，但是他兴办炼铁产业、增加盐税、进行户籍调查、对药和茶实行国家专卖或者课税，从而大大增加国家收入，使忽必烈大为满足，认为其他人无法取得这样巨大的成绩。

国库充盈，阿合马个人的财产自然也随着不断膨胀，他甚至掌握人事大权，对他行贿的人络绎不绝，门庭若市。正如《马可·波罗游记》所记载的那样，一旦被他盯上，必死无疑，不少秦长卿这样的人被他关进监狱而死。

元朝讨伐南宋、远征日本，有多少钱都不够花，忽必烈似乎觉得没有阿合马，这个国家就无法运转。阿合马的确具有出类拔萃的理财手腕，在元军伐宋南进的时候，多数人主张对占领地流通的南宋会子全部予以拒付，阿合马力排众议，强行采取会子可以兑换元的纸币的政策，虽然一时增加国库的支出，但避免了占领地区的经济混乱，元的纸币政策得以顺利实施，应该说大有裨益。

阿合马具有敏锐远大的眼光，以经济家的眼光观察事物。他的政策是重商主义，西域的色目人通过阿合马的政策获得巨大的恩惠。但是，他的政策脱离了中国的传统，绝大多数国民是农民，农本主义历来都是政治的核心。按照阿合马的政治，农民的存在只是为国家承受重税的负担，对国民的残酷的榨取达到“不遗纤屑”的程度。《廿二史札记》说：

天下之人无不思食其肉。

不仅是农民，坚持农本主义传统的汉人大臣也憎恨阿合马。他的横行霸道发展到民族对立的倾向，激起义愤。

益都千户王著与高和尚密谋，用大铜锤击杀阿合马。他们派人通知阿合马，伪称皇太子从上都回到大都（北京），让他前去侍奉，诱骗他来到东宫。

据说忽必烈在阿合马死后从宰相孛罗那里第一次听到他为非作歹的罪行，大为震怒。王著虽然被处死，但忽必烈说“王著是对的”，掘开阿合马的墓穴，剖棺戮尸于通玄门外，让狗食其肉。

阿合马虽然被杀，但是元朝实行的是没有阿合马的阿合马政策，既然世祖嗜利，只能继续榨取人民的政策。

阿合马也是继承其前任的衣钵，掌控蒙古征服王朝的财政大权。太宗窝阔台时代，一个名叫奥都剌合蛮的色目人负责财政，打算实行“七两包银制”。这个人与其说是一个财政官员，不如说是征税承包人，他许诺自己可以将年收入银两万两千锭的税金翻一番，增加到四万四千锭。他得到窝阔台的皇后脱列哥那的信任，通过这条途径受到重用，可以说与阿合马走的是同样的路子。所谓七两包银制，就是在原先每户缴纳八两丝料的基础上，加上七两银。当时一两相当于37.3克。

这个强制性的税制不仅遭到耶律楚材的反对，也引起河北汉人诸侯的反对。天下刚刚稳定，本来应该减轻经受动乱的人民的负担，让他们休养生息，如今反而加重人民的负担，不合情理。窝阔台死后，皇后摄政，奥都剌合蛮的权势更加强大，但是由于耶律楚材在朝廷坚决反对，这个七两包银制终于未能实施。耶律楚材在皇后摄政第三年死去，此后由于具有实力的汉人诸侯的反对，也无法实行。太宗窝阔台死后五年，定宗贵由即位，奥都剌合蛮才失势被诛。

奥都剌合蛮失势后，被他整倒的政敌牙老瓦赤上台，对前任的方案修修补补，改为六两包银制予以实施，但在他失势以后，变成四两包银制。大概因为人民负担过重，难以实施，遭到汉人诸侯强烈反对的缘故吧。

关于包银制，安部健夫①有一篇极为详细考证的论文《元时代包银制的考究》。可以看出，游牧生活的蒙古族成为汉族土地的统治者还缺少管理财政的能力，但出于自尊心和猜疑心，又不能交给汉族管理。色目人处在蒙古族与汉族之间，所担任的角色有时候居间周旋，有时候中间榨取。

阿合马死后，罕见地由汉人卢世荣负责财政。他曾经贿赂阿合马，当上江西榷茶运使，似乎有茶叶专卖的经验。阿合马死后，世祖忽必烈采取严厉的处罚措施，廷臣们个个胆战心惊，不敢论及财政，害怕被怀疑为阿合马的同伙，噤若寒蝉。《元史》这样记述道：

阿合马死，朝廷之臣讳言财利事。

虽然廷臣缄默不言，但国家财政一天都不可马虎大意，总得有人来管。这时候一个名叫桑哥的人推荐卢世荣。桑哥后来继任卢世荣负责财政，也许他本来就只是将卢世荣作为过渡人物。卢世荣果然在大约一年之后失势被杀，桑哥受到重用。卢世荣使用的全是阿合马的一班人马，这恐怕也是桑哥的唆使吧。

桑哥原先是喇嘛僧侣，瞻巴国师的弟子，据说通晓各国语言，曾任总制院使，总管佛教、西藏的事务，所以原先是文化教育领域的人，与财政无关。《元史》没有明确记载桑哥的出生地，但多桑的《蒙古史》说他是回纥族。桑哥担任尚书右丞相，垄断实权，一手遮天，实行增税政策，为忽必烈的远征各地筹措军费。在人事方面也具有强有力的发言

---

① 安部健夫（1903—1959 年）：日本东洋史学家，在研究中亚史、蒙元史和清代史方面深有造诣。曾任京都大学人文科学研究所所长，组织“元典章研究班”和“雍正朱批谕旨研究班”。著有《元时代包银制的考究》《西回纥国史的研究》《东回纥帝国的崩溃及其西迁》《元代史的研究》等。——译注

权，和阿合马一样，受贿卖官鬻爵。他还给自己树碑立传，建立歌功颂德的“桑哥辅政碑”。由于专横暴虐过度，结果有人出来弹劾，他本打算镇压反对派，通过本派的力量巩固自己的地位，但失去忽必烈的信任，被诛。元朝政府采取增税、镇压的政策，遭受最大痛苦的是淮河、长江流域的南方人民，因为是富饶的地方，榨取尤为严重，人民怨声载道，大概朝廷也有所闻吧。

桑哥辅政碑被推倒，他的派系受到惩罚，桑哥在江南地区的代理人乌马儿等同党全部被诛，弃于市，家产被没收。《元史》记载：

天下快之。

并非所有的色目人都是坏家伙。色目人尤其在东西方文化交流中所发挥的作用应予以高度的评价，这当然要包括以一部《马可·波罗游记》向欧洲人介绍东方情况的马可·波罗。

读《马可·波罗游记》，可以知道他通晓蒙古语和波斯语，但完全不懂汉语。他能够在中国居住生活十七年，因为存在有色目人的社会，只要和他们在一起生活，不懂汉语也不会感觉不方便。根据本俗法，色目人可以按照自己出生地的风俗习惯生活。鉴于北魏等北朝被汉文化同化的历史教训，元对汉化极其神经过敏，不仅对蒙古族，对色目人也不允许汉化。色目人拥有自己的传统文化，蒙古族希望他们以此抵制汉文化的影响。蒙古族自身缺少文化免疫性，所以打算以色目人作为防洪堤，阻挡汉文化同化的波涛，保持本民族固有的活力。

政策归政策，还是有色目人被汉化，或者在汉文化中留下自己的足迹。例如萨都剌，他出身于信奉伊斯兰教的答失蛮部族，却留下八卷诗文集《雁门集》。这当然是汉诗文，在中国文学史上，他是这个时代的代表性文人。萨都剌字天锡，号直斋，长期居住在杭州，可以想象他过着与汉人毫无二致的生活。九月九日重阳节，伊斯兰教徒的习俗中没有这个节，但萨都剌写有题为“客中九日”的吟咏重阳节的诗歌。

佳节相逢作远商，菊花不异故人乡。
无钱沽得邻家酒，一度孤吟一断肠。

如果是说自己，那么他是作为商人去游行，但他进士及第，应该视为官员游行吧。鲁迅喜欢阅读萨都剌的诗歌，他的散文集《野草》中《腊叶》这篇文章的开头这样写道：

灯下看《雁门集》，忽然翻出一片压干的枫叶来。

不知道萨都剌诗歌的哪些地方打动鲁迅的心，但对他的诗歌的评价是有清气，生动地表现出元这个时代的特色。萨都剌还擅长填词，乐府也很出色。他把自己的文集命名为“雁门集”，是因为祖父以战功担任雁门的长官。雁门自古就在北地之尽头，以与匈奴交战之地而著称。也许因为萨都剌出身北地、生活江南的缘故，感觉北人的慷慨激昂与南人的细腻婉约在他的诗歌中浑然一体，也许鲁迅正是为此而感动于心吧。下面介绍萨都剌的一首《燕姬曲》：

燕京女儿十六七，颜如花红眼如漆。
兰香满路马尘飞，翠袖短鞭娇欲滴。
春风澹荡摇春心，锦筝银烛高堂深。
绣衾不暖锦鸳梦，紫帘垂雾天沉沉。
芳年谁惜去如水，春困着人倦梳洗。
夜来小雨润天街，满院杨花飞不起。

自古以来就有人认为，萨都剌其实是汉人，故意取一个色目人的姓名。持这种观点的人也许觉得他的诗文实在曲尽其妙，作为色目人有点可惜。

擅长汉诗文的元朝色目人还有丁鹤年。姓名像是汉人，但自称西域丁鹤年，其曾祖父阿老丁、弟弟乌马儿都是元朝初期的巨商，祖父苫思丁、父亲职马禄丁都是地方官。世世代代的汉字姓名的最后一个字都是“丁”，所以丁鹤年就拿它作为自己的姓吧。《元史》未见丁鹤年的名字，出现在《明史·文苑传》里。丁鹤年三十三岁时元朝灭亡，所以他的成熟的文学活动是在明朝。从这个意义上说，他是明代诗人。如果没有元这个王朝，大概也不会有他这个色目人的汉诗文作者，如此说来，他无疑又是元代诗人。

《明史·文苑传》说他是回回人。丁鹤年是造诣精湛的儒家学者，十七岁通晓《诗经》《书经》《礼记》，受到大儒周怀孝的赏识。他在作品中经常说自己是“落魄乾坤一腐儒”。马祖常、阔里吉思是元代著名的儒者，但他们在宗教上信仰基督教。丁鹤年不仅仅是儒者，还进入佛教领域，这显然与伊斯兰教徒相抵触。他把自己的居室命名为“逃禅室”。他的诗集中收入不少与佛教僧侣唱酬的诗歌。下面这首诗题为《卧病逃禅室柬诸禅侣》：

高秋多病客，古寺寄黄昏。
野迥常疑虎，天寒早闭门。
离愁灯下影，乡泪枕边痕。
赖有诸禅侣，情亲似弟昆。

色目人在元朝受到优厚的待遇，元末各地发生动乱，不仅蒙古人，色目人也成为报复的对象。也许丁鹤年是为了躲避汉族的报复，装出接近佛教的样子，以淡化自己的色目人色彩吧。在元末动乱中，丁鹤年的姐姐丁月娥（葛通甫之妻）守节投水自尽。《明史·烈女传》第一篇就讲述她的事迹，她的行为应该是遵从中华的礼教。

虽然蒙古政权极力警戒汉化，但汉文化不仅在表面上，更潜移默化地逐渐浸透到人们的精神深处。西域人所说的中华文化不仅表现在诗文、儒学、佛教上，也在书法、音乐、绘画等领域大放异彩。1935 年陈垣出版八卷本的《元西域华化考》，陈寅恪为其作序。我撰写这一章，参考的正是这部书。

《元西域华化考》是极其缜密精湛的研究论文，是一项优秀出色的学术研究成果。这部著作是在中国的抗日战争前夕完成的，我怀着感动的心情阅读。这是一个面对列强，尤其是邻国的侵略而民族主义情绪高涨的时代，东三省已经沦陷，华北地区危在旦夕。在这样的时代，中国人自然会想起被异族统治的元代。对于汉族来说，那的确是屈辱的时代。然而，即使在个时代，汉文化依然具有坚韧的生命力，对西域人进行“华化”，想到这些，作者无比自豪，所以加以考证，向自己的同胞显示本民族文化的力量。我仿佛从字里行间听到作者向同胞们发出的“自古以来就是如此”的充满自信的声音。

我在前面讲述色目人的诗人，现在谈一谈作为政治家经常出现的耶律楚材的诗歌。

耶律楚材不是色目人，他是建立辽王朝的契丹族耶律氏的后裔，其祖先臣服女真族创建的金王朝，成为金国的政府高官。到耶律楚材这一代，金国灭亡，他就仕于元朝。

耶律楚材向具有破坏文明倾向的蒙古征服者耐心地阐述文明力量的功绩十分巨大。要是没有他的“教诲”，不知道蒙古人会毁灭多少人类文明。成吉思汗对儿子窝阔台说：“此人天赐我家，而后国君庶政当悉委之。”受到蒙古政权重用的非汉族未必一定就是色目人，在蒙古看来，契丹族、女真族、高丽族等这些东方各民族都是“汉人”，色目人就是西方的非汉族的意思。

耶律楚材跟随成吉思汗参加西征，他的诗文集《湛然居士集》十四卷可以说是元代文学的精华。我们对其中的有关西征的作品尤感兴趣，因为所吟咏的地方是以前中国诗文中所没有的西域各地。下面介绍这首题为《庚辰西域清明》的七律：

清明时节过边城，远客临风几许情。
野鸟间关难解语，山花烂熳不知名。
葡萄酒熟愁肠乱，玛瑙杯寒醉眼明。
遥想故园今好在，梨花深院鹧鸪声。

清明节是二十四节气之一，在阳历四月五日左右。这是按照中国历法的中国节，这一天的各种活动自然是中国的风俗习惯。这个季节，漫长的冬天已经过去，山峦野外春意盎然，嫩绿清雅。人们成群结队到郊外踏青，尽情欣赏春光。当时坟墓也在郊外，所以清明踏青也兼带扫墓。正因为这样的风俗，清明又称为“扫墓节”。从萨都刺的诗中可以知道，色目人也按照中国的风俗习惯过重阳节。耶律楚材虽然是契丹族，但是被蒙古族归于汉人这一类。他在西域适逢清明节，自然思念自己的故乡。

诗中的“葡萄酒”“玛瑙杯”具有浓郁的异国情趣。他的思绪飞向遥远的故乡。

两年后的清明节，耶律楚材在西域的河中游春。所谓河中，就是锡尔河与阿姆河之间的富饶的土地，现在的乌兹别克共和国撒马尔罕。当时他写有题为“壬午西域河中游春”的七律十首，下面是其中之一：

异域春郊草又青，故园东望远千程。
临池嫩柳千丝碧，倚槛夭桃几点明。
丹杏笑风真有意，白云送雨太无情。
归来不识河中道，春水潺潺满路平。

像耶律楚材这样的一部分汉人前往西部，开阔视野，而西部的色目人带着自己的文化来到东部，元这个时代的最大意义就在于此。

无法割断的文化传统

在中国历史上，元朝是一个异常的时代，可以说是“历史之变”。非汉族的征服王朝统治全中国始于元朝，在这个时代，中国人有很多第一次体验。第一次体验是宝贵的，虽然是一个屈辱的时代，但并非没有任何好处。有人认为，这个时代搅动一潭浑水，从而避免了腐败；也有人认为注入新鲜血液，使中国恢复了国家的活力。

这是一个狂飙突起的时代，野蛮的力量奔向东方奔向西方，随着这种可怕的力量的奔腾，东西方的文化交流从来没有像元这样繁荣兴盛。

陈垣的《元西域华化考》专门考证、阐述西部来的人如何在中国受到文化影响。反过来说，如果论述中国受到西方文化的影响，写出来也一定汗牛充栋。除了直接的影响外，如果算上受到启发的创新，那更是无边无际，浩如烟海。

精神刺激——莫如说是受到精神打击的是，自汉武帝时代获得“国教”地位以后从未发生任何动摇的儒教不再受到尊敬。也许是元朝的有意识的作为，对儒学不但不尊敬，甚至采取轻蔑的态度。

前面谈到民族歧视，由于奉行蒙古至上主义，政府机关的领导几乎清一色的蒙古人，第二位是色目人。当年金国统治下的汉人、契丹人、女真人等成为第三位的汉人。而南宋统治下的汉人被称为南人，处于最底层，南人被蔑称为蛮子。

其实在蒙受欺辱蔑视的汉人里面也还有身份的差别。虽然不是正式的史料记录，但根据当时的笔记记载，汉人分为十等，其顺序如下：

一、官；　二、吏；　三、僧；　四、道；　五、医；

六、工；　七、匠；　八、娼；　九、儒；　十、丐

儒者在娼妓之下，乞丐之上，实在是可悲的身份。

当然，排在前面的官、吏、僧、道、医也属于儒家体系的学问人，但是特地把儒划成一个等级，排列在娼妓和乞丐之间，只能是对汉族价值观的嘲笑。

蒙古灭金，在中原建立政权的时候，需要管理国家的人才，举行过科举，可是后来就废除了科举制度。

南、北两宋是科举至上主义的时代，进士是骄傲自豪的精英，充满肩负国家重任的气势。新法旧法之争之所以如此激烈，就是因为双方都燃烧着强烈的自信。读书人都梦想自己能够科举合格、进士及第，这就是人生的目标。

废除科举意味着汉人的知识阶层失去人生的目标，这也正是元朝的目的。蒙古人虽然君临中原，但他们感觉到汉人，尤其是汉人中的知识阶层在内心蔑视自己。从儒学的道德规范来看，蒙古人的生活还处在尚未开化的野蛮状态。例如儿子在父亲死后可以娶生母之外的父亲其他妻妾的风俗习惯，被儒学视为无异于禽兽的行为，必须受到侮蔑。

对这种侮蔑的最直截了当的报复手段就是抹杀儒学的价值。消灭儒学以及以儒学为基础的科举制度正是蒙古人的精神报复。

征服者对价值体系的强制性颠覆是无法想象的强烈的文化冲击，几乎所有的知识分子都茫然若失，不知所措。人生的目标一下子突然消失得无影无踪。但是，人只要活着，总要有目标。

元的时代诞生了以前的体制根本无法诞生的新文化。然而，创造这些文化的人们其实并不觉得幸福。

例如戏曲就是这样。戏曲自古就有，但脚本浮皮潦草，一流的文人是不写戏曲脚本的。中国文学以诗文以及历史的叙述为正统，讲述的是事实，不屑于情节的虚构。唐代有传奇这种虚构的文学类型，不少文人创作，主要是短篇，作者认为不过是余技。

中国历来的文人都是官员，要当官，就必须研究四书五经，写诗，写一手漂亮的文章，因为这是科举的考试科目。但是，由于元朝长期废除科举，使得本来应该从事传统文学的第一流文人踏进虚构文学的领域，

开始写作戏曲脚本。这个时代产生了关汉卿、马致远、王实甫等优秀的戏曲作家。如果不是这个时代，他们大概不会创作戏曲吧。与汉文、唐诗、宋词一样，元曲成为这个时代的文学中最光彩夺目的部分。

据描写北宋首都开封景象的《东京梦华录》记载，当时的瓦肆就有说话艺人讲述五代史，“说三分”很受欢迎，吸引大量听众。这些说话艺人自然都有脚本，但与戏曲一样，正规的文人不写这些东西，所以脚本的内容多不靠谱。到了元代，第一流的文人也要失业（当不上官），就只好写评书的脚本，既有《三国志演义》这样基本忠于史实的东西，也有内容多为虚构的东西。《水浒传》《西游记》属于后者。这样，评书的质量大为提高，脚本也成为一般民众的读物。《三国志演义》《水浒传》《西游记》等这些我们十分熟悉的通俗读本在元末明初就大致形成现在这种形态。

可以说，正因为蒙古采取割断中国文学传统的政策，才出现产生优秀的虚构文学作品的时代。

文人当不上官，变成市民。本来这是再平常不过的事情，但在那个时代却是大事。著名的文人，例如唐代的李白、杜甫、白居易、韩愈，宋代的苏轼、王安石、黄庭坚、梅尧臣等，这些大名鼎鼎的人物都是官员。文人不当官，可以说是例外。但元朝则是一百八十度大转弯，文人变成一般市民，文人当官反而成为例外。

其实在元之前的南宋时代，文学就已经向市民阶层扩散。南宋时期，经济发展，富裕的市民人数增加，生活富裕，就会把一部分精力转向文学艺术。文艺在市民阶层中已经达到一定程度的普及，元朝的政策进一步推动这种普及的势头。

说到元朝的代表性诗人，首先应该是杨维桢。他生于世祖忽必烈死去两年后的成宗元贞二年（1296 年）。“铁函心史”的郑思肖、谢枋得、林景熙这些诗人都亲身经历过亡国，而杨维桢出生的时候就已经是元的时代。与前辈诗人正相反，他亲身经历了元朝的灭亡。这个元代的代表性诗人生于浙江富商家庭，当过极其短暂的官员，一生的大部分时期不过是一介市民。

因为不在官场，杨维桢的生活及其诗歌显得舒缓轻松。南、北两宋的诗歌反映时代精神，具有偏重理性的倾向，而杨维桢以及他所领导的元代市民诗歌则富有自由奔放的想象力。元时代的散文，虚构作品成为主流，诗歌也具有同样的倾向。元代文学向戏曲、说话靠近，诗歌也趋向通俗化、平民化。杨维桢的不少作品可以称为“民歌”，模仿唐代民歌“竹枝”形式的“西湖竹枝”等感觉都是一种大家一起拍手歌唱的通俗歌曲。下面介绍其中的一首：

湖口楼船湖日阴，湖中断桥湖水深。
楼船无舵是郎意，断桥有柱是侬心。

宴席上大概经常吟唱这样的诗歌吧。杨维桢是文人墨客聚会的核心人物，至今还流传有关他各种各样怪诞行为的故事，其中最有名的是把艺妓的鞋子当作酒杯喝酒的故事。大概此人不拘常规，清浊之人兼收并蓄的性格使他成为文坛领袖的吧，当然也有一部分人责难他是“文妖”。

科举考试难得举行，文人失去人生目标，不仅如此，往往连信念也会失去。自己的学问、才能系于天下国家的自负自然源于崇高的信念。当文人被阻挡在参与国家政治大门之外的时候，他的信念就失去基础，悬空浮游，其中脆弱的部分消失，剩下的就变成颓废虚无，但是坚强的部分会以某种形式形成内心的暗流，反映在文化层面上的不屈精神。如果将明显欠缺信念的文化活动的产物称为“俗”，那么与之相反的就是超俗。

元代文化具有极其低俗与极其超俗这两种极端的倾向。文人的怪诞行径或许表现出他哪怕只是在现实生活也希望超俗的愿望。

俗与超俗的问题其实并不简单。杨维桢创作民歌风格的诗歌，但未必就能说他俗；创作清高的诗文，未必一切就都超俗，其大部分大概是空虚的。

元代产生大量的戏曲，许多才华横溢的文人也执笔创作脚本，但观众是一般的市民，所以创作的时候必须考虑市民的欣赏水平。但如果因此说元曲都很俗，其实也并非如此。胸中燃烧着强烈信念的作者即使在创作面向一般大众的作品的时候，也会在作品中渗透进自己的思想，可以在通俗易懂的形式中加入不会让民众产生抵触情绪的超俗的思想内容。

关汉卿的《窦娥冤》、王实甫的《西厢记》都成为中国文化的优秀遗产，现在还在上演，但是，能够流传下来的作品都具有上述坚强的精神，一味取悦观众的媚俗作品早已烟消云散。

中国文化的“芯”在元代处在生死界线上，蒙古政权的基本方针就是想方设法地割断中国文化的“芯”，至少十分警惕中国文化对蒙古族的固有风俗产生影响，乃至“同化”，所以极力削弱其活力。也有一些文化人在朝廷当官，但不过是一种摆设，他们无法像历代王朝那样进入政治核心。

文化的“芯”在民间以各种各样的形式被保存下来。

就诗文体裁而言，经过努力，以文天祥的《正气歌》为代表的元朝初期的抵抗文学流传后世。文人被赶出政界，诗文得不到政府的保护，文学成为民间的伏流，所以就会产生上面所说的世俗化的问题。

文学陷入危机，但文学走进民众以后，与危机并存，也迎来了发展的好时机，接触到民众中所蕴藏着的粗犷的巨大能量。目不识丁的人们先前与文人无缘，但文人一旦成为戏曲作家以后，这些文盲的民众也成为自己作品的观众。这样的接触诞生了元朝可以在中国文学史上值得骄傲的元曲。

文人下降到市民阶层，市民具有接受他们的基础。从南宋开始，欣赏文学的市民就不断增加，尤其江南地区，这种倾向比其他地区更加明显。江户时代经济富裕的上方[①]盛开町人文化之花，这与当时长江下游地区的盛况很相似。

江南地区是元代初期抵抗文学的主要舞台。北方有元好问编撰金代诗文，传之后代，他维系了文化的“芯”。

这样的努力终于在元朝末期结出硕果，人们发现文化的“芯”更加坚韧强壮。

文化不仅仅是诗文，没有语言障碍的其他体裁也受到东西方交流的巨大影响。

注重实利的蒙古政权不断采用西方科学技术，尤其积极吸收对战争

① 上方：日本京都及其周边地区，即今天的京都、大阪为中心的近畿地区。——译注

有用的东西。蒙古攻打南宋防守坚固的襄阳时，久攻不克，据说使用了回回炮。顾名思义，这大概是伊斯兰教徒发明的武器。伊斯兰教徒亦思马因和阿老瓦丁将回回炮传到蒙古。

火药是中国发明的，把火药装在陶罐里扔向敌军的武器称为“震天雷”“万人敌”，南宋时代开始使用。把这些武器扔得更远的投掷器是伊朗、阿拉伯地区发明创造出来的。所以，可以说回回炮的出现是东西方科学技术互相影响的结果。

吸收希腊、印度文化的伊斯兰科学曾有过攀登到世界巅峰的辉煌时期，在萨拉森（阿拉伯）文化的鼎盛时期，欧洲人说“光自东方来”。最早接受萨拉森文化的伊比利亚半岛也是欧洲的文化发达地区，萨拉森，即伊斯兰圈的医学、天文学等尤其发达。世祖忽必烈时代，天文学家扎马剌丁来到北京，制作天体观测仪，还编制称为“万年历”的历法。同一时期，元朝还邀请一个名叫爱薛的以色列历法学家来到北京。

这对中国科学家无疑是巨大的刺激。河北邢台人郭守敬出生于金国灭亡的三年前（1231年），他的祖父郭荣是一个著名的数学家、水利专家。郭守敬早期也是一个水利专家，官职都水少监，被忽必烈派到西北修复水渠，后来他负责修订历法。

元朝初期使用的是辽、金的“大明历”，但误差太多，刘秉忠提议改历。刘秉忠是天文学、地理学的泰斗，与郭荣关系密切。郭荣曾将孙子郭守敬放在刘秉忠那里，起用郭守敬负责改历是顺理成章的事情。在这样的氛围里，才从伊斯兰地区频繁邀请著名的天文学家。

郭守敬先是制造出精巧的天体观测仪，然后在北京修建天文台。装置在天文台里的观测天体的仪器都十分精密，但在清初被毁。清朝初期，耶稣会神父担任钦天监（天文台台长），使用西方历法，据说他认为郭守敬的旧历法观测仪为无用之物，全部毁掉。或许他对这些观测仪的存在感到害怕吧。明朝正德年间（1506—1521年），仿造郭守敬的观测仪，保留下来，但是1900年义和团事变时，被占领北京的八国联军搬走，后来经过交涉归还，现存南京紫金山天文台。

郭守敬参考伊斯兰历法，将编制的新历法命名为“授时历”。他算出一年为365.2425天，比算出同样数字的格列高利历要早三百年。日本第五代将军德川纲吉[①]的贞享二年（1685年）制定的贞享历所根据的就是郭守敬的授时历。贞享历从贞享元年开始使用，长达七十年。

元朝的改历是东西方文化交流的一大成果。这个时期，西方也享受到来自东方的巨大恩惠。蒙古称霸世界以后，中国发明的印刷术、罗盘针传到伊斯兰地区和欧洲。不言而喻，印刷术对文化的普及做出极大的贡献，而罗盘针应用于航海，进一步推动东西方的交流。

成吉思汗的世界帝国很快就发生分裂。但是，中国的元朝与伊朗的伊尔汗国同样作为蒙古兄弟国仍然保持友好的关系，这也可以说是促使东西方交流的因素。马可·波罗回国的时候，还是护送元朝公主阔阔真嫁给伊尔汗国皇帝阿鲁浑汗的使节团的成员。

阿鲁浑汗是忽必烈弟弟旭烈兀的孙子。成吉思汗家族中，兄弟阋于墙是其特点，但忽必烈与旭烈兀的关系很好。中国与伊朗相距遥远，没有直接的利害冲突，大概也是他们关系密切的原因之一吧。

阿鲁浑汗失去爱妻卜鲁罕，希望娶一个元的女子续弦，因为与卜鲁罕同样血统的人在元，所以希望后妻与亡妻具有一样的血统。于是，十七岁的阔阔真被选中。

马可·波罗一行抵达伊朗的时候，才得知阿鲁浑汗已经死去。最后阔阔真与阿鲁浑汗的儿子合赞汗结婚。儿子与本应是父亲的妻子结婚，在中国的儒教伦理看来，这是“兽行”。但蒙古并没有这样的忌讳。尤其是阔阔真，从年龄来说，儿子比年迈的父亲更合适娶她为妻。

年轻的合赞汗似乎是一个优秀的皇帝，据说除波斯语、阿拉伯语外，还通晓汉语。中国的君主元朝皇帝自忽必烈开始几乎都不学汉语。忽必烈册立的皇太子真金似乎学习过汉文的古典书籍，但未即位就死去。后来的元朝皇帝中也有像仁宗这样理解中国文化的人，但即使是仁宗也不懂汉语，他让人将中国的古代书籍译成蒙古语阅读。这样看来，伊朗皇帝合赞汗通晓汉语是一个例外，这大概可以说明合赞汗是何等的英明。合赞汗的宰相就是本书经常引用的《集史》的作者拉施特，蒙古的历史

① 德川纲吉（1646—1709年）：江户时代德川幕府第五代将军（1680—1709年）。起初推行文治主义政治，后重用柳泽吉保，实行恶政，但同时也出现元禄文化的繁荣。——译注

在很多地方必须参考这部用波斯语撰写的《集史》。拉施特撰写这部《集史》巨著的时候，无疑得到合赞汗的强有力支持。

据马可·波罗记述，护送阔阔真的使节团从“Caitan”出发。Caitan就是现在的福建省泉州市。元朝设置泉州路，这座城市种植很多名叫刺桐的树木，也称为“刺桐城”，讹音成Caitan。

泉州城曾经居住一个著名的阿拉伯大贸易商蒲寿庚。杭州沦陷后，南宋残余分子拥立幼帝，曾依靠蒲寿庚，后来被他出卖。据史料记载，忽必烈远征日本之时，蒲寿庚奉命造船，他诉苦说造不了那么多。泉州既然是阿拉伯巨商居住的地方，可见当时是一个大国际贸易港。

使节团的船队由十四艘四根桅杆的帆船组成，每艘配备二三百人的水手。明朝初期的郑和乘坐的是更大的船只，当时的欧洲还无法制造。马可·波罗对如此大船感到吃惊，同时代的伊本·白图泰等旅行家也一定谈到中国的大船。

马克·波罗一家是珠宝商，到中国去是为了做生意。马可·波罗来中国之前，他的父亲尼科洛和哥哥曾来过中国一次。据《马可·波罗游记》记载，因要筹办忽必烈的订货，他们回到欧洲，然后带着已经长大的马可再来东方。忽必烈所订的货是带来精通各种技艺、学问的基督教徒百人，耶路撒冷基督教圣堂里点燃圣灯的圣油。波罗已经得到圣油，但要征集百名基督教徒贤人至为困难。经过教皇格列高利十世的斡旋，好不容易找到两个人一同前往，可是半路逃跑回去。

成吉思汗家族早就与基督教深有关系，据说忽必烈的生母是基督教徒。忽必烈弟弟旭烈兀的妻子也是基督教徒。一则有名的故事是：在旭烈兀攻打巴格达的时候，她恳求丈夫不要杀基督教徒。元朝不仅对基督教，对其他宗教也比较宽容。唐代的会昌废佛的时候，连景教（聂斯脱利派的基督教）都遭到镇压。从此以后，基督教长期在中国销声匿迹，在元朝开始复活。

马克·波罗在前往中国之前会见过教皇，也许携带着在中国积极开展传教活动的计划，不过更有可能是教皇指示他争取与蒙古政权结盟共同夹击伊斯兰势力。

东西方的交流不仅仅限于通商、科技，也带着浓厚的政治、宗教的影子。

马可·波罗一家从陆路前往中国，回来的时候是巨船组成的船队浩浩荡荡地驶进波斯湾。其实马克·波罗一家前往中国的时候本也打算走海路，从波斯湾的霍尔木兹上船，但是那海船实在太破，没敢上去，便改走陆路，从中亚的巴尔赫翻越帕米尔，经过现在中国新疆的喀什、莎车，再旅行三十天抵达敦煌。这是所谓的西域南路，丝绸之路的一条路线。

马可·波罗行走这条路线的时候，可以说正是丝绸之路的衰微时代。成吉思汗的西征造成很多地方贫瘠荒凉是其中原因之一。另外，主要的交易商品丝绸已不再由中国所垄断，甚至丝绸之路上的绿洲都可以种桑、养蚕、缫丝。还有一个原因是，由于掌握了先进的造船技术，可以制造巨船，海上贸易成为主流。东西方智慧的产物罗盘针和天文学的进步起到了推动的作用。

取代丝绸的贸易走俏商品是陶瓷。陶瓷这种东西，海运比驼背运输要安全得多。陶瓷与丝绸不同，经过几次装卸，就容易破损，而且从重量来说也不宜陆路运输。

陶瓷在元代也进入一个转折期，可以称为“陶瓷之变”。

既然是出口商品，就要迎合买家的习惯要求。中国的陶瓷在宋代已经达到登峰造极的地步，按照中国的审美意识，宋代的青瓷和白瓷完美无缺。宋代的陶瓷虽然也有出口，但与国内的需求相比，数量不是很大。另外，东亚各地，即儒教圈内的审美意识与宋代相差无几。

然而，到了元代，出口量飞跃上升，买家也从伊斯兰地区扩大到欧洲。很多买家对完美无缺的宋瓷未必欣赏，他们追求表面的装饰。尽管白瓷淡雅光洁的形态、表面的确美轮美奂，但世界之大，众口难调，有人觉得过于朴素。买家当然会提出自己的要求，既然是做买卖，就必须根据买家的要求生产。

蒙古以武力使东西方之间的道路更加畅通，从而进入一个各种物资互相交流的时代。中亚的乌浒河附近的巴达赫尚出产美丽的深蓝色颜料。这种颜料被介绍到中国，如果用这种颜料在白瓷上描绘花纹，就会浮现出鲜艳明亮的青色。于是，元朝就诞生了青花瓷，日本称之为“染付”。

青花瓷的确切诞生年代不得而知。在带有纪年款的青花瓷中，大概伦敦的大维德藏品中著名的至正十一年（1351 年）云龙纹花瓶是目前所见到的最早作品。可以想象在这一年，或者更早一点，中国诞生了青花瓷。

1976年从韩国新安海底的沉船中发现大量的陶瓷器。海中打捞上来的东西，不能称为出土，其中大部分是龙泉窑烧制的青瓷，还有包含政和通宝的铜钱，所以可以断定属于12世纪以后的东西。没有青花瓷，所以下限可以定在1351年以前，这基本已成定论，尽管有人提出异议。运载的货物几乎都是瓷器，这清晰地反映出当时的贸易状况。

青花瓷的诞生与其说是中国窑工的发明，不如说是为适合顾客的爱好情趣而烧制出来的。制作陶瓷器的工匠们在生产这种新商品时也许还会产生某种拒绝情绪，心想在如此清雅如玉的白瓷上涂抹厚厚的颜料，实在是糟蹋好东西。他们感觉这种俗气的同时，也千方百计地思考如何摆脱庸俗低俗的趣味。

陶瓷艺术也发生与文学领域同样的问题，即俗与超俗的问题。超越这个问题的作品得以留存，成为文化的“芯”里很粗的纤维，联结不同的时代。青花瓷当然没有割断中国陶瓷的传统，虽然这是在外来压力作用下发生的“陶瓷之变”，但非常出色地与下一个时代联结在一起。

元在各个领域都发生这样的“变”，但无论多么野蛮的暴力都无法抹杀长期形成的传统，反而产生破坏沉滞的作用，并在这个意义上融入中国的传统。蒙古如此害怕被同化，却以不同的形式对中国文化的延续做出贡献。元进入中国传统文化体系以后，自然为下一个时代所继承。

汉族的明王朝取代元朝君临中国，一方面谋求复兴宋代的辉煌，但同时也是元朝的继承者。我将在后面论述这个问题。

宋代的文化比较纤细，明代虽然继承宋代文化传统，但没有那样过于纤巧细腻，质朴粗拙之处与元代更加相似。宋的“程朱理学”是一种死抠道理、周密细致的理论，感觉是禁锢自我行为的学风。相比之下，明代学问的代表人物王阳明的理论没有朱子学那样条分缕析，而是采取总体综合把握的方法。宋代的学问特点是书斋式的思考，明代则是注重实践。这种特性带着骑马民族的气息。甚至在学问领域，明代更多地继承元代的气质。

下面我将论述从元代向明代的时代变迁，并对继承问题不断予以关注。

上面谈到青花瓷，下面简单说一说陶瓷艺术。明代的代表性瓷器是五彩，就是日本所说的“赤绘”。赤绘当然不是只有一种红色，而是各种颜色装饰的绚丽华美的瓷器。五彩不是对宋瓷的静谧幽雅的直接继承，而是对元代青花的继承。明朝时代，没有异质趣味爱好强行要求的外部力量。但五彩还是成为景德镇瓷器的主流，大量生产，不仅出口，也满足内需。中国广大民众喜欢这种五彩瓷器。

五彩之美在于简练率直，通俗易懂，这也是明代文学的特征。元代甚至发生“气质之变”，虽然“变”很多，但最终也没有形成可以割断文化传统的力量。历史向我们证实：传统所具有的强韧性可以将“变”的主体包容进下一个时代。

元末四大家

至元二十三年（1286 年），赵孟頫应召世祖忽必烈之召来到北京，此时离南宋在崖山的灭亡已经七年。忽必烈到处收罗人才，应召而不去，就有生命危险。甚至连抵抗主义的文人谢枋得，虽然几次拒绝应召当官，最后还是不得不去北京。他无可奈何的最后一招就是绝食。赵孟頫也是很不情愿地来到北京，从保存下来的书简来看，他仕于元朝极为痛苦。他的处境比谢枋得更加危险，因为他是宋朝皇室的成员。

他是创建宋王朝的太祖赵匡胤第四子赵德芳的第十世孙。北宋是太祖之弟太宗的后裔延续皇统，所以赵孟頫的谱系与皇帝的关系比较疏远。南宋以后，太祖谱系的高宗即位称帝，赵孟頫的家族与皇统稍微靠近一些。

游牧民族如爱护珍珠一样珍惜自己的谱系，对南宋皇帝的遗族也给予厚遇。赵孟頫仕于元朝廷，官至正二品翰林学士承旨。这是元朝对他的厚遇，垂恩施惠，但他本人感到十分痛苦。

赵孟頫无论作为文人，还是画家、书法家，都非常优秀。既是皇族，又如此才华出众，元朝廷当然不会放过他。他在元朝做官受到堂兄赵孟坚的责难，但是他有他的考虑，恐怕不仅仅是因为惜命。

面对蒙古压倒性的强悍武力，当前不可能将其消灭，那么，作为文人，自然就会考虑抵抗以外的方式，自己应该做的事情就是保护文化传统，维系文化的“芯”。

中国的文化历代都是以朝廷为核心。其中不少异质朝廷，保护文化传统最有效的方式就是进入这个朝廷里面。实际上，由于赵孟𫖯在朝廷里当官，众多文化人得到有形或无形的恩惠。

他多才多艺，其中最突出的是绘画。南宋在首都杭州设立画院，对专业画家待遇优厚，表面上看似绘画艺术极其繁荣，但赵孟𫖯认为南宋的画风已经衰糜纤弱，他要摆脱南宋画风，追求北宋，乃至更早的唐代风格。他运用各种笔法进行尝试，同样是山水，使用青绿山水、米点山水等完全不用的手法创作，与其说在自我感悟，不如说在探索要传递某种东西。

赵孟𫖯的复古运动是馈赠给下一个时代的礼物，为元末四大家——吴镇、黄公望、倪瓒、王蒙所继承，结出超乎赵孟𫖯所期待的硕果。四大家中的王蒙是赵孟𫖯的外孙，黄公望直接受到赵孟𫖯的指导。

不仅绘画，诗文领域也出现复古运动，目标是摆脱宋词倾向，回归唐诗精神。如袁桷、虞集就是这样的文人，他们不是像杨维桢那样在野，而是像赵孟𫖯那样仕于元朝，大概得到前辈赵孟𫖯的指导。

赵孟𫖯绘有《长江叠嶂图》，虞集在上面题有一首五律：

昔者长江险，能生白发哀。
百年经济尽，一日画图开。
僧寺依稀在，渔舟浩荡回。
萧条数株树，时有海潮来。

凭借长江天险的战争不断展开，令人痛苦悲白发的时代已经过去。这是赞美元朝体制采取各种方针政策的结果。这首诗歌的率直描写已经超越宋诗，感觉到唐诗的情趣。

赵孟𫖯生于南宋理宗的宝祐二年（1254 年），死于元英宗的至治二年（1322 年）。他死去的这一年，四大家中年龄最大的黄公望五十四岁，吴镇四十三岁，倪瓒二十二岁，最小的他的外孙王蒙十四岁。他们都生活在元末这个严酷的时代。

这四个优秀的艺术家走着各自的人生道路。从年龄顺序来说，黄公望和吴镇在天下纷扰之中，没有进入明朝就离开人世。年少的倪瓒和王蒙生活在明代，但他们经历着不同的命运。

黄公望和吴镇在同一年——元顺帝的至正十四年（1354年）死去，黄公望八十六岁，吴镇七十五岁。另外两个也都活到七十五岁左右。元末四大家在当时都是长寿之人。

这四个人都出生在同样的时代同样的江南，除吴镇稍微有点与众不同的个性外，其他三人都有各自的交友圈子，不过没有迹象表明吴镇与他们有过交往。“元末四大家”是后人对他们的称呼。吴镇在世的时候，名声不及其他三人，画卖不出去，只好在街头卜卦谋生。

吴镇住在浙江魏塘镇（现在的嘉善县），邻居是一个名叫盛懋的画家，他的画很卖钱。据说吴镇的妻子抱怨说“你什么时候也像他那样啊”，吴镇回答说“二十年后翻过来”。

虽然算不上大家，但盛懋也是很出色的画家，他的画透出一种清爽的感觉，具有诱人的魅力。大概这是对读画者的款待，有意识地画得通俗易懂，让大家明白画的内容。美术评论家说观赏盛懋的画，仿佛感觉画家带着读画者进入画面，最后再送出来。他的构图思路非常巧妙地充分考虑到中国人读书时目光自右往左移动的习惯，是一个了不起的技巧性画家。他的文人气质比较弱，大概专业意识极其浓厚。明朝董其昌这样评论他的画风：

虽工，笔墨实有畦径。

畦径，就是法则的意思。虽然运用各种各样的技巧，但没有脱离法则的轨道。脱离世间规范的绘画卖不出去。董其昌对盛懋这样富有技巧的画家的因循守旧表示不满。

盛懋之所以不在四大家之列，因为他的画风蕴藏着堕入“俗”的危险。我个人认为，他的画绝对不俗，但是对他以技巧这种表面性的手段拯救作品堕入俗的做法感觉不满。

俗与超俗的问题才是打开元这个时代的最深处房间的钥匙。吴镇的邻居盛懋是倾向于俗的画家，那么算命卜卦的吴镇又是什么样的呢？

吴镇是大器晚成的画家，晚年以后，他的作品才得到应有的评价。然而，据说俗不可耐的大财主前来买画，被吴镇毫不客气地赶走。他在家居周围种植梅花，以梅为友，自号“梅花道人”。他宁可与梅花为友，也不与人为友，这是他的超俗。他无法容忍浑身散发着庸俗臭气的人，自然绘画也很讨厌多余的表现与装饰。

几年前，我曾写过一篇关于吴镇的文章，先抄录其中的一部分：

他（吴镇）的作品中凡有过于显眼之处，则尽量删除削减。他在作画时大概经常告诉自己作品不可夸张。他的作品题款常用“戏作”二字。吴镇说：“墨戏之作，盖士大夫词翰之余。”从文人广义的文化生活中派生出来的副产品就是他的理想的绘画。这是不能大声主张的。（中略）删除画中的过于显眼之处，反而使整个画面显眼突出。有人评论吴镇的作品反映出作者强烈的个性。他最强烈掩藏的正是这强烈的个性。

在吴镇看来，美的极致就是单纯的美，一切都凝结在竹子的形态里。虽然自号梅花道人，却以画竹著称。

无论何事，普及导致质量的降低。元代的文化已经扩展到市民阶层，既有流于低俗粗野的一面，也有为拯救文化的“芯”而通过超俗予以抵制的力量。有意思的是，比邻而居的两个画家是各自一方的代表。而更有意思的是，抵御俗的吴镇对单纯这个“俗”重新磨砺，变成自己的武器。

吴镇把自己的房间命名为“笑俗陋室”，将宋人所写的“笑俗”匾额挂在室内。极其讨厌过于显眼的人却在自己的室内挂着显示自己精神风貌的文字，大概也含有自戒的意思吧。

元仁宗的延祐二年（1315 年），黄公望被关进监狱。

他生于苏州北面常熟的陆家，原名陆坚。陆坚幼失双亲，家贫，但被誉为神童，七岁成为名叫黄乐的老人的养子。

当时已经九十岁的这个黄乐说道：“黄公望子久矣。”于是从陆家进入黄家的陆坚养子就改名为公望，其字为子久。长大以后，黄公望曾在衙门当差。

尽管是神童，但是被称为蛮子的南人在元朝是没有出头之日的。元代的蒙、色目、汉、南的种族歧视非常严格。蒙思明的《元代社会阶级制度》是研究这个问题的出色的学术论著。按照他的观点，所有国家机构的最高领导都是蒙古人，次官级是色目人，汉人和南人都不可能进入领导层。被视为汉人的耶律楚材当上宰相，这是世祖定制之前的事情。一般的高级行政人员，也都由蒙古人或者色目人包揽。至于军政人员和管理武器的职务，连色目人也极为罕见，汉人和南人完全被排除在外。

就刑罚而言，成吉思汗时代的规定是，杀一个伊斯兰教徒者罚黄金四十巴里失，杀一个汉人者仅仅罚一头驴。据《元史·刑法史》记载，蒙古人因吵架、醉酒而殴杀汉人，只要赔偿罚金和丧葬费即可。反之，如果汉人殴伤国人（蒙古人），则处死刑。这是极其不平等的法律规定。

前面说过，所谓“汉人”，就是前金国统治区里的汉族，也包括契丹族、女真族、高丽族。说到汉人中的汉族时，称为“汉儿”。高丽人受到与汉人同样的待遇，心里不满。据《益斋集》记载，高丽向元朝上书，提出自己与元朝廷有姻亲关系（高丽忠烈王的妃子是蒙古的公主等）：

何乃未与色目同？

要求享受与色目人同等待遇。

南人还在汉人之下，所以即使黄公望在衙门当差，其地位之下可以想象。可怜的神童也只能在地方衙门当一个小职员。这个衙门叫尚书省中台察使院，管辖征税监察，其头目名叫张闾，是蒙古族的一条走狗，仗势欺人，苛敛诛求。张闾征收江南的田租，手段恶劣，阴险毒辣，弄得人民怨声载道。元朝政府的能吏标准就是能征税，至于使用什么方法征税，政府不管。张闾采取多征的手法，差额自然中饱私囊。这样的手法恐怕不止张闾一个人。

蒙古人、色目人在上面当领导，基层的实际业务必须依靠汉人和南人，而且蒙古人、色目人不懂汉文，而基层行政文件都是汉文，所以也不得不让汉人和南人在基层做事。

中国历代的官与吏之间有相当大的差别。所谓官，就是国家官员；所谓吏，就是在当地录用的临时性的、地位很低的人，称为属吏、胥吏。属于知识阶级的人，谁都想当官，而羞于为吏。然而，只要是南人，不论具有多么高的文化修养，在元朝的社会机构中当官的可能性极小。经济富裕的家庭子弟都不想进入仕途，不愿意为一点可怜的工资而接受屈辱性的歧视。

历代王朝对官与吏之间的关系还是处理得比较好，倒是元朝的官大多是不懂汉文的装饰品，与下面的吏关系不是很密切，中间存在很大的空白，这样吏就很容易糊弄官。

元朝的基层行政，简而言之，就是公章行政。一份文件，要盖上许许多多的公章。不仅有关部门的胥吏，有时候没什么关系的部门的胥吏也要盖章。这种满纸公章的文件，一旦出现问题，就不知道该由哪个部门负责。这是吏想出来的一种对策，因为元朝的刑罚异常严酷，动不动就砍头，随时都会感觉性命的危险，才无奈想出这样的应对方法。性命攸关的事情，大家都极力回避责任，胥吏们是一个命运共同体，互相盖章。

上层缺少有理念的政治家。蒙古族是少数民族，只考虑自己的利益，色目人在元王朝中犹如掮客。上层是这种状态，不可能要求下面的人具有理念。

历代王朝中，元朝衙门官吏的素质最低。当时的风气是不论家庭多么贫困，也不愿意到衙门当吏。但是，如果没有别的工作，还必须抚养家庭，也就只好去衙门当差。黄公望就属于这种情况。

黄公望的上司张闾可能不知道被榨取者的忍耐是有限度的，有可能对这种限度的估计有误，结果忍无可忍的江西赣江农民发生暴动。

暴动一发生，这个地区的税金就收不上来。元朝政府对官吏的考核标准就是看征税的多寡。等待因暴动而无法征税的张闾的，是法律的严惩。张闾被捕审讯，他的部下黄公望也受到牵连，被捕入狱，实在是飞来横祸。

或许张闾是一只替罪羊，江西的暴动发生在元王朝灭亡的五十年前，这个时期各地都有这种小规模的暴动。也许农民把怨气只是发到蒙古人的走狗们身上，也有可能政府装作一无所知的样子，把责任完全推给征税承包者的官吏，说是他们为非作歹。

黄公望很快就获释，他不过是一个最基层的胥吏，不可能让他承担农民暴动的责任。他刚刚成为胥吏，就受到这样的屈辱。除此之外，自己能做的也只有写文章了。大概他在狱中就有所反省吧。

此时他已经四十七岁，自己还能做些什么呢？他想起小时候喜欢画画。黄公望真正开始以画为业是在五十岁以后。

可以说黄公望是中国绘画上的巅峰人物。元代以后的画家可以说都一定要学习他的画风。由于大家都创作黄公望风格的绘画，使得画风变成老一套的模式，但是他以这种风格创作的时候，人们对此大为惊叹。

与吴镇一样，黄公望对绘画的态度也是超俗，凡是与俗有关的所有部分全部删去，令人感觉他以无意识性流动的手法描绘画面的流动意识，有山有水，但绝不强调山水的起伏。他在《写山水诀》中这样教导晚辈画家：

作画大要，要去邪、甜、俗、赖四个字。

邪，指的是邪念。就是一味想着要画一幅好画，让大家目瞪口呆的不好的念头。甜，指的是媚。大概是讨好观画者，营造魅人的氛围吧。俗，在这里无须解释了。赖，指的是过分模拟古人。研究古人画法是好事，但不能泥古不化，懈怠自己的艺术创新。他的这段话完全是教导人们绘画的超俗。

黄公望出狱后，自然没有再次当官。他加入名叫全真教的道教教团。这是当时力图摆脱粗鄙下作的道教，对信徒课以严格戒律的宗教团体。他的代表作《富春山居图》渗透着毫无俗尘的恬淡宁静。他积极加入这样的宗教团体，其实说明他的内心深处澎湃着一种激情吧，应该说这不仅仅是个人内心感情的问题，更是时代使然。成为他拿起画笔契机的入狱也与导致这个时代的历史潮流深有关联。

比黄公望年轻三十多岁的倪瓒出生于太湖北岸的无锡，王蒙出生于太湖南岸的湖州，黄公望是常熟人，吴镇是嘉兴人，所以元末四大家都出生于江南太湖的周边。

倪瓒出生于大富豪家庭，宅邸里亭台楼阁，藏书万卷，收藏有历代名画。大概没有像他这样得天独厚的艺术家了，他取宅邸里亭台楼阁的“云林堂”“萧关仙堂”等名称作为自己的雅号，其中“云林”最为有名，比他的本名倪瓒更为人所熟知，下面我就称他为“倪云林”。

倪云林所描绘的萧疏淡远的风景在世间应该是不存在的。读画者入其间游览山水，驰骋想象。前面所说的盛懋的山水画具有引领观画者进入其间游览的感觉。清朝硕学阮元认为进入倪云林的山水画，毫无情趣，对此表示不满。但倪云林并没有考虑让别人进入自己所描绘的山水里。

著名的《渔庄秋霁图》也是如此。他的不少画采取在近景与远景之间留下空白的形式。人们对这个空间里无的世界有时会感觉恐惧。他画人，只画一点。所画房屋、亭子中也无人。有人问他何故，他回答说："这世间还有人吗？我可不知道。"

倪云林具有病态般的洁癖。听说有客人往院子的桐树上吐痰，就命人把这棵树砍掉。枯叶掉落在青苔上，他就在木棍头上安一截铁丝，一片片地勾起来。正因为他是大富豪，才能做到这样的洁癖。

江南民间文坛的泰斗杨维桢经常玩一些出格的游戏，他将艺妓的鞋子当作酒杯，也让在座的倪云林喝。倪云林把鞋子里的酒泼在地上，愤然退席。他认为这样做是很正常的。

至正十五年（1355年），倪云林曾短暂入狱，罪名是滞纳税金。无法想象极度洁癖的他在狱中生活是什么样的心情。那么，大富豪的倪家为什么交不起税金呢？唯一的解释就是税金太重。

这时候的元王朝已经出现末期的症状，方国珍、张士诚、朱元璋等在各地造反。被财政的拮据压得喘不过气来的蒙古政权只好对富豪课以重税，以渡过难关。这次各地的造反比黄公望被牵连入狱的江西农民暴动的规模要大得多。叛乱地区内无法征税，而且这样的地区越来越大，所以只能从还可以征税的地区巧取豪夺。蒙古的税制是包银制，具有极大的强迫性。这说明以掠夺为美德的草原骑马民族的性格还依然存在。与其说是征税，感觉不如说是抢劫。

倪云林有一首题为"述怀"的长篇五言古诗，下面是其中的一段：

输租膏血尽，役官忧病婴。
黾勉事污俗，纷攘心独惊。
罄折拜胥史，戴星候公庭。
昔日春草晖，今如雪中萌。

如果是穷人，这种情况尚能理解，但倪云林是当地首屈一指的富豪。因为被催缴税金被逼无奈，只好向士大夫深以为耻的胥吏深深低头，一大早就到衙门等候召唤，祈求道：这样的重税实在无法缴纳，请稍微减轻一点吧。这让极有洁癖清高自傲的倪云林不堪忍受。不过，他有地有房，应该不愁没钱纳税，到衙门和小官吏交涉，一切都是为了财产。他最后对财产进行整理分割，分给亲戚们。他善于和衙门打交道，也很懂得使用贿赂的手段，所以他处理房地产是得心应手。

倪云林带着妻子蒋寂照弃家出门，开始云游天下，实在是淡泊潇洒。他处理好财产，把剩余的部分施舍给他所尊敬的崇寿观道士张雨。他不需要金钱，拥有金钱财产，就会为上税等世俗的事情而苦恼，还不如成为江湖隐士，四处漂泊，心情更加舒畅。他们有时住在寺院里，有时寄宿在朋友家里，有时自己结小庵而居。他已经五十多岁，不用跑衙门和官吏们打交道，身体也比较轻松。他已经是声名卓著的文人、画家，各地朋友都邀请他来家里居住，他则以绘画作为酬谢。

据说江南地区以是否收藏倪云林的绘画作为评判宅邸格调的标准，为此，好事者以千金收购他的画。

明朝王穉登评倪云林画不如诗，诗不如人。倪云林经常在自己的画上题诗。下面这一首五绝在他的题画诗中最为著名。

东海有病夫，自云谬且迂。
书壁写绢楮，岂其狂之余。

倪云林因税金问题遭入狱之灾之后十多年，元王朝就被赶到北方的草原上。

元末四大家中，王蒙的画风与其他三人大异其趣。其他三人为了超俗尽量删减多余的东西，仿佛惜墨如金。但王蒙不仅根本不考虑笔墨的省略，相反，墨色浓厚，所描绘的山水似乎在世间不存在，这一点与倪云林有异曲同工之妙。他们的山水风景都排斥人的存在。

读画者往往被王蒙山水画的气势所压倒。这当然只是主观的感觉，与倪云林的画一样，王蒙的画也是心象风景，而且荡动着不安情绪，一丝不苟地描绘密如网状的水面会令观画者感觉呼吸困难，也许他想在不安的景象中表现某种不可动摇的情绪。

王蒙是赵孟頫的外孙，置身于别人无法企望的艺术环境里。他母亲的叔父赵雍及其子，即王蒙的表兄弟赵凤、赵麟也是画家。

他的与众不同之处似乎还想在元朝当官。他来到北京，四处活动，终于当上理问这个官，据说是检察官。元末动乱的时候，他辞官到杭州东面的黄鹤山隐居。这与倪云林厌弃俗世的喧嚣而隐居不同，王蒙的隐居是对自己所侍奉的王朝在动乱中摇摇欲坠而感到绝望。

我在后面将会有所涉及，张士诚在苏州建立地方政权的时候，王蒙在这个政权里当官。张士诚占领苏州，自称“周王”，是在至正十六年（1356年）。关于王蒙的生年，有至大元年（1308年）和大德二年（1298年）两种说法，按前者计算，也是将近五十的时候进入张士诚的政权。他的当官不是被迫的，而倪云林则断然拒绝张士诚的邀请。另外，张士诚的弟弟张士信带着酬礼向倪云林求画，倪云林把张士信带去的丝绸撕裂，把他顶回去，坚决表示不为权势者绘画。张士信的随从怒殴倪云林，倪云林任其殴打，没有还手。享有盛名的倪云林尚能如此，王蒙不是不能拒绝的，所以看来是他自己主动进入张士诚的幕府。

群雄争霸终于胜负见分晓，朱元璋把元赶到漠北，于洪武元年（1368年）即位称帝，建立明王朝。此时王蒙应该年满六十。他在明朝仍然当官，任泰山知事。

王蒙作为艺术家，属于超俗的世界，但在现实社会，他主动积极地钻进俗世里。

我在后面将会述及王蒙的命运。

海上和陆地的叛乱

成吉思汗的血统中无可救药地延续着耽于酒色以及残酷的嗣位之争的遗传，残酷的嗣位之争当然不仅仅限于成吉思汗家族。争夺拥有绝对权力的首领这第一把交椅总是伴随着血腥的残杀。曾经是草原游牧民的蒙古在争夺首领的同时，还与部族的争斗纠结在一起，就更加酷烈凄惨。

除部族派系之外，自然还有政策、思想的不同所引起的斗争。蒙古族作为少数民族却统治着占人口绝大多数的汉族，这是它的难题。所谓政策之争，归根结底，就是对汉族的政策问题。强硬派坚决认为，无论什么时候都要坚持建国初期所制定的差别歧视政策，防止蒙古族的汉化。这一派也可以称为国粹派。还有一派主张不能一味采取高压政策，要考虑对方占绝大多数人口，应该采取怀柔政策。怀柔派又被称为汉化派。

仅仅在科举问题上，两派的斗争就闹得不可开交。按照蔑视儒学的政策，科举废除，弄得汉族的士大夫走投无路。然而，朝廷又心血来潮，时不时恢复科举。当汉化派掌握实权的时候，就恢复科举，但为了与强硬派妥协，尽量减少汉族，尤其是汉人及第的数量，整个元代只举行八次科举，及第的进士总共只有二百七十八人。汉化派这个称呼并不贴切，他们只是认为制定政策的出发点应该考虑国民绝大多数是汉族这个基础，所以应该称为现实派或者实务派。元末的著名宰相脱脱就是这个派的主要人物。

世祖忽必烈死后，皇太孙铁穆耳（成宗）即位没有遇到什么问题。皇太子真金早死，忽必烈很早就指定皇太孙为继承人，也已经具备相应的体制。

成宗没有嗣子，他死后在继承者问题上发生纷争，要说自然也很自然。如果按照顺序继承皇位的话，只是世祖到成宗，此后的皇帝都是依靠斗争坐上皇位的。

皇帝对拥立自己的权臣无论如何还是比较客气的。权臣恃功自傲，专权跋扈。中唐以后，唐朝皇帝多由宦官拥立，致使宦官以定策之功自居，专横霸道。元末的情况与这个非常相似。唐朝宦官敢于杀皇帝、换皇帝，元朝权臣也敢于这样做。第五代皇帝英宗硕德八剌由铁矢拥立，不久铁矢杀死英宗，拥立泰定帝也孙铁木儿。右丞相燕帖木儿也杀死自己拥立的明宗和世㻋，拥立其弟文宗图帖睦尔。文宗死后，留下遗诏册立其兄明宗之子妥欢帖睦尔，但是燕帖木儿根本不予理睬，立宁宗懿璘质班……如此写下去，实在有点无聊。

其实简单地说就是：权臣们经过激烈的权力斗争，胜利者拥立皇帝，或者随心所欲地更换皇帝，杀掉失败者。甚至在各地造反风起云涌，国家政权基础摇摇欲坠的时候，元朝廷还在为争权夺利拼得你死我活。在这种情况下，朝廷不可能安定稳妥地研究政策，实行具有长期前瞻性的政治。蒙古政权原本就是在贪得无厌的征服欲的驱使下建立起来的，其实说成是掠夺欲，也不为过。前面说过，蒙古政权的征税与掠夺几乎没有区别。

这是一个缺少政治理念的政权，哪怕作为装饰物，也需要理念，但元王朝甚至连这样的理念都没有，一心只是考虑如何专权夺利，如何穷奢极欲。

尽管被拥立的皇帝有其弱点，但如果具有出色的领导能力也可以，可惜元朝的历代皇帝除了少数例外，都素质低下。既然是被拥立的，所选择的都是适合当傀儡的人，只有耽于酒色这个成吉思汗血统在历代皇帝身上淋漓尽致地延续下去。

元作为征服王朝，问题堆积如山，但中央朝廷对此熟视无睹，不打算解决问题，不采取巩固政权的措施。

元王朝最大的问题是对汉族的政策，也就是所谓的南人政策以及如何掌控南人所居住的江南地区。淮河以北原先是金国的疆土，居住此地的汉族具有受异族统治的经验。蒙古政权建立的时候，有的汉人对蒙古采取合作的态度，结果成为汉人诸侯，受到优厚的待遇，这样，他们之间的关系就比较缓和。

前南宋领土内的人民第一次受到异族的统治，蒙古占领军采取高压的态势，故意蔑视他们的文化，侮辱摧毁他们的自尊心。蒙古政权害怕他们与北面的汉族团结起来，就制定汉人与南人的等级差别。在蒙古方面看来，这是对汉人的优厚待遇，希望这样可以使汉人采取合作的态度。人数较少的蒙古族打算通过加强与汉人的联合保持政权的稳定。对汉人的优厚待遇不言而喻就是对南人的冷漠。南人——居住在前南宋疆土，尤其是在江南地区的汉族，被迫过着屈辱性的生活。从“铁函心史”等就可以看出他们精神上的抗争。

少数民族的蒙古族直接统治的地区有限，所以对前金国疆土和前南宋疆土采取不同的统治方式。对前者基本是直接统治，对后者则是派少数官员进行间接统治。

保卫政权的驻军，南人军队很危险，当然不能使用，就派遣汉族军队驻守。蒙古族认为新降的南人不可信任，而从服历史长久的汉人可以信任，对他们也不得不信任。蒙古族没有足够的兵力可以派到江南地区驻守，即使东拼西凑派到江南去，从小就在漠北长大的蒙古族士兵由于不服南方水土，出于健康考虑，恐怕也是很不合算。

这样，蒙古政权在对待南人的问题上，不得不越来越依靠汉人。蒙古政权为了将全中国置于自己的统治之下，不得不加强与汉地（江南以北的华北地区）、汉人的合作。

元朝的国都有两个，即现在的北京与原来的开平府，前者称为大都，后者称为上都。一到夏天，政府机关大举从大都迁往上都。这种两都制似乎象征着蒙古政权的性格。创建元王朝的忽必烈是蒙古世界帝国的汉地总督。忽必烈政权具有出身地漠北与统治地汉地的双重性格。正如两都制所象征的那样，元王朝保持着漠北与汉地之间的平衡关系。然而，西征攫取江南以后，事情就变得复杂起来。为了统治江南地区，不得不借助汉人的力量，这样平衡关系就开始发生巨大的倾斜。

元王朝灭亡南宋以后，把重点放在汉地，这引起漠北蒙古族的不满。漠北是国家的发祥地，居住着不少元朝皇族，这也是皇位继承的斗争更加复杂的原因。

改革统治江南的体系本应是元朝的当务之急，但因为忙于权力之争，腾不出手来解决这个问题。哪怕稍微改变一点过去的模式，都会遭到朝廷内外的强烈反对，他们担心这样的改变会影响蒙古至上主义这根支柱。这种超保守的思想对所有的改革都加以阻挠。然而，时代在发展，如果不能适应潮流进行改革，政治机构就会生锈。元王朝已经丧失了自我净化的功能或者是恢复元气的力量，元王朝的末日已经来临。

元王朝占领富饶的江南地区以后，其奢侈的程度日益严重，还为此进行远征。元王朝逐渐变得离开江南就一天也活不下去。

按照元朝的制度，把汉地与江南分开，江南的人口是汉地的十倍，而经济实力恐怕还不止十倍。例如支撑元王朝财政收入相当大部分的专卖官盐，大半产于江淮地方。就粮食而言，从隋唐开始，江南的大米就通过运河北运。有人认为，唐朝能够在安史之乱中坚持下来，最大的原因是江南地区没有成为战场。这个论点很有说服力。元王朝将江南地区置于自己的统治之下，但又不得不依靠江南。

游牧民自古就有轻蔑农耕和商业民族的习惯，其原因之一是他们辛辛苦苦地劳动，把财富储藏起来。游牧民的生活不断到处移动，不需要储藏。移动的时候，笨重的坛坛罐罐搬运起来很不方便，生活必需品在移动地点就能筹措得到。所以俗话说蒙古人没有过夜的钱。因为随时都可以弄到钱财和物品，元王朝对皇族、功臣、宠臣的赐予非常大方。从国家财政来看，其实完全是一种浪费。这样毫无节制的铺张奢侈造成财政拮据，把江南拿到手也无济于事。

岂止如此，拿到手的江南反而成为一个棘手的问题。一旦过上欲望膨胀的生活，就非常难以缩减开支。有人认为，元王朝最终被江南置于死地。如果没有江南的粮食和食盐，元王朝的经济就彻底崩溃。

江南的物资通过运河和海路北运。元朝的时候，或者马可·波罗回国的时候，就能够制造巨船。这些物资运输线可以说是元朝的生命线，元朝自然要牢牢地守护。运河是陆地上的水路，比较好办，海上运输线对于草原战士蒙古人来说是最难驯服的烈马。

前面所说的韩国新安海打捞的沉船，最大的可能性是遭遇台风，避难不及而沉没。也有人推测遭遇海盗的袭击，满载货物的船只自然成为海盗袭击的目标。如果治安良好，海上警卫严密，海盗就不敢放肆动手，戒备松弛，海盗就开始猖獗。

宫廷里充斥阴谋诡计，上层领导忙于争权夺利，国家机构丧失自我净化和复原的能力，这是国力衰弱的表现。国力的衰弱在最薄弱的环节敏感地表现出来，首先就在它最棘手的海上。海上警卫弱小无力，虎视眈眈地窥伺机会的海盗集团早就一眼看穿其不堪一击，运输物资的船只接连遭到袭击。

国都在开封、洛阳或者长安的时代，南方物资的运输主要依靠运河。元朝定都北京，除运河外，也可以通过海上运输。除了冬天的冰冻期，天津的白河河口成为北京的海上货物接收地。海上运输的好处是可以使用比运河运输大得多的船只。海上运输对海边的盐产地尤其方便，广泛使用。

海盗的出现对元王朝是巨大的打击，要是有一条生命线被切断，那是非同小可。于是立即下令剿灭海盗，可是效果不佳。元朝的海军十分弱小，海盗不仅袭击运输船，连军船都敢攻击，可见元朝海军是多么虚弱。

在这样的状态下，发生方国珍之乱。方国珍原本在浙江黄岩贩卖食盐，也经营盐的运输业。据说他个高、脸黑、身白，大概在船上生活被太阳晒黑的吧。膂力过人，并不是一开始就从事海盗营生。

至正八年（1348 年），海盗蔡乱头被官府抓捕。为了一网打尽，采取顺藤摸瓜的方式，到处搜捕其同伙。官府采取严刑拷打逼供、鼓励检举揭发等各种手段。这种情况下，有人为报个人恩怨而告密检举。方国珍买卖很大，大概也得罪过人，于是有人揭发“方国珍通蔡乱头”。方国珍知道后，杀死告密者，带着家族逃到海上，成为货真价实的海盗。据说聚众数千。既然被人告密，又杀死告密者，也只能走这条路。

元朝自然派兵讨伐，但是朵尔只班率领的讨伐军连连败于方国珍，被俘。元朝正规的海军还不如海盗，实在没有出息。于是，元朝廷只好改讨伐为怀柔，方国珍逼迫俘虏朵尔只班，让他要朝廷封自己为“定海县尉”。定海县在浙江沿海，包含舟山群岛。虽然方国珍当上了定海县尉，可是他似乎对海盗营生上了瘾，欲罢不能，又在温州大肆骚扰。元朝这一次派遣孛罗帖木耳去讨伐，又是大败被俘。元朝再次授予方国珍官职。这样来回折腾好几次，受封的官职逐渐升高，从徽州路治中到海道漕运万户，再到行省参政。捣乱一次，就升官一次，可谓“闹而优则仕”。当时，河南、江北各地的造反此起彼伏，元朝苦于对付海、陆两面作战。连台州路达鲁花赤泰不华都被海盗杀死，对方国珍只好给予高官的职位。元朝打算利用方国珍讨伐叛乱的军队。元王朝已经无法依靠自己的力量镇压叛乱军队。方国珍看到这一点，才大胆造反。他的行为看似大胆，其实对元王朝的现状进行了极其认真仔细的分析，根据分析的结果，制订各个阶段的行动方案。他看似反复无常、没有节操，其实并不是喜欢这样翻来覆去地折腾。他当海盗，是为了保命。他后来的行动，每一步也都是为了保命而精心计算。不管其动机如何，在元末的叛乱中，第一个具有相当组织性的就是方国珍的队伍，他可以接受揭开造反序幕的荣誉。

北宋末期，同样在浙江地区，方腊举行叛乱。《水浒传》故事中的梁山泊好汉们被政府招安后前去讨伐方腊。我在讲述北宋末期的时候说过，北宋在征调讨伐辽国军队的时候发生方腊之乱，于是将原本讨伐辽国的军队调到浙江。于是，历史潮流发生决定性的变化，北宋失去对金国的优势，最后导致灭亡。从这个意义上说，方腊之乱也具有重要的意义。

元末的方国珍之乱同样发生在浙江，而且姓氏与方腊一样，于是有人推理他们的家族是否有所关联。然而，至今尚未发现佐证这种推理的证据。方腊是漆园的主人，方国珍是拥有众多营业员的盐商兼运输业主。

方腊之乱的时候，参加者以“吃菜事魔”的信仰团结在一起。这个信仰大概是在唐武宗禁止道教之外的所有宗教，即所谓会昌法难时被镇压后与景教、袄教一起表面上消失的摩尼教。

摩尼教是由摩尼创始的宗教，是对萨珊王朝时代的伊朗国教琐罗亚斯德教的改革。琐罗亚斯德教以二元论把世界视为光明之神与黑暗之神战斗之地，光明之神取得最后胜利。摩尼教将琐罗亚斯德教的二元论更加彻底化，认为光明之神与黑暗之神根本就没有相遇，也没有战斗，他们存在于不同的层次。号召大家皈依摩尼教，自然是皈依光明之神。

摩尼教在萨珊王朝被视为反对国教的异端邪教受到严厉的镇压，摩尼及其教徒被残酷处死。传到中国的“摩尼教”在唐代修建有寺院，也有一些传教活动，但在会昌法难中，至少表面上已经销声匿迹。摩尼教多次经历镇压的洗礼，与习惯于受保护的国教琐罗亚斯德教不同，可以想象在法难后潜入地下，以各种各样的形态生存下来。闽浙地区的摩尼教信徒似乎比较多。《元西域人华化考》的作者陈垣指出，《闽书》记述福建泉州华表山上还残存元代的摩尼教庵。摩尼教徒热心教育事业，具有某种共产思想，不论什么东西都要教徒互分。这样紧密团结、互相依靠，一旦起事，就成为坚强的母体。

一直受到镇压的摩尼教被回鹘族所接受，获得国教的地位。当然这是在回鹘族改宗伊斯兰教之前。位于中国新疆吐鲁番盆地的高昌国自从中唐的回鹘族大迁徙以后，就成为回鹘政权的中心。在高昌古国遗址上发现有摩尼教寺院的遗迹以及摩尼教的经书。生活在敦煌的西夏人受回鹘人的影响，似乎有不少摩尼教徒。驻守在安徽合肥的是夏人（西夏，党项族）的部队，一个名叫余阙的合肥人仔细观察部队，在其著作《青阳集》中这样记述道：

虽异姓如亲姻。凡有所得，虽箪食豆羹，不以自私，必召其朋友。朋友之间，有无相共，有余即以与人。

元代只举行八次科举，产生二百七十个进士。据史料记载，高昌的回鹘族偰氏一门就产生九个进士，令世人惊叹。每次科举都有人进士及第，其中一次是及第二人。延祐五年（1318 年）及第进士的偰玉立任福建泉州路达鲁花赤，据《闽书》记载，他在任上兴办学校，救济贫困，励求图志，搜访旧闻。陈垣详细考证高昌偰氏是摩尼教徒。

我之所以这样比较详细地讲述摩尼教，是因为这个潜伏形态的摩尼教与元末的大动乱有着密切的关系。摩尼教在潜伏期间，例如在北宋时期，依然拥有“吃菜事魔”这样独特的组织，借用其他宗教的外衣而生存下来。《闽书》的称呼是“摩尼佛”，这似乎将摩尼教与佛教混淆起来，也有可能是摩尼教混进佛教里，最后弄得喧宾夺主。

元末大乱的契机是白莲教，这是佛教的一派，宣称弥勒佛下生救世，其中含有浓厚的摩尼教的因素，后来推翻元朝、建立明朝的太祖朱元璋年轻时也是白莲教的信徒。白莲教又称明教，摩尼教所皈依的是光明之神，这也是白莲教中含有摩尼教因素的一个证明。朱元璋后来建立王朝，定国号为“明”，这大概有纪念年轻时曾加入白莲教——明教的意义吧。

白莲教之乱起于河南。

元朝的苛敛诛求使得全国疲惫不堪，其中最严重的是河南——黄河以南、淮河以北的地区。

金与南宋曾发生边界纠纷，南征、北伐，双方交战的时候，河南是主战场。元灭金后，南下讨伐南宋的时候，河南也是兵家必争之地。主战场，意味着当地的年轻人都要被驱赶上阵打仗，征夫劳役，家庭失去劳力，土地荒芜。

由于河南土地荒芜过于严重，有的蒙古族大臣提出一个荒唐的方案：把所有的农民赶走，改成牧场。至正四年（1344 年），这一片极度贫瘠的土地祸不单行，又发生黄河大泛滥。堤坝到处溃决，田地一片汪洋，自然颗粒无收。至正十一年（1351 年），被任命负责治水的贾鲁断然实行工法，以强制的手段成功修复水利工程。河南征调民工十五万、士兵两万参加修复这项水利工程。这次征调是强制性的，全部是无偿劳动。河南不发生叛乱，那才是咄咄怪事。此前自称白莲教系统的小叛乱就时有发生，但如今就不是小打小闹了。

据说弥勒佛是在释迦圆寂五十六亿七千万年后末法之世出现救济众生的。这句话的重点不在五十六亿七千万年，而是末世。当人们感觉自己活在末世的时候，就把希望寄托在弥勒佛的出现上。

天下当大乱，弥勒佛下生。

河南人民之间开始流传这句话，并迅速蔓延开来。这不是自然而然的蔓延，而是人为的扩散。颍州刘福通及其同党杜遵道、罗文素、盛文郁等企图作乱，抬出韩山童，散布这样的流言，进行舆论准备。

韩山童是白莲教的教主，他的家族世代都是白莲教的领导，其中有的祖辈以“烧香惑众”之罪被流放到永年。

刘福通似乎并不是热心的信徒，只是要聚众作乱。家族世代为白莲教司祭的韩山童可以集结到众多虔诚的信徒。刘福通看中他的正是这一点，可以说是利用吧。

如果仅限于白莲教，不是信徒的其他人也许会对他们敬而远之。于是刘福通展开第二轮舆论战，散布“韩山童是宋徽宗第八世孙，乃当今中国之主”的流言。利用人们对异族统治的愤慨心理招兵买马。

举兵的时候，举行了古老而庄严的仪式，杀白马黑牛，对天地起誓，提出复兴宋朝的口号。据说宋以火德保天下，其色为赤，所以参加叛乱者都头裹红巾。

至正十二年（1352 年），正是贾鲁奉命治理黄河水患的时候。许许多多的年轻人在治水工地上被迫无偿劳动，心里充满怨恨。刘福通大概想把这些人拉过来。

刘福通通过散布流言等各种方法进行大量的准备工作，但这样的准备越渗透越容易暴露自己的计划。这一年的五月，还没有正式举兵，计谋就被泄露出去。刘福通得知这一情况，匆匆忙忙来到颍州，紧急举兵。韩山童逃晚一步，被捕处死。韩山童的儿子韩林儿与母亲杨氏逃到武安的山里躲藏起来，躲过一劫。

刘福通以朱皋为根据地，连克罗山、上蔡、真阳、确山，攻打汝州、宁州、光州等。据说队伍很快就扩充到十几万，其核心力量是白莲教信徒，但绝大多数是对元朝压迫的反抗者，或者是极度贫穷，即将饿死，与其坐而待毙，不如参加造反的人们。河南黄泛严重，田地好几年泡在水里，不少人饿死。后来成为明太祖的朱元璋此时也由于黄河泛滥而食不果腹，他的父亲和哥哥们都饿死，他跑到皇觉寺当和尚才保住一条命。

元军面对十几万的造反军防不胜防，头上缠着红色头巾的这支叛乱军被称为“红巾军”。由于元军无法对付叛乱军，于是各地纷纷举兵响应，徐寿辉在蕲州，布王三、孟海马等在湘州、汉州，芝麻李在丰、沛，郭子兴在濠州，四面八方，互相呼应。不过，这些并不是一个统一的势力，虽然都称为红巾军或者红军，事前互相并无联系。

全国各地都有刘福通这样策划造反的人，也有的人想造反，还有的人把心里的想法对最亲近的人透露过，有的人聚集有一些人，也有的人已经聚集相当之众——各地都在酝酿、发生着各种阶段的造反行动。刘福通只是其中进展最快的人。他本人也许不是信徒，但他盯住白莲教还是很有眼光的，或许白莲教也在计划造反，需要拉拢教团以外的力量，所以一拍即合，积极支持。不过，从后来发展的情况来看，刘福通掌握着主导权，可以说他揭开了陆地上元末叛乱的序幕。海上叛乱的主角自然是方国珍。

互相没有联系的各路人马四处举兵，但在元朝廷看来，他们仿佛是同时爆发的叛乱。以前虽然也发生过叛乱，但都很零散，只有白莲教系统的胡润儿在后至元三年（1337年）的信阳州之乱还算似乎有点组织性，其他都像是突发性的骚乱，元军如同拍苍蝇一样轻而易举把他们镇压下去。所以，元朝起先对韩山童、刘福通的造反也感觉只是嗡嗡叫的烦人的小苍蝇一样，不当回事。然而，这一次与以往不同，各地应者云集，其势如燎原烈火，为前所未有。

元朝廷也终于明白事情非同小可，调动大军讨伐。由于河南各地驻守很多元军，所以能够迅速平定以前的零散叛乱，也可以对没有直接统治的江南地区起到威慑作用。河南驻军对付小乱收拾起来易如反掌，但要熄灭燎原之火就无能为力。

元的讨伐军司令是宰相脱脱和察汗帖木儿，可见对这次叛乱是何等重视。

至正十五年（1355年）二月，刘福通找到韩山童的儿子韩林儿，接到亳州，让他称帝。红巾军仓促举兵以来，已将近四年。红巾军虽然可以在河南横冲直撞，但缺少象征性的总帅，还是有诸多不便。为加强造反军内部的团结，也需要这样一个象征性的存在，所以把韩林儿接来当皇帝。

既然宣传他是宋徽宗的后裔，国号自然就是宋，定元号为龙凤。这个韩林儿既是宋的皇帝，也是白莲教的教主。白莲教别名明教，所以韩山童曾经自称明王，其子就称为小明王。这样做倒是像摩尼教的感觉。

如果仅仅是摩尼教的叛乱，按照信徒们互分东西的美好传统，也许会建立成一支优秀的军队，然而当时光凭白莲教信徒兵力不足，只好吸收其他各类人，组成混合部队。即使把韩林儿推上皇帝、小明王的位置，杂牌军依然还是杂牌军。由信徒组成的核心部队大概纪律严明，具有信念，而外围部队有的还是品质恶劣的盗贼集团，部队的素质大相径庭。

亳州建造宫殿，作为“宋国”的首都，韩林儿的母亲杨氏被尊称为皇太后，杜遵道、盛文郁任宰相，刘福通、罗文素任平章政事，刘福通的弟弟刘六任枢密院事，这就是“宋国”的核心。虽然体制完备，但立刻发生内讧。杜遵道逐渐得势，似乎得到皇帝的信任，于是刘福通对他深怀嫉恨，命士兵将其暗杀，此后由他掌握实权。

发生内讧的集团力量自耗而衰弱，不久“国都”亳州被元军包围，刘福通护卫皇帝韩林儿逃到安丰。《明史·韩林儿传》记述道：

未几，兵复盛。

虽然仓皇出逃，但还是马上就能征集到士兵。在这一片饥荒的土地上，到处都是饥饿的难民，他们是什么事都能干出来的。

元朝如果要根治叛乱，就应该实施开仓放粮、减轻赋税等解决民生问题的政策。既然元朝做不到，那就注定着灭亡的命运。

这个时期，喇嘛教僧侣进入元朝廷，举行莫名其妙的佛事，王公大臣争先恐后地修建寺院，施舍田地、宅邸等，其浪费程度无以复加。对人民的榨取有增无减，减税从何谈起。

红巾军因内讧而团结涣散，韩林儿对刘福通言听计从，刘福通却无法完全掌控军队。《明史》这样评论这个时期的红巾军：

兵虽盛，威令不行。

各地的造反军未必都对韩林儿的“宋国”称臣。例如在蕲州举兵的徐寿辉就建立“天完国”，定元号为治平，不承认韩林儿集团的霸主地位。

元军攻击的目标自然是叛乱的核心力量“宋国”集团。从安丰来到汴梁（开封）的刘福通为避开元军的猛烈攻击，将部队分为三路军。

关先生、破头潘、冯长舅等部将北上现在的山西省，进入冀州（河北）。

白不信、大刀敖、李喜喜率领的红巾军出函谷关、潼关，进入关中地区。

毛贵进入山东，接连攻陷胶州、莱州、益都等。在三路军中，毛贵的部队战斗力最强。

上述红巾军将领的名字有不少令人感觉很奇怪，“先生”这个称呼不知道是名字还是尊称。“破头潘”的“破”大概不是姓，而是“脑袋被打破的潘”。参加叛乱的将领害怕连累自己的家庭，很多使用假名或者绰号。

另外，元军的将军田丰也加入了红巾军。

毛贵攻陷山东的济南后北上，再拿下蓟州，逼近大都（北京）。这个时候，元顺帝甚至打算迁都，被大臣们劝谏，才打消这个念头。元军在大都附近英勇作战，毛贵只好退到济南。

关先生和破头潘又把部队分成两路，其中一路翻越太行山，攻陷完州，掠夺太原，攻打塞外各郡，终于攻下元朝的夏都——上都开平府。虽说是两都制，但其中一个国都被叛乱军占领，事态极为严重。上都的宫殿遭受破坏，此后皇帝就不再进行夏季的北巡。

红巾军对上都大肆蹂躏以后，掉头进入东北，掠取辽阳，一直抵达高丽。攻陷辽阳是在至正十九年（1359年），元朝的懿州路总管被杀。

向关中进发的白不信、李喜喜的部队进入凤翔，但为察罕帖木儿所破，退逃蜀（四川）。不过，李喜喜的残部攻进宁夏，在灵武边境一带烧杀抢掠，十分猖獗。

如此看来，拥戴韩林儿的叛乱军所占领的地区东自东北、高丽，西至蜀地，貌似规模宏大，其实是害怕被元军一举歼灭而分散兵力。红巾军攻陷不计其数的城邑，但立即被元军收复。

有人认为，这是分散性的溃败。溃逃的一路上为得到粮食和物资，就攻城略地。这是漫无目的的流浪部队，不建立根据地，是因为守不住。

只有进入山东的毛贵成功地建立起济南根据地，坚持三年。他在济南设立宾兴院，类似行政机关，起用元朝官员姬宗周进行管理，还开辟三百六十处进行屯田。毛贵比其他红巾军将领更有计划性。

由于脱脱、察罕帖木儿这些元朝最高领导人亲临战场，大大鼓舞了讨伐叛乱军的元军的士气。

连上都都被叛乱军践踏蹂躏，元朝自然深感危机。这是关系到国家命运的战争。前面说过，红巾军大部分变成流寇，无法把力量凝聚在一起，所以元军容易对他们各个击破。

红巾军从一开始就没有统一的信念和军事纪律，这其中有计划暴露、仓促举兵的原因；同时为尽快招募更多的兵员，也不可能挑选高素质的新兵。于是，各地随意自称红巾军的集团开始各自的军事行动。

上面所说的是拥立韩林儿为帝的红巾军核心集团的情况，连他们也都发生内讧等各种各样的问题。

流窜各地的造反军其实都是溃逃的败兵，纪律松弛紊乱，骚扰各地百姓。他们自称举兵是为了解救人民的倒悬之苦，然而他们的行动反其道而行之，所以得不到人民的拥护和支持。老百姓心里一定痛恨他们，蒙古固然很坏，但这些家伙也很坏。红巾军中大概只有白莲教信徒组成的核心部队没有沾染流寇的习气。这个时期的文献记录被后来的胜利者朱元璋所删改，所以仅仅从文献资料难以还原当时的真实情况。

察罕帖木儿大破关中至陇一带的红巾军，然后集结大军，准备攻取“宋国”首都汴梁城。元军将大本营设在杏花营，所有部队都在汴梁城外构筑碉堡，团团围住。

包围百余日，城内粮绝。刘福通只好护卫着皇帝韩林儿，率领百余精锐骑兵，从东门杀出一条血路，仓皇逃到安丰。《明史》这样记述道：

后宫官属子女及符玺印章宝货尽没于察罕。

有人把这样的部队称为“农民起义军”，其实他们应该是对暴政的反叛军，而且在汴梁城里已经修建后宫，还有宫女。符玺印章是发布命令所必需的，然而已经搜刮有相当多的财宝。时代不同，不能一概而论，但是总体上把红巾军称为“起义军”是否合适呢？

红巾军中最具有组织力的毛贵部队在山东济南坚守三年，也发生内讧。毛贵为部下赵均用所杀，续继祖又杀掉赵均用，双方的部下互相攻打，陷入内战状态。毛贵在济南三年，收罗有不少美女和财宝，大概这也是双方争夺的原因。

逃到安丰的刘福通严厉斥责部将李武和崔德“逗挠”（畏敌不进），要予以处罚。他们是与刘福通一道举兵的元老，结果却向元军将领李思齐投降。

察罕帖木儿收复汴梁后，派儿子扩廓帖木儿攻打东平，迫使田丰投降，山东基本平定。但是，至正二十二年（1362年），投降的田丰等杀害察罕帖木儿，逃到益都城。扩廓帖木儿为报父仇，率大军包围益都城，在火星埠将赶来救援的刘福通的部队打得落花流水。

红巾军从举兵以来，已有十多年，其主力部队也即将进入穷途末路。元军击败援兵后，挖掘坑道，攻进益都城，杀死田丰等人。

第二年，至正二十三年（1363 年），张士诚的部将吕珍包围安丰的红巾军根据地。

我将在后面讲述这个张士诚，他不是纯粹的政府军，原先是叛乱军，只是不像别的叛乱军那样，他与白莲教以及红巾军没有什么关系。张士诚自称“周王”，也定过元号，后来废除，与元朝议和，给缺少粮食的北京运大米，以博取元朝的信任。

这个时候的张士诚虽然也是一股起兵造反、地方割据的势力，却与元朝和解结合，显得十分怪异。大概为了获取元朝的信任，他竟然与元军一起包围安丰，这无疑是想利用这个时机把这一片地区纳入自己的势力范围。

安丰的红巾军向朱元璋求救。虽然系统不一样，但朱元璋原先是为响应红巾军而在濠州举兵的郭子兴的部将。

安丰破则士诚益强。

他考虑的不是红巾军的成败，而是政治力量的平衡关系，于是决定出兵救援，而且亲自出马。

在朱元璋的援军到达之前，张士诚的部将吕珍就攻进安丰城，杀刘福通。这个揭开元末动乱序幕的乱世英杰就这样悲惨地结束了人生。

晚到一步的朱元璋攻打安丰城，吕珍败逃，朱元璋救出躲藏在城内的韩林儿。

朱元璋把韩林儿放在滁州。第二年，朱元璋称吴王，对于打算自己称帝的他来说，大概感觉韩林儿的存在比较棘手吧。

又二年，林儿卒。

《明史》记述韩林儿于两年后死去，同时也记载另一种说法：朱元璋命廖永忠将韩林儿带回南京途中舟覆沉江。考虑到朱元璋的性格，自然引起很多人的猜测，认为是他命廖永忠杀害韩林儿。

红巾军的主力部队对元朝的抵抗长达十二年，现在让我们回顾它所走过的历程，思考其最后失败的原因。

红巾军失败的最大原因是连主力集团都缺乏统一性。

第二个原因是感觉危机的元朝派出强大的正规军进行镇压。

为避开元军压倒性的威胁，红巾军采取兵力分散的办法可以说造成不可挽回的失败。

部队分散，自然就削弱战斗力。红巾军举兵的时候就是一支拼凑起来的部队，所以尽管知道分散会削弱战斗力，但还是不得不分散。

如果各路人马能朝着同一个方向分散转移那也可以，他们一会儿攻占上都，一会儿进入高丽，这显然是作战计划的失败。

红巾军主力本应该可以向南转移，渡过长江，逃到江南。江南不是元朝的直接统治区，驻军的兵力也不多。元朝即使派遣南征军，蒙古军队最善战的骑兵在江南水乡也无能为力。

另外，江南人民对蒙古政权的同仇敌忾的情绪远比汉地（华北）强烈。他们一直受到所谓“南人”“蛮子”的蔑视，无论什么事都遭受歧视，而人口却占压倒性多数。

前面说过，汉地的财政依靠江南地区的食盐和大米。只要割据江南，控制江南，汉地肯定叫苦不迭。与外国进行贸易的主要地区也都在南方，只要对广州、泉州、杭州的国际贸易征税，就可以获得充足的军费。

无论从哪方面考虑，进入江南最为有利，但是红巾军分散以后，有的向东，有的向西，还几次袭击塞外的上都，恐怕红巾军缺少富有远见卓识的参谋。

元末叛乱军的余部全部退到江南地区，展开争夺天下的斗争，最后的胜利者是朱元璋。

我将在后面讲述江南舞台上展开的争霸之战。

王朝末路

元朝廷成为玩弄阴谋诡计的巢穴，是因为蒙古族从以部族为单位的游牧时代开始就没有明确的首领继承制度。原则上由长老们在忽里勒台上推举，但基本上具有幼子继承的倾向。幼弟的哥哥们往往各自独立，拥有自己的部下和集团，最后只剩下幼子继承父亲的位置。另外，幼子年轻，富有朝气，可以保持比较长期的政权。

世祖忽必烈统治中国以后的皇统是这样的：成宗没有子嗣，死后，皇帝一般由权臣拥立。从下面这个皇统图的顺序可以知道，十一代皇帝中，兄弟继承有三次。这是一个特点。而且最后一次的宁宗和顺帝的继承，是哥哥继承弟弟，实属例外。另一个特点是：只有第一代世祖忽必烈与最后一代顺帝的在位时间都长达三十多年，其他皇帝的治世时间都很短，超过十年的只有第二代皇帝成宗一个人。

元王朝末代皇帝顺帝即位的元统元年（1333 年）正是日本的后醍醐天皇元宏三年，新田义贞攻打镰仓，北条氏灭亡。第二年为建武中兴之年。

从下面的皇统图可以知道，明宗死后，其弟文宗继承皇位，由右宰相燕帖木儿拥立。明宗的长子顺帝才十岁也许只是表面上的理由。

文宗死时，留下遗诏，传位给哥哥明宗的长子，即顺帝，而不是自己的儿子。大概因为他的哥哥死后，哥哥明明有儿子，他作为弟弟却继承皇位，坐在皇帝的位置上心情内疚的缘故吧，所以不把皇位传给儿子。

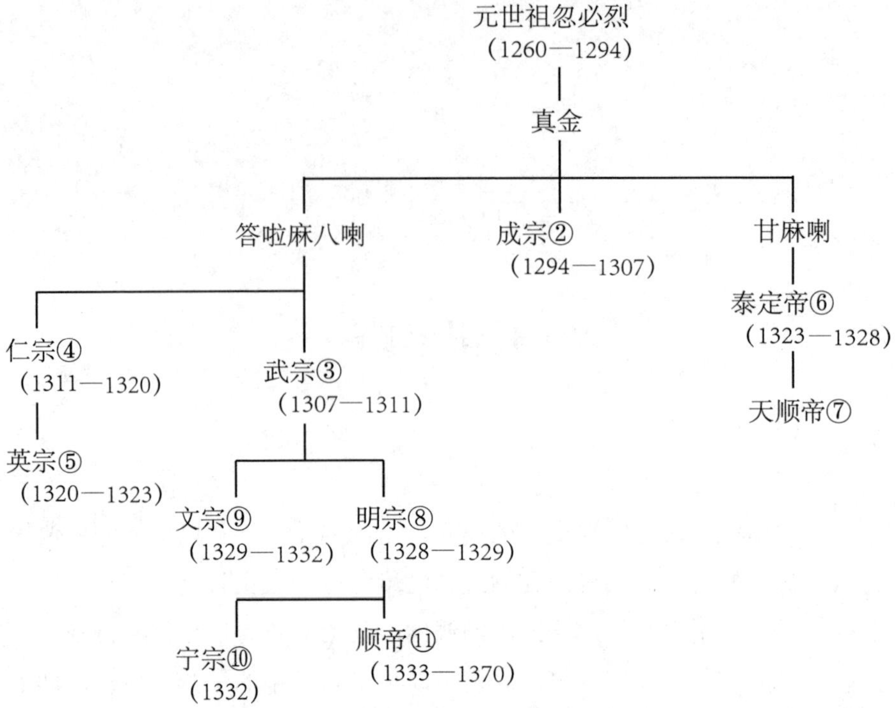

虽然文宗留下这样的遗诏，但是权臣燕帖木儿置之不理，不让顺帝即位，而是让顺帝的弟弟宁宗即位。顺帝的生母在蒙古地区，父亲明宗北巡的时候立她为妃，顺帝也生在那里。但明宗一死，皇后（当然不是顺帝的生母）就说明宗生前表示过顺帝并非自己的儿子，于是顺帝被发配到高丽的大青岛，后来又转移到广西。

如果执行文宗的遗诏，顺帝就应该从广西回来即位，但是权臣的势力比皇帝的遗诏还管用，宁宗以权臣燕帖木儿拥立的形式即位，不过在位仅五十多天就死去。

其实燕帖木儿是杀死明宗拥立其弟文宗的，所以文宗及其皇后大概都不愿意自己的儿子成为权臣的傀儡而被杀。文宗的皇后提出，自己的儿子还幼小，在广西的明宗之子已经十三岁，可以立为皇帝。于是，顺帝从广西回到北京。

将顺帝从高丽的大青岛转移到广西，是因为有消息说辽阳的元朝高官要拥立这个少年与高丽联盟发动叛乱。这大概只是流言蜚语，也许正是权臣燕帖木儿故意散布的。

燕帖木儿不喜欢顺帝即位，是因为顺帝生于蒙古地区，害怕他会得到故地的皇族、重臣的支持。元王朝中一直存在着蒙地派和汉地派。燕帖木儿是汉地派，主张尊重汉文化。他掌权期间，经常举行科举。他担心如果顺帝即位，那些国粹派的大臣会趁机上来，夺取他的权势。

顺帝从广西入京，被暗杀的危险很大，于是在汴梁的伯颜亲自率兵护卫顺帝安全进入北京。伯颜以此功成为新的权臣。顺帝即位这一年，强硬的反对派燕帖木儿死去，也许这样避免了皇位继承的流血悲剧。

伯颜与燕帖木儿截然相反，是一个彻头彻尾的国粹主义者。他为了成为权臣，必须与燕帖木儿及其同党进行战斗，最后大获全胜。

不言而喻，科举立即被废除。然而，可怕的是，这个伯颜似乎性格异常，相当怪诞，常有越轨言行，这也许是在燕帖木儿尊重汉文化时代所受到的压抑的反动吧。据说伯颜提议“张、王、刘、李、赵这五姓的汉人皆杀之”。元朝初期，将农民全部赶出河南后作为牧场的提议记忆犹新。中国与日本不同，姓氏数量较少，上述“五姓”是大姓，所占人口最多，赵还是宋朝皇族的姓氏。如果把这五个姓的汉人全部杀光，大概中国的人口将减少一半。幸亏这个疯狂的建议未被采纳。

权臣是蒙古国粹派，而顺帝从小就在广西接受与普通汉人孩子同样的教育，所以对汉文化相当理解。

另外，元朝攻打南宋的一个将军也名叫伯颜，“伯颜”在蒙古语中是“有德的贤者”的意思，所以同名者不少，但未必都有血缘关系。

元代的十一个皇帝中，顺帝的命运最为艰难坎坷。他不仅是亡国之君，还被发配到高丽的大青岛，后来转移到当时的国境地区广西。

有关他的评价，有人认为是明君，也有人认为是昏君。在他这个时代元朝灭亡，从结果来看，恐怕难说是明君吧。

他冒着被暗杀的生命危险从广西来到北京，起初对权臣伯颜是言听计从，但如果考虑到他当时才十三岁的年龄，对此谴责未免过于苛刻。

皇帝自然要参拜历代先帝的宗庙，但顺帝的先帝是他的弟弟宁宗。他在宁宗的宗庙前，曾询问担任礼仪的官员自己拜谒弟弟宁宗是否合适。可见他的脑子里具有儒教的伦理意识，但如果按照蒙古的思想，这应该不会成为问题。

顺帝的即位是文宗皇后的意思，为报答这个恩典，他先是把文宗皇后封为皇太后，后来又尊称为太皇太后。她是顺帝的叔母，却被尊为祖母，这有违儒教的秩序思想。许有壬劝谏，但顺帝不听，史学家以此事评论顺帝是昏君。

后来，顺帝在追查父亲明宗被杀的过程中，对文宗皇后开始产生愤恨。杀害明宗的是燕帖木儿，但皇族没有保护好明宗也是事实。顺帝的愤怒导致这个被尊为太皇太后的叔母被发配到东安州，最后死于该地。清朝赵翼这样评述道：

始则尊之以非礼，后则坐之以非罪，衰朝荒主，颠倒妄行，固无足责矣。

既然是“衰朝荒主”，也就不值得责难。这是对他最低的评价。

关于这个不知道是明君还是昏君的元朝末代皇帝的出生，也有各种不同的说法。

弟弟宁宗先于他即位，这本来就不正常。其理由就是明宗的正皇后的一句话。但是，顺帝非明宗亲生子这样的流言传到世间。有可能这是尊重汉文化的燕帖木儿不喜欢出生于蒙古地区的顺帝而故意散布的流言。不仅仅《庚申帝大事记》这样的野史，连《元史·本纪》也说顺帝诏谕驳斥了顺帝非明宗亲生之子的谣言邪说，造谣者乃是文宗，对其叔父进行了批判。但这也恰好说明当时在世间的传言根深蒂固，广为流传。

顺帝生于庚申年，所以也称为庚申帝。野史《庚申外史》记载，文宗说顺帝非明宗亲生之子，虞集和马祖常这两个史官如实记录下来，顺帝大怒，要杀这两个人。这两个人的工作就是记录皇帝的言行，他们只是忠于自己的职守。脱脱从旁劝说道：这两个人是天下著名的文人，倘若杀掉他们，后世的史学家就会记录下“陛下杀此秀才”的史实，顺帝这才宽恕了他们。

袁忠彻的野史《符台外集》说得更离谱：顺帝是在杭州投降的南宋幼帝恭宗的儿子。恭宗（按当时的元号也称为德祐帝）降元后，被封为瀛国公，娶世祖的公主为妻，但后来他出家。

瀛国学佛于吐蕃，娶迈来的为妻。有娠。适明宗逃于漠北，与瀛国善。索迈来的为妻，遂生顺帝。

大概是明宗在蒙古地区游行的时候，看见一个貌若天仙的有夫之妇，就把她占为己有。其实这个美女已有身孕，这令人想起成吉思汗的长子术赤的故事。美女所生之子就是明宗的长子顺帝，这故事情节似乎合乎蒙古的风俗。那么，这个美女（《元史》里的迈来的）的前夫就是瀛国公。这样的故事编造显露出过多人为的痕迹。

不过，在元朝统治下的人民中占绝大多数的汉人暗地里流传着“原来现在的蒙古皇帝是南宋的恭宗之子，实际上是和我们一样的汉人”这样的传闻时，一定感觉心头非常痛快。尤其是受到歧视的南人，管它是不是胡编乱造，简直是无与伦比的快活，原来是我们南宋的孙子骑在蒙古王朝的头上。

本书不是小说，介绍这些无根无据的故事也许显得多余，但是想象一下当时的人们在传播这些流言时那津津有味的兴奋情景，还是觉得有必要予以介绍。

以考证严谨著称的赵翼在《廿二史札记》中也介绍关于庚申帝出生的各种传说：

案至元十三年，瀛国公降，年六岁。至元二十五年，瀛国学佛于土蕃，年十八岁。延祐七年，顺帝生之岁，瀛国公年五十，计其年岁，亦不悬殊。

这个说法不能说完全没有可能。

顺帝是否瀛国公之子令人怀疑，但顺帝非明宗亲生之子的可能性相当大。正史记载，顺帝对非亲生之子的说法非常恼怒，命令撤掉制造这个谣言邪说的叔父文宗的庙主。也许顺帝本人内心深处也为自己的出生感到疑惑。

在位期间，顺帝立爱猷识理达腊为皇太子，由他执政，自己则处于半隐退状态。当时他才三十五岁左右，隐居还为时太早。蒙古族选择继承者的传统是召开忽里勒台，册立皇太子的做法都很罕见。

是什么原因使得顺帝想退出政治舞台呢？

蒙古国粹主义者、权臣伯颜在顺帝二十岁的时候失势，这是脱脱的谋略，伯颜被流放到江西，在那里饮鸩而死。脱脱是汉文化尊重派，于是立即恢复科举制度。特别值得一书的是，在脱脱的主持下，编纂了《辽史》《金史》《宋史》这三部正史。

大凡中国的王朝整理前代王朝的实录、编纂正史是一个义务。五代那样的短命王朝做不到这一点，但是宋朝编纂《五代史》和新旧《唐书》，履行了这个义务。元朝通过编纂这三部正史可以说正式宣告自己是中国的一个传统王朝。如果是伯颜执政，大概不会有这样的事业。

编纂史书的工作从至正三年（1343 年）三月开始，至正五年十月完成。像《宋史》这样的史书数量相当庞大，未免感觉时间太短，但其实在忽必烈时代就已经完成了这三部的史稿，脱脱只是进行定稿的工作。

脱脱是讨伐叛乱军的司令，在与张士诚交战中，突然被政敌打倒，发配云南途中被毒杀。

顺帝把政务完全交给皇太子，自己却迷恋喇嘛教，相信妖僧们的胡言乱语，沉溺于怪异的房中术，要成为欢喜世界中的人。也许因为脱脱的失势死去，使得顺帝开始厌世，而且这个时期，白莲教系统的叛乱已经扩大到河南地区，讨伐的战况并不乐观。这一切都让顺帝感觉空虚悲观，或者他知道了自己出生的秘密，有什么想法吧。

脱脱的失势也是哈麻与喇嘛教妖僧的阴谋。自从世祖忽必烈把八思巴封为国师以后，喇嘛教在元朝廷就获得国教一样的待遇。蒙古是世界帝国，对各个宗教都采取宽容的态度，但是对喇嘛教予以特殊的优待。

喇嘛教是佛教的一支，在西藏形成，如密教那样通过口传延续其秘密仪式。所谓喇嘛，具有“师傅”的意思。由于过于强调秘密仪式，就带有危险。因为以不公开为原则，极为重视个人与个人之间的关系，因此喇嘛教一旦与皇帝结合在一起，就会产生极大的问题。以所谓的秘法向皇帝进言各种各样的建议，过去时有发生。

南宋灭亡后，喇嘛僧人杨琏真迦进言要举行不会让南宋复活的咒术，其办法就是挖开南宋六个皇帝的陵墓，把他们的遗体搬出来，身首分离。

杨琏真迦的咒术还有别的目的，就是挖开陵墓后，把埋在里面的贵重陪葬品占为己有。其实他不仅仅觊觎帝王陵寝，而且已经挖开了一百多座重臣高官的坟墓。

南宋历代陵寝在绍兴。帝陵与皇帝在世时的御座一样，都是坐北朝南的规矩。但是，绍兴的南宋帝陵都是坐南朝北。因为国都开封被金国夺取，现在的杭州只是临时首都，即马可·波罗所说的“行在”，总有一天要北归收复失地。陵寝朝北，包含着北望的强烈愿望，同时也期待有一天能改葬在北地的祖先帝陵区，现在只是临时性的陵墓。因此，南宋历代帝陵的规模都比较小。这样相对简单的帝陵杨琏真迦就很容易挖开。他把砍掉脑袋的遗体再切成碎段埋在杭州的旧宫殿遗址里。

浙江温州人林景熙装作采草药的样子，捡拾搜寻这些遗骨。有的头盖骨被扔到湖里，那是理宗皇帝，他雇渔民潜水寻找，捡拾上来。他把搜集来的遗骨悄悄地埋在原先的陵寝附近，种上冬青以作为标志。据说下面这首诗《冬青花》就是林景熙当时创作的。

冬青花，花时一日肠九折。
隔江风雨晴影空，五月深山护微雪。
石根云气龙所藏，寻常蝼蚁不敢穴。
移来此种非人间，曾识万年觞底月。
蜀魂飞绕百鸟臣，夜半一声山竹裂。

蜀魂，就是杜宇，据说是在蜀地的帝王的灵魂所化的鸟。

当然并不是说所有的喇嘛教徒都是杨琏真迦这样的家伙，但是元末逢迎顺帝的喇嘛僧多是怀有政治野心的品质恶劣者。顺帝大概流露出精神的苦恼，这些喇嘛僧人就乘虚而入，使用长寿秘诀、镇护国家的咒语等手段，骗取大量的金钱做佛事。皇帝为此支持的钱财，自然都落到喇嘛们的口袋里。

元末，国家财政状态濒临破产，最大的原因是世祖忽必烈的远征。在远征日本以后，又接连远征安南、缅甸、爪哇等南方地区，而且结果或者几乎失败或者一无所得。阿合马、桑哥这些色目人经济官员按照商人的思维方式运营国家财政，招致人民的反感，引起叛乱。然后他们又以镇压叛乱需要军费的名目苛敛诛求。在这个时候，大量的资金用于举行喇嘛教秘法佛事。史学家在论述元末财政困难的原因时，无一例外都要指出其中之一就是大肆举办喇嘛教佛事。这应该说是顺帝昏君一面的最主要表现。

任何朝代都存在派系斗争，以这一点批判顺帝显得对他过于苛求。只是在君主专制时代，皇帝本应该具有无比强大的力量。如果顺帝更强势，大概可以在一定程度上抑制派系斗争，结果却连他册立的皇太子也被卷进去。

顺帝即位初期使用元统这个元号，很快，1335年，他改元号为至元。但是，至元是世祖忽必烈使用三十多年的元号。同一个王朝重复使用同一个元号无此先例。这是伯颜的"回归世祖时代"的国粹复古主义在作怪。因为与世祖的至元混淆，顺帝时代的至元就称为后至元。伯颜失势后，国粹主义时代结束，元号也改为至正。至正元年是1341年。这是汉文化尊重派的时代，许有壬、欧阳玄、李好文、黄缙等儒者向顺帝进讲四书五经，顺帝也认真听讲。有的史学家以此为根据认为顺帝是明君。他对政务也很热心，这样的记述散见于《元史》各处。例如《元史·苏天爵传》就这样记述道：

至元二年，朝廷庶务多所更张，天子图治之意甚切，天爵知无不言。

对执政显示出积极的态度，廷臣也就敢于直言。不过，对这样的记录不可深信不疑，历代的实录都有曲笔的部分。冷静理智的清代史学家赵翼这样评论上述《元史》中的这段话：

按顺帝在位，惟耽乐之从，何曾有求治之意？亦谰语也。凡此，盖皆旧史原文，所谓详于记善，略于惩恶者。

顺帝即位过程的确有值得同情之处，但作为一国的皇帝，应该说不够资格。最显著的表现就是追求在喇嘛教中也是最腐败的部分——官能快乐。只要是一个正常的人都不会这样做。他明明知道修建寺院塔林会增加交钞、引起通货膨胀，但还是一意孤行，这只能说他连政治的基本常识都不懂。如果交钞变成不兑换货币，就会引起物价飞涨、民心不稳。

以米价作为标准计算，元朝末期的半个世纪里，米价上涨了两千五百倍。

脱脱被哈麻及其妹夫秃鲁帖木儿谋杀后，朝廷大权就掌控在这些人手里。

然而，人对权势往往贪得无厌，为了争夺更大的权势，哈麻与秃鲁帖木儿发生分裂，其背景是主持政务的皇太子拥有巨大的权限。

哈麻打算废黜顺帝，拥立皇太子即位，为此首先必须铲除顺帝派的秃鲁帖木儿。然而，斗争的结果是顺帝一方获胜，哈麻被杀。哈麻虽死，朝廷内部的两派对立依然没有解决，这是有着血缘关系的顺帝与皇太子之间的对立。

顺帝派的主要人物有左丞相太平、秃鲁帖木儿、御史大夫老的沙。

皇太子派的主要人物有生母奇皇后、右丞相搠思监、宦官朴不花。

元代历史中，宦官干预政治，至少是公开登上政治舞台，在元朝即将灭亡的时候算是第一次。《元史·宦官传》的序这样说道：

太祖选贵臣子弟给事左右，故宦官不能窃权。此固一代之良法。

与唐朝、明朝相比，元代的确几乎没有宦官之祸。然而，赵翼对此提出不同观点：

而岂知大臣权力过甚，又足为乱阶，其祸较宦官更烈哉。

元代皇帝被权臣拥立、被权臣所杀，与中唐以后的唐朝皇帝被宦官废立相比，元朝就更好一些吗？赵翼的意思是说权臣比宦官更狠毒。

宦官没有家族、至少没有亲生儿子，他们赖以寄生的王朝一旦覆灭，覆巢之下，安有完卵？他们也随之彻底完蛋。从这一点来说，宦官对王朝怀有依赖心和忠诚心。然而，权臣就不一样。只要他想干，完全可以取而代之。中国南北朝的兴亡全部都是如此。隋朝权臣李渊取隋朝而代之，创建唐王朝；而唐王朝也灭于权臣朱全忠之手。历史上宦官没有这样的例子。

这个在元朝末期出现的宦官朴不花是高丽人。因为皇后奇氏是高丽人，他作为媵臣进入元朝廷。他不是宦官，而是作为顺帝皇后的媵臣进入朝廷，与专权跋扈的阿合马有点相似。

大概因为少年时期曾被发配到高丽的大青岛，顺帝对高丽情有独钟，在正宫皇后巴颜呼图克还在世的时候，他就一味宠爱奇氏，后来册立她为正宫皇后。

宦官朴不花对皇后奇氏忠诚驯服、俯首帖耳，无论是计谋废顺帝立皇太子，还是拉拢顺帝的左丞相太平，都是他卖力效劳。由于左丞相太平坚决拒绝，奇氏最后使用手段把他杀掉。

如果仅仅是宫廷内部的争斗，还不至于影响大局，更可怕的是这个时期河南叛乱此起彼伏，将军们都忙于打仗。一发生战争，自然就会形成军阀。宫廷内的皇帝派与皇太子（或者说是奇皇后）派就和互相对立的军阀结为同盟，元朝末期的症状已经病入膏肓。

被田丰谋杀的察罕帖木儿原先是一方军阀的首领，他死后，其子扩廓帖木儿接替。皇太子与这个扩廓帖木儿结为联盟。

与扩廓帖木儿对立的另一方军阀的首领是孛罗帖木儿，他也是接替父亲答失八都鲁，所以两边的首领都是第二代军阀。扩廓帖木儿不是察罕帖木儿的亲生儿子，而是养子，据说他的本名叫王保保。皇帝派自然和孛罗帖木儿结为同盟。

皇太子得知皇帝派的老的沙企图肃清皇太子派的朴不花，便将老的沙撤职，老的沙逃进孛罗帖木儿的军营里。皇太子要求孛罗帖木儿把老的沙交出来，但遭到拒绝。

皇太子派的搠思监、朴不花弹劾孛罗帖木儿图谋反叛，削其官职，夺其兵权。孛罗帖木儿当然不会老老实实地束手就擒，命令部将秃坚帖木儿攻打大都。

顺帝恢复孛罗帖木儿的名誉，把搠思监、朴不花交给他处置。皇太子派受到沉重的打击，皇太子要求扩廓帖木儿攻打孛罗帖木儿。孛罗帖木儿极为恼怒，再次发兵，皇太子逃出大都。孛罗帖木儿进入大都，被任命为中书右丞相，掌握天下的兵权。老的沙任平章政事，秃坚帖木儿任御史大夫，朝廷成为皇帝派的天下。

逃亡的皇太子再次要求扩廓帖木儿攻打孛罗帖木儿，这次是孛罗帖木儿大败，他本人及其同党全部被杀。局势一下子发生逆转，成为皇太子派的天下，扩廓帖木儿任中书左丞相，掌握实权。

不过，扩廓帖木儿是一个典型的武将性格的人，他成为皇太子派是当时局势的推动，并不赞成逼迫顺帝退位、由皇太子即位。这样，他受到皇太子和奇氏的憎恨，顺帝自然也对他怀有敌意。在这种错综复杂的政局下，扩廓帖木儿觉得在北京待不下去，提出希望率兵去河南，顺帝封他为河南王，成为讨伐红巾军的总司令。

但是，在河南地区与各路叛乱军作战的张良弼、孔兴、脱列伯等已经形成新的军阀。他们共同阻止扩廓帖木儿带兵进入河南。而扩廓帖木儿军阀内部，一些与扩廓帖木儿关系不和的将领向朝廷奏文弹劾，结果扩廓帖木儿被撤职。

这一年是至正二十五年（1365 年），整个朝廷陷于一片混乱之中。

这样的国家不灭亡才是咄咄怪事。

人间天堂

上有天堂，下有苏杭。

这个说法不知始于何时。其意是说苏州与杭州是人间天堂。因见于范成大（1126—1193 年）的《吴郡志》，可以知道至少在南宋时期就有这个说法。同样是南宋时期，还有这样的说法：

苏湖熟，天下足。

只要苏州和湖州（太湖南岸）一带丰收，就有足够供应全国的粮食，不必担心发生饥荒。这一带是种植双季稻的地区，农业技术水平十分发达。除农业外，纺织业也很兴隆。

这一带流传着黄道婆的传说，黄道婆实有其人，生活在南宋末期至元朝初期。她原是奴婢，因不堪虐待，逃出苏州，却不知什么缘故，最终流落到海南岛。海南岛是优质棉花的产地，而且纺织技术也很发达。她在海南岛居住三十年，向黎族人学习纺织技术。五十多岁以后，思乡之念日益强烈，便回到苏州。她把海南岛优质棉花的种子和纺织技术带回来广泛传播，苏州的纺织业从而得到飞跃性的发展，欣欣向荣。据说她把手摇纺织机改造成脚踏式，提高数倍效率。

苏州的造纸业也非常有名，所生产的“粉笺纸”（又名“彩笺”）有各种颜色，被誉为美如花。能生产优质纸张，自然会促进印刷业的发展。苏州的版画具有优秀的传统，至今依然引以自豪。于是聚集着一批文人画家，苏州不仅成为产业、也成为文化的中心。

马可·波罗这样描写元代的苏州（Suju）：

苏州是一座壮观的大城市。居民是偶像教徒，隶属于汗。他们使用纸币。他们的生计完全依靠商业和手工业。生丝产量很大，大量织造作为衣服面料的丝绸。富裕商人为数不少。这座城市规模宏大，周长达六十英里。城内人口稠密，数不胜数。如果苏州市民全部都是军人的话，蛮子仅仅依靠这些士兵大概就能征服全世界。然而，他们并不具备军人的气质，而是具有商业头脑的商人、技术高超的能工巧匠，其中也有精通自然哲学之理的大家以及领悟宇宙神秘的名医，还有不少穷极诅咒占卜之术的巫师……

除了“周长达六十英里”的记述过于夸张外，其他部分可以说准确地描绘出当时的苏州状况。

因为河南地区贫困凋敝，就显得江南的苏州繁华兴盛，也许说的是工商业发达、多有富豪的意思。苏州也有很多穷人，但像马可·波罗这样的旅行者所看到的大抵是富豪及其社交活动的多姿多彩。

白莲教系统的乱军在河南各地与政府军作战的时候，江南处于比较稳定和平的时期。河南地区的农民因黄河泛滥失去土地，被逼到活不下去的地步，自然希望发生动乱。苏州的市民要比河南百姓具有更多的工作机会，而且一旦发生战争，工商业就会遭受灭顶之灾，所以不希望发生动乱，大家都怀着维护珍贵的和平环境的心情。

另一方面，整个江南地区的人民对蒙古政权燃烧着强烈的仇恨情绪。蒙古政权蔑称南人为“蛮子”，苏州人民自然要反抗。《铁函心史》的著者郑思肖就居住在苏州。

元代，江南各地经常举行诗文比赛，既有文人聚集于沙龙举行，也有出题公开征集作品。据《怀麓堂诗话》记载，主持诗文结社月泉吟社的吴谓出题《春日田园杂兴》征文，应征者多达两千七百三十五人。松江（现在的上海周边）的吕璜溪准备一大笔钱，招聘四方著名诗人，请杨维桢担任评选，第定甲乙，厚有赠遗，据说“一时文人毕至，倾动三吴”。《明史·文苑传》记载这样的逸闻：一个名叫饶介的人喜欢诗歌，聚集诗人，命题《醉樵之歌》作诗。醉樵是饶介的号。第一名张简获黄金一饼、第二名高启获白金（银）三斤的奖品。

元朝是轻视文学的时代，却为什么还有这么多风流逸事呢？赵翼推测大概出于这样的原因：

盖自南宋遗民故老相与唱叹于荒江寂寞之滨，流风余韵久而弗替，遂成风会，固不系乎朝廷令甲之轻重也欤！

南宋的灭亡对遗民故老造成巨大的精神冲击，他们在诗文里寄托自己的心情，流传余韵，从未废绝，与政府的方针无关，而是文学团体自己形成的风气。

或许由于科举制度长期废绝，这种民间的诗文比赛被视为科举的替代。吉川幸次郎认为，这期间包含着对废除科举制度的元朝政治的反抗意识，其根据是被邀请担任评选员的大抵都是反抗派诗人。

元末四大家中最年少的王蒙经常出现在苏州的文艺聚会中，虽然隐居在杭州黄鹤山，但他原先就是喜欢社交的城市人，似乎对政界还有眷恋之意。

当时苏州的行政地名是平江府，但一般称这一带为吴。文化上有“吴中四杰”“北郭（苏州城北）十友”等称呼，之所以出现这样论资排辈的称呼，大概是受到文化比赛盛行的风潮的影响吧。吴中四杰指的是杨基、高启、张羽、徐贲这四个人。其中高启出类拔萃。当时苏州的文人有不少是外地来的，有的是为躲避红巾之乱，有的听说这里资助后援人多而蜂拥而至。不过高启生于苏州，是地道的苏州人。

北郭十友，除高启外，还有王行、徐贲、张羽、宋克、余尧臣、吕敏、陈则、唐肃、高逊志，其中苏州人只有高启和王行，可见苏州是一座对文人具有极大吸引力的城市。

高启于顺帝至元二年（1336 年）生于苏州的北郭，这一年正是日本的楠木正成在湊川战死。明太祖朱元璋即位、建立明王朝的洪武元年（1368 年），高启三十三岁。高启三十九岁死于洪武七年（1374 年），在明代只活七年，可以说是元末明初的人。然而，他是明代的代表性诗人。在明王朝长达二百九十四年、将近三个世纪的漫长岁月里，始终没有一个诗人超过高启，最多能与他并驾齐驱的是晚他二百三十年后出生的袁宏道。明代的大诗人，明初和明末各出一个。

将元末的历史与高启的年谱对照便可知道，蒙古国粹主义者、大丞相伯颜失势是在后至元六年（1340 年），当时高启五岁。

方国珍在浙江海上开始作乱的时候，高启十三岁；白莲教在韩山童、刘福通等领导下在河南举兵的时候，高启十六岁。当时有早婚的习俗，高启于至正十三年（1353 年）与周氏的女儿结婚。结婚这一年，张士诚在泰州举兵，红巾军派系的郭子兴于前一年举兵，朱元璋是郭子兴的部下。新婚时期的高启做梦也没有想到自己的命运掌握在张士诚和朱元璋手里，最终导致死亡。

张士诚占领苏州的至正十六年（1356 年），高启二十一岁。两年后，他居住在妻子娘家附近的吴淞江的青丘，自号青丘子，作《青丘子歌》。这篇作品可以说是他的诗人宣言。其序文如下：

江上有青丘，予徙家其南，因自号青丘子。闲居无事，终日苦吟，闲作《青丘子歌》言其意，以解诗淫之嘲。

《青丘子歌》是一首长诗。明治二十三年（1890 年），森鸥外[①]将其译成日文，刊载于《国民之友》。具有文学抱负的二十九岁的森鸥外对高启二十三岁时的诗人宣言大概怀有强烈的共鸣吧。这首诗歌跨越时间的长度，为日中精神交流发挥作用是一个历史事实，虽然有点长，还是照录如下：

青丘子，臞而清，本是五云阁下之仙卿。
何年降谪在人间，向人不道姓与名。
蹑屩厌远游，荷锄懒躬耕。

① 森鸥外（1862—1922 年）：日本小说家、剧作家、评论家、翻译家。曾在陆军担任军医，是日本卫生学的开拓者。在文学领域，为确立日本现代文学做出贡献，明治、大正时期的代表性作家，晚年从事历史小说创作。作品有《舞女》《雁》《阿部一族》《高濑舟》等，译作有《即兴诗人》《浮士德》等。——译注

有剑任锈涩，有书任纵横。

不肯折腰为斗米，不肯掉舌七十城。

但好觅诗句，自吟自酬赓。

田间曳杖复带索，旁人不识笑且轻谓是鲁腐儒楚狂生。青丘子，闻之不介意，吟声出吻不绝咿咿鸣。

朝吟忘其机，暮吟散不平。

当其苦吟时，兀兀如被醒。

头发不暇栉，家事不及营。

儿啼不知怜，客至不果迎。

不忧空也回，不慕猗氏盈。

不惭被宽褐，不羡垂华缨。

不问龙虎苦战斗，不管乌兔忙奔倾。

向水际独坐，林中独行。斵元气，搜元精。

造化万物难隐情，冥茫八极游心兵，坐令无象作有声。

微如破悬虱，壮若屠长鲸，清同吸沆瀣，险比排峥嵘。

霭霭晴云披，轧轧冻草萌。

高攀天根深月窟，犀照牛渚万怪呈。

妙意俄同鬼神会，佳景每与江山争。

星虹助光气，烟霞兹华英，听音谐韶乐，咀味得大羹。

世间无物为我娱，自出江石相轰铿。

江边茅草风雨情，闭门睡足诗初成。

叩壶自高歌，不顾俗耳惊。

欲呼君山老父谐诸仙所弄之长笛，和我此歌吹月明。

但愁焰忽波浪起，鸟兽骇叫山摇崩。

天帝闻之怒，下遣白鹤迎。

不容在世作狡狯，复结飞佩还瑶京。

诗中所涉及的典故在元末明初的文人中是常识，但对今天的读者大概需要注释。

五斗米是过去官吏的薪水。陶渊明的“不为五斗米折腰”的故事非常著名。掉舌，指的是汉高祖刘邦的部下郦食其能言善辩，巧舌如簧，说服齐王的故事。

鲁是孔子的家乡，多有无视现实的迂腐儒者。楚狂生的故事见于《论语》，说的是一个名叫接舆的人在孔子的车子旁边歌唱道："已而，已而！今之从政者殆而！"都是企图脱离现实的人。

猗顿是传说中的大富豪。悬虱出自射箭高手纪昌的故事，用一根牛尾巴的毛悬吊虱子，纪昌射之，箭穿虱子心脏，而牦不断。沆瀣是仙人饮用的天上甘露。

犀照牛渚万怪呈，传说东晋的温峤经过牛渚这个地方时，点燃犀牛角，能看见形形色色的妖怪，其意是说自己这个诗人能看到一般人看不到的东西。叩壶，以王敦敲击唾壶吟咏曹操的诗歌比喻自己奔放不羁。

君山老父的故事见于《博异志》，一个商人春夜泊舟洞庭湖君山旁，饮酒吹笛于月下，忽然出现一个老人，说要教这个商人吹笛子，便取出三支笛子。老人说大笛子只能在天帝跟前吹，如果在人世上吹，整个世界就会毁灭；中笛子只能是神仙吹，如果在人世吹，必定会发生巨大的灾难；小笛子是自己和朋友们在一起的时候用以自娱，如果在人世吹，会引起不安。老人吹起小笛子，只见湖上突然风生浪起，人们躁动不安。于是，老人收起笛子，饮酒，不见踪影。

优秀诗人的作品如君山老父的笛子，会在这世上造成灾难和躁动，所以天神大概会把自己带到月都去吧——这首诗淋漓尽致地表现出年轻的高启意气风发的昂奋精神。然而，这首诗的最后一句"天帝闻之怒，下遣白鹤迎"预示着高启的命运。我将在后面述说。

土岐善麿[①]对森鸥外翻译《青丘子歌》有一段很有意思的论述，兹录如下：

鸥外出于什么动机翻译青丘的诗歌，现在不知其故，但可以推测他在这一篇诗歌所表现的诗人的志向、生活、使命中发现一种共同的感觉。另外，他在当时明治二十二年十月的《国民之友》杂志上发表的公开信中表示这样的看法："矢田部、外山等之新体诗非诗也，首先日本

---

① 土岐善麿（1885—1980 年）：日本歌人、文学家。著名的生活派歌人，提倡罗马字运动的主将。歌集有《苦笑》《在黄昏》《春野》等。——译注

之和歌自不待言，支那之诗绝不逊色于自希腊至近代之西洋诗歌。”因此可以理解为他从不比西洋诗歌逊色的支那诗歌中挑选比李白、杜甫更“近代”的高青丘的一首诗来说明新体诗运动提倡者的作品简直就不是诗。

土岐善麿《高青丘》

昭和十七年 日本评论社

《青丘子歌》仿佛预言了元末明初的苏州悲剧、高启的悲剧、文人的悲剧，而这一切都始于张士诚的进入苏州。

张士诚外号九四，泰州白驹场人。《明史·张士诚传》记述：

操船运盐以为业。

泰州位于现在的江苏省泰州市至泰县一带，在长江北岸，自然不能像方国珍那样利用海路，只能通过运河运盐。黑市贩运私盐获得暴利，但据说张士诚轻财物好施于人，以收买人心。只要豪爽大方，就会有很多喽啰。这种运输业的老板，说起来和黑社会的行业差不多，受到当地土豪劣绅的欺负。

张士诚不堪忍受这种欺侮。尤其一个名叫丘义的土豪对他侮辱到极点，张士诚忍无可忍，带着包括三个弟弟在内的十八个壮士冲进丘义的家里，将其杀死，还顺便将其附近的富豪人家全部抢劫掠夺，然后放火烧光。

这就是张士诚的举兵，一不做二不休，坏事干到底。大概因为他平时不惜财物，大把撒钱，手下汇集大量的年轻人，既有很多失业者，也有不少被官吏残酷剥削而不满的盐业运输的搬运工。他们攻陷泰州，杀死参政赵琏；占领兴化，在德胜湖修建堡垒，此时张士诚麾下聚有万余之众。他攻下江北的要塞高邮，自称诚王，国号大周，定元号为天祐。

这一年是至正十三年（1353 年）。张士诚的造反似乎始于个人恩怨，与白莲教没有什么关系，因为韩山童、刘福通在两年前就已经举兵造反，张士诚只是利用这个造反频发的时机起事。不过在政府眼里，不管是否与白莲教有关，叛乱就是叛乱。

张士诚的军队不具有白莲教那样的宗教性纽带，其凝聚力应该比较脆弱，而且元朝比白莲教更重视张士诚的叛乱，因为他们所占领的从泰州到高邮的这个地区是在扬州北上的大运河的沿线。张士诚的军队切断了元朝的大动脉。元朝国家财政的百分之八十依靠食盐专卖的收入，而一半的食盐产地在张士诚所割据的江淮地区。北方的粮食大部分需要从江南运输，只要控制住运河，北方立即陷入粮食困难的境地。

元朝廷派遣政界的最高权势者、右丞相脱脱亲自讨伐张士诚，可见是何等重视。脱脱率领大军击败张士诚，逼至高邮城，并且已经攻陷外城，攻占高邮全城只是时间的问题。然而就在这时，包围高邮的元军发生重大的异常情况。

至正十四年（1354年）十二月辛亥日，元军突然接到诏书，罢免总司令脱脱的官职，褫夺官爵，押解淮安，其罪名是滥用军费。这是哈麻诽谤谗佞所致。

哈麻因其母是宁宗的乳母，很早就进入宫中，任殿中侍御史。赵翼评述道：

乳母之贵，无有过于元魏者。

北魏立皇太子时，其生母被杀，所以乳母掌握权力。元朝虽然没有杀皇太子生母这种野蛮的规定，但尊崇乳母的思想与北魏无异。不仅乳母本人，连乳母的丈夫也受封。哈麻的父亲秃鲁也被封为冀国公，位居太尉，所以哈麻在宫廷受到重用就不足为奇。

脱脱与哈麻的关系错综复杂，起先脱脱因别儿怯不花的谗言即将被杀时，以哈麻的辩护而获救。所以，脱脱一担任丞相，就重用哈麻为中书右丞相。然而，哈麻受到汝中柏的谗言，被贬为宣政院使。汝中柏是脱脱的心腹，哈麻转而怨恨脱脱，便在皇太子和皇后奇氏面前诽谤脱脱，才发生这种罕见的出征军中罢免事件。

讨伐张士诚的元军在脱脱的指挥下连战连捷，《元史》这样记述道：

西域、西番皆发兵来助。旌旗累千里，金鼓震野，出师之盛，未有过之者。

但是，军队经过济宁时，脱脱派人去阙里（曲阜）祭祀孔子，过邹县（孟子的故乡）时派人祭祀孟子。这是笼络当地人心的周到的措施，也只有尊重汉文化的脱脱才会考虑到这样的谋略，应该说是一名著名的军事将领。然而就在这最关键的时候被罢免，仅仅从决定罢免脱脱这件事就可以看出，元顺帝是一个昏君。

包围高邮城的元军上下军心动摇，而濒临绝望的张士诚一夜之间发现元军一片混乱。元朝廷愚蠢的决定救了张士诚一命。张士诚的军队趁着敌人军心不稳，从城内一举出击，没有总司令的元军溃败逃窜，使得张士诚的军队从溃灭的深渊中爬出来。

第二年，这个淮东战场自然粮食歉收，发生饥荒，于是张士诚开始南下。前面说过，只有进入江南地区的造反军队才生存下来。淮东地区的饥荒甚至也给张士诚带来好运气，这个时期他的确很走运。

至正十六年（1356 年）二月，张士诚占领平江府，即苏州，接着继续攻占湖州、松江、常州等，改平江为隆平府。这样，张士诚的大周国就从高邮迁都苏州。

举办诗歌比赛的饶介号醉樵，是大周国的高官，位居参政。高启的参赛作品获得第二名、得到银三斤奖赏就是在这一年。一个二十岁左右的弱冠青年就得以跻身于苏州著名诗人之列。

张士诚占领苏州初期，也想在政治上有所作为，兴修水利，开垦农田，振兴养蚕、纺织、烧炭等工业。还铸造天祐通宝，发展商业，免征一年的赋税，可以说实行善政。苏州的南部和北部当时都是荒地，他动员军队改造成水田，同时建造大炮，努力加强军事力量。

但是，张士诚的政治立志图新并没有持续很长时间。身处苏州这样的人间天堂，大概觉得好不容易成为这里的主人，如果不尽情享受就吃亏似的，他把政治一手交给弟弟张士信处理，而张士信又把政事转包给黄敬天、蔡彦文、叶得新这三个人。这个政权便逐渐颓废腐败下去。

十八勇士的造反以烧杀抢掠起家，张士诚在元末的叛乱集团中最不具有革命意识。

江北地区的贩盐搬运工成为苏州的政治者后，立即被苏州的魅力所征服，每天都沉溺于酒宴的享乐。饶介这样举办诗歌比赛算是高雅的。然而，就在张士诚进入苏州的这一年，朱元璋也南下占领南京，大周国不能掉以轻心。

这两支南下的造反军队开始争夺霸权，张士诚为了对抗朱元璋，和元朝讲和，结成联盟。表面上是讲和，但元朝力量再弱，毕竟还是天下的主君，所以实质上是张士诚投降归顺元朝。经过元朝的江浙右丞相达识帖木儿的斡旋，张士诚获得太尉的官职。这个官职相当于“国防部长”，但张士诚只是名义上的职务，没有实权。因此，张士诚取消王号，废除国号和元号，但他并没有把占领地归还给元朝。所授予的官职是名义的，归顺也是名义上的，张士诚依然还是苏州的统治者。

被围困在高邮城即将陷落之际，脱脱被免职；在淮东发生饥荒时，他南下而得以避免，张士诚的确运气不错，而且他还继续走运着，浙江的元军领导内部的不和终于表面化，江浙右丞相达识帖木儿和杭州的守将杨宗者之间产生严重的对立，右丞相达识帖木儿要求张士诚出兵攻打杨宗者。张士诚知恩图报，于至正十八年（1358 年）九月攻杀杨宗者，实际上又把杭州变成自己的领地。十月，杭州南面绍兴的方国珍部队发生内乱，张士诚又轻而易举地吞并这块地方。

人间天堂的这两个地方都收入自己囊中，张士诚本应该在叛乱军队中占据最有利的地位。然而，原本是造反的军队，却接受元朝的官爵，借助元朝的力量与其他造反军抗衡，这种左右摇摆的态度本身就是一个严重的问题。张士诚起先居住在承天寺，后来在吴王夫差宫殿的旧址上修建规模宏伟的宫殿，极尽奢侈豪华之能事。

不知什么缘故，就在张士诚出兵而社会动荡不安的时候，高启跑到浙江来，既不是来参军，从他的诗歌中也看不出是为了躲避战乱。他在长诗《过奉口战场》的结尾这样吟咏道：

年来未休兵，强弱事并吞。
功名竟谁成，杀人遍乾坤。
愧无拯乱术，伫立空伤魂。

高启感叹自己一介文人在弱肉强食的时代无能为力。这完全是我个人的臆测，高启没什么大事却特地跑到危险的地方来，也许是出于对苏州诗会的空虚氛围的不满吧。他在自己所作的那首诗歌里委婉地暗示，诗人必须像君山老人那样以某种形式对时代产生影响的想法。然而，他面对这样一个充满杀戮的时代，也只能苍然伫立，发出徒劳无谓的哀叹。

被授予元朝官爵的张士诚在得到杭州的第二年开始向北京的朝廷运送大米，以表示归顺之意。通过海路运去十一万石，一直到第五年的至正二十三年（1363年）停止之前，每年都规规矩矩地运送。

张士诚停止运粮大概是因为他看到对自己已经没有好处，既然如此，对称王也就不必过多顾虑，于是他重新称王，但这一次称为吴王。据《明史》记载，张士诚外表上持重寡言，给人们以大人物的感觉，“而实无远图”。这是消灭张士诚后取得天下的明朝的历史记录，这个苛刻的评价也应该打点折扣。不过，纵观张士诚的统治，他的确缺少远大的眼光。

大部分出于张士诚的好运气，他的疆土南面起于绍兴，北面跨越徐州直至济宁的金沟，东面是大海，西面与强敌朱元璋的势力接壤。在必须竭尽全力巩固政权的重要时候，张士诚却把政治交给无能的弟弟张士信，这个弟弟所重用的都是阿谀奉承的卑劣奴才。

张士诚兄弟以及张士诚的女婿潘元绍都热衷于搜罗金玉珍宝、古董书画，夜夜笙歌，醉生梦死。

一到战争发生，将军们个个称病畏缩，上面提出承诺官爵、田地、豪宅等条件，在这些“奖品”的利诱下，他们才极不情愿地上战场。有的将军上阵的时候还带着婢妾、乐器，一边赌博、踢足球，一边打仗。即使吃了败仗，张士诚对他们似乎既不惩罚也不撤职。《明史》记述道：

上下嬉娱，以至于亡。

前面说过，张士诚的重臣饶介聚集文化人，采取悬赏等方式笼络人心，博取人气。文人画家等社会名流通过饶介的介绍，在张士诚的手下谋得一官半职。因此，最官迷心窍的王蒙自然成为张士诚的幕僚。

文坛泰斗杨维桢拒绝仕于张士诚，隐居山野。被重税逼得苦不堪言的倪云林离开家乡，漂泊四方。前面说过，张士诚向他求画，他怒撕绢帛，遭到殴打。然而，他的朋友陈汝信、陈汝秩兄弟，四杰中的杨基，十友中的宋克等都以某种形式与张士诚的政权采取合作的态度。只要居住在苏州，恐怕也不得不如此吧。

朱元璋在此

朱元璋生于极度贫困的家庭。据《明史·本纪》记载，他的祖先在沛，后移居句容，再迁居泗州，父亲这一代居住在钟离。虽然都是在淮河流域，但上述记载令人感觉朱元璋的家族是没有故乡的流民。

在至正四年（1344年）的旱灾和蝗灾中，朱元璋失去全部家属，当时他十七岁，只身寄居皇觉寺，勉强有一口饭吃。那时的寺院也没有什么可吃的，不久他托钵云游四方。“托钵”这个说法比较好听，其实就是一个要饭的和尚。乞丐生活三年以后，又回到皇觉寺。此时中国发生白莲教起义。

中国历史上，从一介平民起家成为王朝创始人的只有汉朝刘邦和明朝朱元璋两个人。人们经常从这个意义上对他们进行比较。朱元璋似乎有意识地模仿汉朝刘邦。

刘邦讨厌做学问，曾对着儒者的帽子撒尿，本人没有文藻。而赵翼这样评述朱元璋：

明祖以游丐起事，目不知书，然其后文学明达，博通古今。

朱元璋的诗文集流传于世，也许经过词臣的润色，但不管怎么说，还是有相当高的文才。从这个意义上说，他比刘邦出色。赵翼说他“目不知书”，其实他寄居在皇觉寺里的时候，至少能够诵读经书，具有初步的学问。

白莲教起义发生以后，郭子兴立即在濠州举兵响应。至正十二年（1352 年），二十五岁的朱元璋离开皇觉寺，加入郭子兴的军队。他投奔的是离他最近的军队，如果他在颍州，大概投奔刘福通；如果他在蕲州，大概投奔徐寿辉吧。

朱元璋在军队中迅速崭露头角，深受郭子兴的信任，甚至还娶郭子兴的养女为妻。这个女子被一个姓马的人拐骗后卖给郭子兴，所以她也姓马，本姓不得而知。她就是后来著名的贤内助马皇后。

郭子兴也自称红巾军，受到元军的讨伐，损失相当惨重。朱元璋为补充兵员，回到自己出生的故乡钟离招募新兵。由于农民饱受战乱之苦，田地荒芜，所以兵源充足。朱元璋在故乡招募新兵七百人，挑选其中的少年之交徐达、汤和等二十多人作为领导，训练这支七百人的队伍。这就是朱元璋的亲兵，可以说诞生了后来的大明帝国的国军。朱元璋创建这支与杂牌军完全不同的、纪律严明、英勇善战的军队，显示出他非凡卓著的军事才能。

朱元璋的领导郭子兴与白莲教之乱相呼应而起兵，但本人是否白莲教信徒令人怀疑。《明史·郭子兴传》说他的父亲是郭公，这只是姓郭的意思，连名字都未能流传下来。他的母亲是瞽女。当时有人专门教授培养盲人少女学习音乐曲子，然后卖给有钱人家。这样的瞽女年龄增长以后，就配给下人做妻子。郭公就是娶瞽女为妻，生子兴。郭公娶瞽女为妻后，事事顺利，积攒钱财。这儿子郭子兴具有侠客之豪爽，把父亲积攒的钱财大手大脚地送人，广交壮士，成为当地的首领。他在濠州举兵的时候，据说集结有数千之众。

朱元璋加入了郭子兴的部队，但不知何故，被当作间谍抓起来。

后来成为明太祖的朱元璋的画像有两种类型，一种是温和稳重的绅士一样的容貌，另一种是无比丑陋的嘴脸。与其说前者粉饰过度，不如说是无中生有捏造出来的君主形象，而后者更接近本人的真实面貌，这个看法已经成为定论。他加入郭子兴的部队被怀疑为间谍，大概是因为相貌过于丑陋的缘故吧。但是，郭子兴看到被带上来的朱元璋的外貌，觉得奇特，便为他松绑。大概郭子兴认为，既然是造反，怎么残酷的事都得干，而这个朱元璋看上去无论多么残忍的事都干得出来，所以打算使用他。朱元璋被任命为十人长，建立大功，于是逐渐受到重用。

当朱元璋带领经过严格训练的新军队回来的时候，郭子兴的军队正发生内讧，彭大、赵均用这些首领级的人物新参加进来，开始在军内争权夺利。朱元璋见到这种状况，非常失望，便带领徐达、汤和、费聚等主要领导南下，沿途与元军交战，吸收战败的元军士兵，逐渐扩大兵力，达到两万多人。元军士兵其实也是农民，从出身来讲，和造反军没有什么两样。

朱元璋的非凡出众之处正在于此，就是从敌人当中寻找自己的支持者。这大概是从整个家族在饥荒中饿死而成为流民所得出的经验。元军士兵都是最下层的贫困家庭的子弟，稍微富裕一点的家庭都花钱不让自己的孩子去当兵。朱元璋南下途中，在驴牌寨收容元朝的三千民兵，在横涧山收容元朝将领张知院率领的两万士兵。朱元璋原本就没有把元军士兵视为敌人，认为他们与自己都是出身同一个阶层的穷苦人，所以很容易说服他们投降。

朱元璋在南下途中，还会见一个名叫李善长的定远人，两人意气相投，李善长成为朱元璋的幕僚。朱元璋的麾下有徐达、汤和这样的骁勇善战的武将，但缺少参谋。朱元璋十分清楚自己阵营的不足之处，所以得到李善长这个幕僚，他一定十分高兴。李善长对朱元璋的回答简洁明了。朱元璋问道：

四方战斗，何时定乎？

李善长回答道：

秦乱，汉高起布衣，豁达大度，知人善任，不嗜杀人，五载成帝业。今元纲既紊，天下土崩瓦解。公濠产，距沛不远。山川王气，公当受之。法其所为，天下不足定也。

只要以刘邦为榜样，天下必定。而且定天下者，并非他人，乃公也。朱元璋听说自己有王气，自然大喜过望。

前面说过，张士诚从高邮南下，是为了远离饥荒地区，并没有对未来发展的雄心展望。相比之下，朱元璋的南下由于得到李善长的指导性策略，每一步措施都具有明确的未来发展的指向。

朱元璋的南下军队纪律严明，不杀人、不扰民的命令一直贯彻到每一个士兵。这既是红巾军的优良传统，也是李善长的建言献策。郭子兴可能不是白莲教信徒，但朱元璋可能是信徒，因为他在皇觉寺（包含托钵云游的时间在内）当过差不多八年的僧侣。

朱元璋后来批判白莲教是迷信，这大概是因为他在造反活动的过程中发生思想转变。在重视军纪、消除流寇行为这一点上，坚持白莲教系造反集团的做法，朱元璋的思想转变以后，把这些传统作为夺取天下的战术加以利用。

占领集庆，建立根据地，也是李善长的献策。集庆就是现在的南京市，朱元璋攻占集庆后，将其改名为应天府。朱元璋南下期间，统帅郭子兴死去，他便成为名副其实的濠州举兵派的红巾军领袖。实际上，在朱元璋收容两万多元军士兵以后，这支红巾军队伍就已经成为他的武装力量，郭子兴只不过是名誉统帅。

张士诚占领苏州与朱元璋占领南京几乎是在同时发生，前者是至正十六年（1356 年）二月，后者是同年三月。占领南京的时候，元朝的御史大夫福寿苦战而死。朱元璋一进城，就颁布这样的布告：

元政渎扰，干戈蜂起，我来为民除乱耳，其各安堵如故。贤士吾礼用之，旧政不便者除之，吏毋贪暴殃吾民。

朱元璋的做法与刘邦攻占咸阳后宣布尽行废除秦朝的烦琐法律、约法三章（杀人者死刑，伤人者和偷盗者依法抵罪）的做法很相似，也许就是有意识的模仿。另外，朱元璋还为殉职的元朝御史大夫福寿举行葬礼，彰显其忠节。

进入南京以后，除李善长外，朱元璋还有宋濂、刘基、陶安等高度文化素养的幕僚。朱元璋喜欢和他们讨论政治、军事，有时还举办诗会。朱元璋与陶安议论学问，送他一副对联，上书“国朝谋略无双士，翰苑文章第一家”。陶安死去的时候，朱元璋亲自撰写祭文。朱元璋还时常把自己的诗文送给臣下，其实是一个风雅之人。

南京东面的苏州倒是到处都举办诗会，可惜苏州的统治者张士诚毫无风雅之心，只知道搜刮金银财宝。

朱元璋占领南京以后，并没有感觉可以高枕无忧。徐寿辉占据西面的湖北蕲州、黄州，这是一股强大的势力。韩山童、刘福通是红巾军的主流。而徐寿辉被称为西派红巾军，盘踞在长江中游，擅长水战。这支西派红巾军根本不把主流红巾军放在眼里，很早就建立天完国，定元号为治平，徐寿辉自称皇帝。他原先以贩布为生，可能是白莲教信徒。

西派红巾军在与元军作战过程中，部将倪文俊逐渐形成壮大自己的势力。自称皇帝的徐寿辉与元军主力作战，经常失败，倪文俊被任命为天完国的丞相，自以为羽翼已丰，便阴谋杀掉徐寿辉，自己取而代之。但这个计划败露，倪文俊逃往黄州。

此时，一个出生于沔阳的渔民家庭的名叫陈友谅的人物登上历史舞台。陈友谅能读书认字，因此在县衙门当过小官吏。各地叛乱发生之后，他成为倪文俊的部下。倪文俊谋杀徐寿辉阴谋暴露逃到黄州以后，至正十七年（1357年），陈友谅杀掉自己的这个领导，夺取这支军队的指挥权，并自称宣慰使。第二年，取安庆，破龙兴、瑞州，攻占江西要地，陷落池州。

正如在郭子兴阵营里出现势力更加强大的朱元璋一样，徐寿辉阵营里的陈友谅成为最强的势力集团。至正二十年（1360年），陈友谅用铁锤砸死徐寿辉，自称皇帝，改国号为汉、元号为大义。

陈友谅攻取池州，就与朱元璋的势力范围相接，这两支红巾军的部队出现剑拔弩张的紧张局面。陈友谅派人去苏州，与张士诚密谋共同夹击南京的朱元璋。这个时候的朱元璋还仅仅自称吴国公，未定国号和元号，依然仕奉以韩林儿为皇帝的宋国。朱元璋与浙江的方国珍结为友好关系，共同对抗夹击进攻。其实，朱元璋心里明白方国珍这个人在关键时刻靠不住，这样做是考虑对张士诚产生心理上的作用。

方国珍曾被授予元朝的官爵，但元朝的行省元帅府都事刘基主张对叛乱者都应该诛杀，反对封官授爵，为此方国珍辞职返乡。朱元璋听说刘基贤明，特备厚礼而迎之。刘基向朱元璋献策，对于东西夹击，可不必理会东面，应专心对付西面。

刘基的理由是，东面的张士诚终日欢歌宴饮，根本不会考虑为不讲信义的陈友谅出兵。的确，张士诚不属于红巾军系统，从叛乱军的谱系来看，朱元璋与陈友谅比较接近。张士诚即使答应陈友谅一起夹击朱元璋，但也有“不想介入你们兄弟之间的争吵”这样的遁词。果然，在朱元璋和陈友谅两军对垒、即将交火之际，苏州的张士诚依然按兵不动。

至正二十一年（1361 年），朱元璋亲自率领战船在江州大破陈友谅，陈友谅逃往武昌。朱元璋大败善于水战的西派红巾军，使他信心大增。

至正二十二年（1362 年），没有履约与陈友谅共同夹击朱元璋的张士诚派遣部将吕珍包围安丰。宋国皇帝韩林儿和刘福通都在安丰。三月，朱元璋亲率援军击退吕珍的进攻。四月，陈友谅包围洪都。于是，一场争夺天下的大决战拉开序幕。

七月，朱元璋从南京进入湖口。湖口位于鄱阳湖的入口处，自古就是战略要地。近代，辛亥革命之后的李烈钧也就是在湖口发动二次革命。

陈友谅听说朱元璋亲自上阵，便解围洪都，进入鄱阳湖，迎战朱元璋。陈友谅号称六十万人马，即使打点折扣，也依然是大军无疑。《明史》这样描述陈友谅军队威武雄壮的阵容：

联巨舟为阵，楼橹高十余丈，绵亘数十里，旌旗戈盾，望之如山。

朱元璋采取火攻，陈友谅一败涂地。强劲的东北风可谓是天助朱元璋。

风烈火炽，烟焰涨天，湖水尽赤。友谅兵大乱，诸将鼓噪乘之，斩首二千余级，焚溺死者无算。

战斗持续数日，陈友谅军队的部将接连投降。八月，陈友谅突出湖口，在泾江继续作战，终于精疲力竭战死，元末最大的战役就此结束。

鄱阳湖水战胜利之后，九月，朱元璋回到应天府（南京）论功行赏。十月，再次发兵进攻武昌，陈友谅的残余势力纷纷投降，湖北各地得以平定。十二月，朱元璋命常遇春留守湖北，自己凯旋南京。

鄱阳湖战役有几点值得关注。陈友谅的战船船体巨大，朱元璋的战船显得势单力薄，有的将领畏惧退缩，朱元璋大怒，接连斩杀十几个这样贪生怕死的将领。在决定生死存亡的决战时候，自古以来就常有此事。然而，朱元璋对敌军俘虏采取人道主义的态度，陈友谅对敌军的俘虏是斩尽杀绝，朱元璋却是送还俘虏，对受伤者予以治疗，对阵亡者祭奠安魂。

朱元璋在家乡招募七百亲兵，迅速发展到两万多人，这种“吸收膨胀”的秘密大概就在于此。陈友谅杀光俘虏也许是为自己战败而泄愤，如此说来，朱元璋似乎具有坚强的自控能力，善于抑制自己的情绪，然而实际情况真是如此吗？其实他是一个容易感情——激情用事的人。以“冷彻的激情家”这样意思矛盾的语言形容他也许更为合适。他是充满矛盾的人物，这个矛盾也许就是他夺取天下的巨大力量。

朱元璋原先的领导郭子兴一眼就看穿他是一个只要想干，多么残忍的事都干得出来的人。实现天下统一的强烈意志抑制着朱元璋无所顾忌地放纵激情。不论做什么事，他的脑子里大概总是萦绕着统一天下的念头。为了统一天下，他总是谨慎地判断什么事应该做、什么事不应该做，然后再采取行动。

就在鄱阳湖战役即将开始的三月，朱元璋还亲自带兵赶往安丰援救韩林儿、刘福通。当时，军师刘基劝谏他不用去，但朱元璋没有采纳。他的亲征其实并不是为了拯救有名无实的宋国皇帝、白莲教的小明主韩林儿，而是担心安丰一旦落在张士诚手里，张士诚的力量就过于强大，妨碍自己夺取天下。刘基则是从另一个角度分析形势，他认为张士诚只知道在苏州穷奢极欲、贪图享受，即使扩大疆土，也不会构成威胁，不足为惧，所以丢掉安丰也不足惜，应该集中全力对付在长江上游具有优势据点的陈友谅。

刘基认为张士诚根本不成问题，即使与陈友谅结盟共同夹击，也不会付诸实施。

刘基号伯温，在中国是著名的传说性的预言家，大概相当于汉高祖刘邦手下的张良。在功臣中人品低劣者居多的刘邦阵营里，只有生于韩国宰相之家的张良皮肤白皙，貌似美女般面如冠玉，深受人们的喜爱。从乱世走向统一的时代，是刚强豪放、跃马杀伐的人物活跃于历史舞台上。张良身居其中，可以说如同一服清凉剂，言行得当，进退自如，倜傥潇洒。刘基是浙江青田县人，二十三岁进士及第的大秀才。元朝时而举行科举考试，比宋朝要严格得多，而且实行种族的限额规定，南人及第进士极为困难。明朝的建国功臣中多是流民或任侠出身，刘基却是与众不同的人物。

中国民间根深蒂固地残留着对刘基的崇拜，或许这与中国人重视科举制度、尊重文人的感情有关。刘基不仅仅是一个儒者，他在天文学、数理学领域也非常优秀，为人清廉干净，对官职地位不恋栈，多次去官隐居，大概这样的品格为人受到民众的尊敬。

清世祖顺治（1643—1661 年在位）与群臣议论历史上最优秀的君主是哪一个，结果他认为既不是汉高祖（刘邦），也不是唐太宗（李世民）、宋太祖（赵匡胤），而是明太祖（朱元璋）。

从个人的好恶来说，我们似乎无论如何也不会喜欢明太祖。他是一个充满矛盾的人物，换一种说法，大概也可以称之为“魔性之人”。结束乱世、开创王朝的人也许都必须具有魔性。

朱元璋大破安丰的张士诚，再回过头消灭宿敌陈友谅，此时他应该志满意得。大概想对曾劝自己不要攻打安丰的刘基说一句：“那时候你劝我不要打，瞧瞧，我不是干得挺好吗？”然而，朱元璋不仅没这么说，反而说道：“其实那个时候我不应该去安丰，如果陈友谅乘虚长驱而入，直捣应天，那事情就糟了。”不听谏言，获得成功，却反过来评价这个谏言是正确的。可见朱元璋绝非寻常之人。

不过，朱元璋对刘基说的话大概并非本意。出兵安丰的目的除了防止张士诚扩大势力范围外，还在于把陈友谅军队引诱出来。朱元璋明白，与陈友谅绝对必须决一雌雄，此战非打不可。从南京攻打西派红巾军，必须溯流长江而上，而且对手是盘踞在长江流域的擅长水战的强大军队，长途远征，军士疲惫，只能挨打，最好的办法是让敌人出击。朱元璋断定当陈友谅得知他亲征安丰的消息时，一定会编制联合舰队准备东下。

虽然一切都在朱元璋的计算之中，却对劝谏者说“这一招真危险”，这大概是他模仿刘邦的豁达大度吧，也许可以说是学于师而胜于师。

鄱阳湖战役后，九月，苏州的张士诚再次与元朝决裂，停止运粮，重新使用王号，以前称诚王，这一次称吴王。第二年，至正二十四年（1364年）正月，朱元璋以顺从群臣一致拥护的形式，称吴王。先前他是吴国公，这次升格为王。在四个月的时间里，长江流域诞生两个吴王。不言而喻，双雄不可并立。

在江南双雄相争的时候，其实元朝完全应该抓住这个大好时机发兵征讨，却毫无动静。张士诚对元朝也深感绝望，停止输送江南的大米。朱元璋称王的第二年三月，孛罗帖木儿进入大都，皇太子逃往扩阔帖木儿的军营。

这个时候，高启从浙江旅行回来，先住青丘，后移娄江，最后定居苏州。大概是在朱元璋称王的当年或第二年。有一天，高启应邀参加一个姓周的检校的家宴。宴席上，两个高丽女子且歌且舞，当时高启作一首长诗《朝鲜儿歌》。

这首长诗的前半部分叙述高丽女子住在周检校家里的经过。原来周检校曾出使高丽，看到高丽的首都一片荒芜。高丽王朝已是末期，内乱连绵，沿海一带遭受倭寇的侵扰。周检校用黄金买下这两个高丽的女子，带回国内。从这段记述可以知道张士诚的政权与高丽保持外交关系。张士诚每年往北京运送大批粮食，只要从山东半岛稍微往东行驶，便可抵达朝鲜半岛。苏州商人精明地与高丽通商，张士诚政权的官员也时常正式出访高丽。这首长诗有这样的句子：

我忆东藩内臣日，纳女椒房被袴翟。

“袴翟”是刺绣有雉鸟图案的衣裳，规定是皇后在祭祀时所穿。高启大概想到元顺帝的皇后是高丽人奇氏。元朝两次远征日本，对高丽造成沉重的负担，而且高丽人奇氏所生的元朝皇太子如今成为派系斗争的核心人物，正逐渐缩短元王朝的寿命。大概高启的脑子里掠过“也许这就是高丽的复仇吧”这样的想法。

中国年来乱未锄，顿令贡使入朝无。

当时元朝似乎与高丽已经没有正式的交往，紧接此后的诗句是：

储皇尚说居灵武，丞相方谋卜许都。

高启看到高丽女子的歌舞，想到奇氏所生的皇太子爱猷识理达腊以及他与孛罗帖木儿之间的派系斗争。安禄山叛乱时，唐玄宗的皇太子（后来的肃宗）逃到灵武，图谋唐王朝的复兴，在这里显然指的是逃到太原的扩廓帖木儿那里的元朝皇太子。

将东汉的献帝从洛阳接到自己的势力范围许都的丞相自然是曹操。这个恣意妄为的丞相，在这里显然指的是孛罗帖木儿。高启《朝鲜儿歌》的结尾是这样的：

> 金水河边几株柳，依旧春风无恙否？
> 小臣抚事忆升平，尊前泪泻多于酒。

金水河是元大都宫殿前面的河流。河边的柳树还是像以前那样摇曳春风吗？小臣我抚今追昔，怀念过去天下太平的时代。面对酒樽，泪水涟涟，比樽里的酒还要多。

从这首诗可以知道，高启具有自己是元朝“小臣”的思想意识。他没有去过北京，思绪却飞往宫殿外面河边的垂柳，想象在蒙古统治下天下太平的日子。高启没有在张士诚政权里做官，却与饶介等张士诚政权里的很多人交往。高启是苏州人，对以苏州为中心的政权采取偏袒态度是很自然的，而且张士诚也长期归顺元朝，往北京运送大量大米，所以高启在元朝小臣的思想意识与偏袒张士诚之间应该几乎没有矛盾。

朱元璋的势力逐渐向东扩张，苏州依然日夜管弦丝竹，歌舞升平。

创作《朝鲜儿歌》大概是至正二十五年（1365 年）十月，吴王朱元璋下令讨伐张士诚。张士诚的势力范围跨越长江两岸，朱元璋首先向江北、淮东出兵。第二年，至正二十六年三月，朱元璋的部将徐达攻陷张士诚原先的根据地高邮，接着又占领淮安、濠州、徐州、宿州。这些地区虽然长期属于张士诚的疆土，但也是郭子兴举兵之地。尤其是濠州的钟离，朱元璋的父母、哥哥的坟墓都在此。当地一个名叫刘继祖的好心人把朱元璋的死于饥荒的家人埋葬。朱元璋对这些关照过自己的父老乡亲赠送粟帛，设宴招待。《明史》记述他当时说的这样一段话：

> 吾去乡十有余年，艰难百战，乃得归省坟墓，与父老子弟复相见。

今苦不得久留欢聚为乐。父老幸教子弟孝弟力田，毋远贾，滨淮郡县尚苦寇掠，父老善自爱。

这令人想起刘邦回到故乡沛宴请父老乡亲时吟唱《大风歌》的故事。

朱元璋的军队在徐州第一次与元军接触。

在元朝的内讧中逃亡的皇太子与扩廓帖木儿一起进攻北京，杀掉丞相孛罗帖木儿，看似终于稳定了局势。皇太子的回归是在朱元璋平定江北、淮东的前一年，所以出现在徐州的元军应该是扩廓帖木儿的部队。

从江北回来的朱元璋一方面改建应天城，同时准备进兵苏州。他任命徐达为大将军、常遇春为副将，调动二十万大军。他没有采纳常遇春的直接进攻苏州的意见，采取首先攻占湖州、杭州，孤立、包围苏州的方针。如果直接进攻苏州，张士诚的军事基地湖州的张天骐、杭州的潘原明就会赶来救援。朱元璋采取首先断其两翼的稳妥方针。

二十万大军向东南方向进发的时候，朱元璋对出征的将士这样命令道：

城下之日，毋杀掠，毋毁庐舍，毋发丘垄。士诚母葬平江城外，毋侵毁。

十一月，朱元璋的军队攻陷湖州、杭州后，包围苏州。这一年的十二月，小明王韩林儿死去，朱元璋把这个自称宋国皇帝的人从安丰救出来，成为自己的包袱。新年的时候，在中书省设立御座，举行向韩林儿的拜礼仪式，唯独刘基不参加，据说他这样说道：

牧竖耳，奉之何为?

白莲教起义初见端倪的时候，韩林儿与母亲躲在武当山大约四年，是否养过牛不得而知。这里大概指的是王莽末期被赤眉军抬出来的刘盆子吧。刘盆子是汉皇族后裔，但养过牛。现在仕奉一个像刘盆子那样有名无实的毛孩子，有什么用处呢？这其实就是建议朱元璋与其拥立名存实亡的天子，不如自己即帝位。

据说韩林儿被奉朱元璋之命的廖永忠沉入水里。大概这是历史事实。

朱元璋颁发布告，决定将明年定为吴的元年。已经即王位的朱元璋正紧锣密鼓地为即帝位做准备，同时开始修建宫殿和宗庙。

这个时候，元朝廷内，皇太子派的扩廓帖木儿掌握实权，但李思齐、赵良弼等新军阀与他对抗，双方经常互相攻讦，对朝廷的命令置若罔闻，中原人民越发受苦。

高启有一首题为“闻朱将军战殁”的七律。朱暹既是武将又是风雅之士，高启听到他在前往湖州驰救途中战死的消息，就吟咏这首诗。其实朱暹是被朱元璋的军队包围而投降，但后来的情况如何，没有历史记录。

鄱阳湖战役的时候，朱元璋命令部下不杀俘虏，但是他是一个魔性人物，好几次思想发生变化，也许朱暹在投降后就是被他杀死的。不论是误报还是事实，总之高启对朱暹之死深感悲伤。

江浦戈船赤帜稀，孤军落日陷重围。
镜中蛇堕占应验，牙上枭鸣事已非。
残卒自随新将去，老亲空见旧奴归。
闻鸡此夜谁同舞，西望秋云泪洒衣。

蛇落镜中，猫头鹰停在牙旗上，这都是凶兆。占卜显示凶吉的预兆，朱将军之死是无奈的注定。接替朱暹的新将军收容他的残兵败将，带到别的地方去。朱暹的老随从千辛万苦回到家乡，让年迈的双亲老泪纵横。

东晋的刘琨与祖逖是亲密无间的朋友，两人睡觉同盖一条被子。有一次，公鸡叫错时辰，半夜就叫起来。两人连忙起来一同舞剑。这是一则讲述朋友之间情同手足、友谊深厚的故事。高启哀叹自己没有这样的亲朋好友。

苏州被围，顽强固守十个多月，但终于在至正二十七年（1367年），即吴的元年九月被攻陷。苏州被围期间，高启失去他的六岁的女儿，大概是城中粮尽饿死的吧。战争中每个人都可能失去自己的亲人。

张士诚的卫队“十条龙”的勇士也一败涂地，张士诚收集残兵打算在万寿寺东街进行最后的决战，但士兵四散逃窜。张士诚见大势已去，回到家里自缢，被部下赵世雄发现救下来。大将军徐达派张士诚原先的部下李伯昇和在杭州投降的潘元绍去劝降，但张士诚闭目不答。他被抬出去，押送前往南京，途中绝食，终于乘隙自缢身亡，年四十七岁，朱元璋命人备棺埋葬。

张士诚的部将、镇守无锡的莫天祐的抵抗最为顽强激烈，最后一个投降，但朱元璋以此人杀我士兵太多为由将其诛杀。

朱元璋攻取杭州以后，方国珍就把金银财宝装载船上，逃往海上。然而，他的部将纷纷投降，他本人也终于在汤和的劝说下决定归顺，到南京向朱元璋顿首谢罪，得到宽恕。朱元璋字国瑞，所以后来方国珍将名字中的“国”字改为“谷”，以表示诚心恭顺，他被授予广西行省左丞，当然只是有名无实。

朱元璋对方国珍气恼的是当自己的军队逼近杭州的时候，他居然与扩廓帖木儿联系，试图最后抵抗。朱元璋宽恕方国珍的原因是此人的造反缘于被疑为海盗，是一个胸无大志的人物。我个人推测，方国珍将大量的金银财宝献给了朱元璋。

张士诚也热心搜刮财宝，深深埋藏起来。他自杀以后，这个埋藏财宝的地点就无从知道。据说财宝装在九缸十六甏里，不知埋在何处。听说至今苏州还有“母亲长胡子，才能挖到九缸十六甏”的谚语，其意是说要找到埋藏的地点极为困难。

九月攻陷苏州之后，朱元璋立即组建北伐军，第二个月就出发征战。徐达为征虏大将军，常遇春为副将军，号称二十五万大军。

另外，任命胡廷瑞为征南将军，征讨福建。分别派遣杨璟赴广西，朱亮祖赴温州，汤和赴庆元（宁波）。

南京已经修建完成社稷坛和太庙，朱元璋决定取代元朝建立全国性的政权，开创新王朝。

文人遭难

攻占苏州、派遣北伐军和征南军的第二年，朱元璋在南郊祭祀天地，登基即皇帝之位。

定国号为“明”，定元号为“洪武”。洪武元年即公元1368年。此时日本正是南北朝时代，南朝的后村上天皇[1]死于正平二十三年，正是北朝后光严天皇[2]的贞治七年（二月改元为应安）。另外，这一年年末，足利义满[3]就任将军。

此后应该称呼朱元璋为明太祖，但是从明朝开始制定一种新制度，即一帝一元号，所以用元号称呼皇帝更为方便。以前的历代王朝，一个皇帝在位期间多次改元，但自明朝建国以后，直至清朝灭亡、帝制废止的五百四十多年间，这个制度一直延续下来。历史上好几个皇帝称为太祖、世祖等，所以称朱元璋为洪武帝更易懂。

明朝建国的洪武元年无疑就是元朝灭亡的至正二十八年。

元王朝的崩溃是顷刻之间的倒塌。在明的北伐军已经北上的时候，元朝核心领导层的内讧依然没有停止的迹象。新军阀李思齐在潼关以西、

---

① 后村上天皇（1328—1368年）：日本第九十七代天皇（1339—1368年在位）。后醍醐天皇的第七皇子。建武政权分裂后，以吉野作为皇宫所在地，谋求返回京都，未能成功。——译注

② 后光严天皇（1338—1374年）：日本北朝第四代天皇（1352—1371年在位）。光严天皇的第二皇子。由足利尊氏、义诠拥立。——译注

③ 足利义满（1358—1408年）：室町幕府第三代将军（1368—1394年任职）。1392年完成南北朝统一，任太政大臣，确立了幕府的权力。1394年让位于义持。1397年在京都北山建造金阁，称为“北山殿”，开创北山文化。——译注

扩廓帖木儿在潼关以北形成各自的势力范围。然而，这一年的二月，元朝皇帝颁布诏书，削除扩廓帖木儿的官爵。当然这是新军阀的策谋。

明军北上，势如破竹，最主要的原因是主帅扩廓帖木儿在战场上被罢官。明军进入河南，李思齐、赵良弼向西逃窜，汀州路总管陈谷珍举城降明。元朝廷有人提议对被撤职的扩廓帖木儿进行安抚，命其赴河南勤王。

大自然发生各种变异怪象。三月庚寅，彗星出现西北方向；另外，流星雨向东北方向飞去，其声令人震骇。六月，庚子，徐沟县发生地震；甲寅，雷雨交加中，天火坠落，烧毁大圣寿万安寺；壬戌，临州方面发生地震，据说连震五天不停。七月癸酉，北京红气弥漫天空，如火烤人。同样，北京，乙亥日，黑气满天，百步之内看不见人。当时的人们十分迷信，对这些怪异的自然现象胆战心惊。

这一年是闰年，有两次七月。闰七月，扩廓帖木儿与新军阀的貊高、关保交战，扩廓帖木儿获胜，斩杀对手。朝廷封扩廓帖木儿为河南王，然而为时已晚。这一月，白虹贯日——中国人认为这是最不祥的征兆。日代表君主，白虹是兵象。白虹贯日是上天发出的警告：天子将受到兵乱的危害。乙丑日，再次发生白虹贯日。

第二天，元顺帝在清宁殿召集三宫的后妃、皇太子、皇太子妃等，宣布北行避兵乱。有人痛哭涕泪劝谏，顺帝北行之意已决。扩廓帖木儿从晋宁退兵冀宁，明军已逼近通州，已经无法阻止明军前进的步伐。这天夜晚，健德门打开，元朝皇帝等往北逃去。《元史·本纪》简单记述元朝灭亡的情景：

八月庚午，大明兵入京城，国亡。

蒙古自北而来，在中原建立王朝，如今他们又往北而去。所以，“灭亡”这个说法也许并不妥当。

元顺帝退到应昌府，死于此，在位三十六年，享年五十一岁。之后，明军攻击应昌府，皇太子爱猷识理达腊仅仅带着十余人仓皇往北落荒逃遁。皇孙买的里八剌以及后妃，还有许多珍珠宝石落入明军之手。

对于没有在北京与明军交战而北逃的元朝末代皇帝，明朝洪武帝这样评价：

知顺天命。

并赐予“顺帝”的号。所以，“顺帝”其实是从此时才开始的称呼，是明朝赠予的帝号。皇孙买的里八剌被封为明的崇礼侯。

逃到北部的皇太子即位，在漠北继续元王朝，称为“北元”，延续两百年。但作为中华王朝的元，在至正二十八年，即洪武元年，已经灭亡。

复兴的时代已经到来，蒙古族的统治宣告终结，汉族重新成为中国的主人。不少汉人坚决不仕于夷狄政权、不在元朝做官。元朝制度本身就阻止汉族，尤其是南人当官。洪武帝广聚天下人才，不论是蒙古人还是色目人，只要有才，就会受到重用。实际上，如果蒙古人和色目人一下子全部辞官不干，行政工作就无法运转。

洪武帝派十个特命使者到全国各地搜罗管理新王朝的人才。此事引起各种反应。

民间的文学运动领袖杨维桢在洪武帝即位的时候已经七十三岁，却依然要他出来做官，大概是因为他在文人中声誉最高的缘故吧。杨维桢固辞，魔性之人朱元璋其实对文人怀着憎恨、警惕之心。拒绝洪武帝的招聘，乃性命攸关的大事，大概因为看他年事已高，才允许他回到家乡，或者因为他献上去的《老客妇》让洪武帝感到满意。这首诗的内容是说老太婆在年轻的时候嫁给丈夫。

杨维桢曾短时间仕于元朝，他以此作为辞官的理由。

倪云林继续四海漂泊的生活，大概找不到他。四大家中最小的王蒙曾当过张士诚的幕僚，但是他非常积极地仕于新王朝。明朝廷任命他为圣山——泰山山麓的泰安州知事，他十分愉快地赴任。

吴中四杰、北郭十友之一的高启也不能不接受新王朝的招聘。

新王朝很快就打算编纂《元史》，各项准备工作迅速进行。高启被任命参与这项工作。

为前朝修史是中华王朝的一个义务。蒙古政权的元朝也编纂《辽史》、《金史》、《宋史》。但是，修史这项事业，在新王朝进入冷却期以后进行比较理想。前朝的战火还没有完全冷却下来，情绪化、口实、辩解等因素掺杂其间，无法编纂一部公正的历史。

然而，明王朝在顺帝北逃、依然活在应昌府的情况下，却急急忙忙地准备编纂《元史》。元朝修史是在顺帝时代开始，以脱脱为总编。在元朝编纂上述三部历史后没几年的时间里，又要编纂《元史》，这不能不说有点异常。

明王朝复兴中华的强烈意识大概是造成这种异常的原因。为了给自己的中华王朝准确定位，修史是一项合适的事业。

以修史为由，聚集文人也是一个目的。新王朝刚刚建立，就派遣十个使者到全国各地搜罗人才，就是要尽快配备齐整运营国家政治的管理班子。

明军一进入北京，首先就是封存府库的所有图籍。府库收藏有元朝历代的实录以及其他文史书籍，这是修史不可或缺的必要资料。征虏大将军徐达进入北京以后，发布的第一道命令如下，从中可见从开始北伐的时候就已经计划修史。洪武帝交给总帅徐达颁布的圣谕具有很高的格调。

中原之民，久为群雄所苦，流离相望，故命将北征，拯民水火。元祖宗功德在人，其子孙罔恤民隐，天厌弃之。君则有罪，民复何辜。前代革命之际，肆行屠戮，违天虐民，朕实不忍。诸将克城，毋肆焚掠妄杀人，元之宗戚，咸俾保全。庶几上答天心，下慰人望，以副朕伐罪安民之意。不恭命者，罚无赦。

凡读此圣谕者，无不心潮澎湃。对于那些采取高压态势歧视、憎恨汉族，尤其南人的蒙古政权的宗戚（皇族及其亲戚），明王朝依然保护他们的性命，这不就是复兴中华圣人之道吗？

北伐军之所以进攻神速，不仅仅是因为元朝高层领导无可救药的内讧，更因为从淮北到河南、从河南到河北这一路上民心所向，得到人民的拥护。圣谕所说的“民隐”，就是甚至让倪云林这样的富豪都弃家而去的苛刻征税，为修复决堤的黄河而强制征用民夫，对揭竿而起的白莲教等各种反抗运动进行残酷镇压的政府军的暴虐行径，乃至政府军之间的内部火拼，这样的恶行不计其数。新王朝就是要铲除民隐，如同解放人民的军队。

元顺帝不发一矢，在北伐军到来之前，悄然退出北京，此后明军悄然入城。不知道北京会变成什么样的血腥杀戮惨状而战战兢兢、恐惧万分的人们终于松下一口气。这简直是无法想象的奇迹。

新时代已经来临。人们感觉到新政权理解人民所饱受的苦难，新皇帝出身于最底层的流民，人民都期待他能实行以民为本的政治，这样的热烈气氛笼罩着全国各地。

洪武帝利用这种热烈的气氛，打算尽快创建新王朝的模式。他出身平民，非常了解民心愿望，他也的确具有实现人民愿望的意图。

与朱元璋同样出身的人们对他寄予绝对的信任，他们原本就是最下层的贫民，不会担心会失去什么东西。对洪武帝感到惊惧害怕的是知识分子，因为他们担心被夺走东西——至少是作为知识分子的自尊。洪武帝似乎对知识分子怀着甚至他本人都无法理解的一种深刻的仇恨。另外，他的农民意识使得他对商业的繁荣怀有敌意。苏州是商业繁荣的象征，而苏州正是一座对朱元璋的霸业进行最后抵抗的城市。

就在朱元璋的父母、哥哥因饥荒而死去的时候，苏州城里，那些酒足饭饱的商人嬉戏玩乐，文人吟诗作画，寻欢作乐。一想到这些，大概洪武帝就恨得咬牙切齿。这种情绪，无论怎么掩盖，总要以某种形式表现出来的。

高启应邀担任修史的编委，在前往南京途中，遇见从南京回乡的朋友，便作一首五绝送给他：

我去君却归，相逢立途次。
欲寄故乡言，先询上京事。

这是在离开苏州多远的地方呢？遇见同乡，在托付他回乡向自己的家人带话之前，先询问南京的情况。这首只有二十字的短诗生动地表现出高启的不安情绪。

皇帝憎恨苏州，对文人没有好感——这样的风言风语听到不少，那么，自己去南京不会有什么事吧？高启虽然没有仕于张士诚，但与苏州政权的人交往很深，不知道自己会受到什么样的诽谤。他在《朝鲜儿歌》中自称元朝“小臣”，哀悼与明军作战中死去的朱将军，如果皇帝要找他的碴儿，要多少有多少。

《元史》的编纂工作在南京天界寺进行，高启就住在天界寺里。编纂的总管是宰相李善长，可见是国家最高级别的事业。国家如此重视自然是好事情，但似乎操之过急。《明史·本纪》洪武二年二月事项中这样记述：

丙寅朔，诏修元史。

同年八月事项中这样写道：

癸酉，《元史》成。

虽然集中大批人员编纂，但全部二百一十卷的鸿篇巨制仅仅在半年的时间内就完成，不能不令人惊叹。

这部《元史》缺点甚多，评价不高，以至于五百多年后不得不编纂《新元史》予以弥补。但是，大概由于时间仓促，很多地方是把原始记录直接放进去，这样反而意想不到地获得具有接近原始资料的长处这样的评价。

如此急于完成修史工作，肯定是因为政府规定有期限。高启负责的是《历志》部分，好像也只是照抄郭守敬的《授时历》，对于西域人的伊斯兰历，只是简单的一句“《万年历》未复传来”，就全部省略。而从未使用过的《庚午元历》却留在书里，所以就是全文照抄。其实万年历在世祖忽必烈时代用过一段时间，只要认真查找从北京的府库搬运过来的资料，也许就能找出来，大概没有查找的时间吧。

高启是诗人，从事编纂《历志》这样的工作，恐怕没有多大的兴趣吧。修史也具有测试文人才能的目的，高启好像是考试合格，而且取得相当好的成绩。

高启从修史工作的天界寺搬到钟山里居住，从苏州把家人叫来，这表明他仕于明王朝的意愿。高启大概是在与文书资料有关的衙门里当一个末位小官，养家糊口，默默无闻，闲暇时写诗自娱。

然而，明朝廷授予他高官要职，一眨眼工夫升到户部侍郎。

居住在南京期间，高启一定更加了解洪武帝的性格，以敏锐的诗人直觉捕捉到洪武帝对知识分子的敌意，而当他意识到自己在他手下工作十分危险时，似乎为时已晚。如果是一个默默无闻的小官吏，倒也罢了，可是户部侍郎要经常面见皇帝。他反复思虑，最后决定辞去户部侍郎的职务，回到苏州。

这样做是否安全，他没有把握。异乎寻常的破格提拔，却拒不受命，要回故乡，洪武帝肯定心里不痛快。如果仅仅不愉快，那算是幸运，高启深知洪武帝的性格极其固执。即使回乡，大概也不会安然无事，但是他还是坚持回去，大概觉得总比每天见面要好。

洪武帝本来就是猜疑心极强的人，对文人尤其如此。之所以对文人不信任，据说源于这样的事情：

一统天下之后，洪武帝重用文臣，但战功卓著的武将们十分不满。洪武帝对他们说：

世乱用武，世治宜文，非偏也。

于是，武将们便以张士诚为例子，说明文人是多么品质恶劣。张士诚统治苏州时，对文人儒者的待遇十分优厚，却依然受到他们的欺侮。张士诚原名九四，乡巴佬一样土里土气，于是要求文人给他起一个好名字。文人们给他起的名字是“士诚”。洪武帝一听，说道：“此名亦美”。可是一个武将说：

《孟子》有“士诚小人也”句，彼安知之?

《孟子·公孙丑章句》说，齐有尹士（姓尹名士）者，不知孟子的真意就责难孟子的行为，后来听到孟子的话，感到非常羞耻，反省自己实在是一个小人，便说“士（指自己尹士）诚小人也”。苏州的文人就从中取“士诚”二字作为新名字送给张九四。张九四还觉得这个名字很响亮，高兴地接受，一直使用，没想到其本意是“我是小人”。这些文人一定在背后偷着乐，嗤笑“没有素养的这家伙真可怜”吧。

武将们对洪武帝诽谤文人，说“文人都是这样阴险狡猾的家伙”。听了武将们的这些话，洪武帝开始沉思。他似乎具有被害妄想症，后来发生多次以文章被杀的“文字狱”事件。

洪武帝最忌讳别人对他的过去含沙射影进行讽刺，“乞丐和尚”之类的词语都在禁忌之列。僧侣必须剃发，所以使用“秃”“光”这样文字的人往往被杀，甚至与“贼”同音的“则”也成为禁用的文字。杭州教授余一夔在贺表中写道：

光天之下，天生圣人，为世作则。

洪武帝阅毕大怒，将其斩首。因为他认为“光”是“和尚秃顶”，“生”是“僧”，“则”是“贼”的暗示。

德安府学训导吴宪只因为在贺表中写有“天下有道”四个字就遭诛杀。“道”与“盗”同音，洪武帝认为这是讽刺他过去的盗贼出身。这样的话，写文章就是提着脑袋的危险事情。有人因为诗里使用一个“殊”字被杀，因为这个字可以拆成“歹”和“朱”，“歹”是剔去肉的骨头，转义为“恶”，就变成诽谤“恶朱”的意思。

因文章被杀者都是各府县的教授、训导、教谕这样的所谓礼臣。遇到重要的时候，他们就代表府县给朝廷写文章，例如新年、皇帝生日时就写贺表，得到皇帝下赐的东西时就写谢表，这是他们的任务。礼臣们心惊胆战，要求赐发表式，以后按照范文写表。洪武帝接受礼臣的请求，据说他亲自书写表式。

张士诚的名字是一个例子，中国的文人的确具有在文章里含沙射影、指桑骂槐的传统。不过被洪武帝所杀的礼臣们几乎做梦都不会想着在文章里影射皇帝。

高启回到苏州以后，依然住在青丘，悠然作诗。他辞职回乡才三十五岁，隐居还太早，但如果他想此后安安稳稳地度过一生，应该是最好不过的了。然而正如他的年轻时候诗人宣言中所说的那样，诗人的存在本身就要给世间带来喧闹。

不久，高启从青邱搬到城南新居，他的七律《迁城南新居》表达了当时的心情。

辛苦中年未有庐，东西长寄一囊书。
未能避俗还依俗，堪信移居更索居。
叶满邻园烟羃羃，竹连僧舍雨疎疎。
何须许伯长安第，此屋翛然已有余。

唐朝韩愈的《示儿诗》有“辛勤三十年得此庐”句，高启的诗自然从韩愈的诗得到启示。自己总是背着一袋子的书籍忽东忽西到浙江、南京一带漂泊，本想避俗却不能，只好依俗而生活。身在俗尘，未必仅仅是为了生活，也是依靠权势者的现实要求。依情况变化而迁居，还要寻找下一次的迁居地。许伯得到长安城里大豪宅的赐予，然而我并不想要那样的豪宅。这个家不过是自己的家，但在这里能悠闲自得过日子就心满意足。然而，这其中隐含着高启不安的预感。正因为怀有预感，才会写出这样的诗。

洪武五年（1372年），高启回苏州两年后，魏观任苏州府知事。洪武元年建国初期，洪武帝曾派十个使者到各地搜罗人才，魏观就是其中之一，自然深受洪武帝的信任。他在南京曾与文人的高启交往，此次作为知事来苏州赴任，与高启当是重温旧情。

府厅一般称为“郡治”。明朝时，搬到别的地方，可是魏观嫌那个地方不好，又迁回旧址重建。这个地方原先是张士诚大周国的政厅。魏观精明能干，大概受到猜忌心很强的洪武帝的怀疑警觉。所以魏观重新建造郡治一事不能不说过于轻率。

即使没有这件事，洪武帝对苏州也没有好感，强迫苏州的居民迁移到南京。苏州市民对南京的明政府自然也很反感，大概认为还是张士诚时代比现在好。前面说过，张士诚初期在政治上也颇有作为。

洪武帝知道苏州人民的感情，正寻找机会打算棍棒打压，他的做法是使用残酷的镇压挫败反抗者的意志。魏观没有看透这一点，对执政充满热情，把苏州建设成建国后复兴最有成效的城市。显示自己的卓越才能是魏观的不幸。他大概以为自己做出这么大的政绩，修建政厅应该不算什么问题吧。其实他觉得这根本就不是问题。

上梁的时候，高启作为知事的朋友，又是苏州人，就为魏观写上梁文，还写诗祝贺。这件事导致他的死亡。上梁文没有流传下来，那首题为《郡治上梁》的七律是这样的：

郡治新还旧观雄，文梁高举跨晴空。
南山久养干云器，东海初升贯日红。
欲与龙廷宣化远，还开燕寝赋诗工。
大材今作黄堂用，民庶多归广庇中。

大概是贺诗的缘故，与高启的其他诗歌相比，这首诗缺少动人心魂的激情迸发。已经失传的《上梁文》大概也是这样华丽辞藻堆砌的应酬性的散文吧。然而，很快就有人向南京的朝廷弹劾“魏观有谋反之意，欲割据苏州，继承张士诚之霸业”，所谓谋反的证据就是新建郡治。

魏观被捕，处以死刑。高启也作为魏观的同党被斩。对于这起事件，与其说有人弹劾，不如说是洪武帝作为对苏州采取的一项措施亲自策划的，这已经成为史家的定论。他的目的是威慑苏州、清洗对政治热心的有才能的人。这起事件的证据完全是凭空捏造，所以魏观很快就得到平反。虽然名誉得以恢复，但人已死去，只会让遗族倍加伤心。

不过，细读高启的这首诗，还是令人感觉有影射之处。

首先是“还旧观雄”，称赞过去的建筑雄伟壮观，而明朝的建筑显得单薄寒酸。也许这不仅仅指的是府厅，言外之意还包括其他各种各样的东西。从中读出高启对张士诚时代的留恋是否言过其实呢？

谁都知道，洪武帝的性格十分残忍，他要让人们对他怀有敬畏恐惧之心。蒙古族的蛮横、歧视的政权已经灭亡，汉族政权中华复兴的时代已经到来，人们心情激动兴奋的时期已经冷却下来。知识分子对那些简洁明了、直截了当又富有格调的圣谕感到精神昂奋的心情也已经逐渐平静下来。

洪武帝自称为人民而造反，但是他入主南京以后，营造豪华宏伟的宫殿，就一直考虑不让别人夺取自己手中的权力，所以疑心越来越重。如果有人图谋夺权，这个人必定有胆有才。对这样的人尤其要提高警惕，于是知识分子最早嗅出密探遍布的黑暗时代的气息。洪武帝还对有可能煽动夺权的知识分子怀有戒心，其实他的担心也许并非无中生有。“对朱元璋不要抱有不切实际的希望，他这个人没有理念、只有权欲。推翻朱元璋，拥立更优秀的人建立新政权”——世间出现这样的动向也是势所必然。虽然明朝的记录没有记载这种表面化的动静，但实际上绝非没有。实行文字狱，严厉的、不正常的刑罚措施恐怕不会出于洪武帝无根无据的幻想。

高启的上述这首诗还写到“贯日红”，这是关系天子存亡的凶兆。如果是说东海（苏州在南京东面）出现彩虹贯日的意思，这就无异于呼吁谋反。对中国的古代说法并不十分在意的日本甚至也发生“白虹事件”这样的笔祸。大正七年（1918年），寺内内阁禁止报纸刊登有关“大米骚乱”[①]的报道，《大阪朝日新闻》在报道抗议大会的新闻稿中使用“白虹贯日”这个成语。于是政府当局以“紊乱朝宪”罪起诉朝日新闻社，该报社提出答辩，才免受禁止发行的处分。

高启在诗人宣言中高喊“波浪起”“山摇崩”，他并非没有考虑密谋策划推翻残暴的洪武帝。

历史学家和文学研究家都认为高启被冤杀，最有利的证据就是他死后获得平反，不过，完全可以推测他实际上策划过反明活动。他年轻时候去浙江的目的笼罩着重重迷雾，他对户部侍郎这样的高官不屑一顾而回乡也很异常，令人感觉是一种反抗的表示。洪武帝对反抗者的监视是绝不会放松的。

高启被捕送往南京的时候，据说其他人都战战兢兢，面如土色，唯有他面不改色，镇静自如，如平时那样吟哦诗歌，显示出从事反明地下活动、事败被捕、不悔初衷的壮士气概。他死后受到平反，也可以认为是政府通过对当代首屈一指的诗人的重新评价以博取人心的手段。与其说高启是一个蒙冤遇害的诗人，不如说他是一个不忘年轻时候的诗人宣言、忠实于自己的大志、与当时的权势者进行英勇斗争的烈士，也许这样认为才更接近高启的原形。下面这首诗是高启于洪武七年（1374年）

① 大米骚乱：原文为“米骚动”。因米价暴涨引发的民众暴动。大正七年（1918年），始于富山县鱼津町，波及全国。被政府出动的军队镇压下去，但寺内内阁也因此总辞职。——译注

被押送南京途中的作品：

枫桥北望草斑斑，十去行人九不还。
自知清彻原无愧，盍请长江鉴此心。

吴中四杰的其他人都与高启一样，结局悲惨。高启死后，其他三杰吟诗哀悼。

文章穹壤成何用，哽咽东风泪满巾。

杨基官至山西按察使，遭谗言被撤职，卒于工所，就是死于狱中。

张羽因事连坐，被流放岭南，但途中接到回京命令，这意味着将被处死。张羽绝望，投龙江自尽。他的死只晚于高启九年。高启死时，张羽哀叹道：

君亡谁复可言诗？

徐贲任河南布政使，在对远征军的补给和待遇事件中遭受连坐，被捕入狱。《明史》记载他在狱中“瘐死”，就是严刑拷打加上饥寒交迫而死的意思。他在哀悼高启的诗中有这样的句子：

一读一怆情，老泪屡挥滴。

吴中四杰都死于非命，这说明明初文人这样的死是一种必然，连逃避于风花雪月都不允许。只有年迈的杨维桢被允许“白衣宣至白衣还”，白衣是平民的衣服。不当官才能像杨维桢这样有例外的特权。

洪武帝为了巩固刚刚诞生的王朝基础，必须利用各种各样的人。诗人及其作品所具有的表现力、说服力都应该为政治所利用，如果自己不利用，就很可能被敌人——图谋夺权的那些人——所利用。这个魔性的天子大概考虑，如果连户部侍郎都不当就回乡的高启被敌人所利用，那就除掉他。

同样是平民出身的王朝创始人，汉朝刘邦性情开朗，明朝朱元璋性情阴郁。对待文人的态度，刘邦不过是往儒生的帽子里撒尿，而朱元璋是大开杀戒。他在皇觉寺里读过一些书籍，有一点文藻，一知半解的学问对于同时代的文人是一种不幸。

梦窗国师①的法嗣、土佐人绝海中津②僧侣来到中国恰好是明朝建国之年、即洪武元年。他在中国居住九年，谒见过洪武帝。绝海中津写有题为“应制赋三山”的七绝。所谓应制，就是奉天子之命赋诗。大概是洪武帝命他吟咏三山（蓬莱三岛，即日本）。

熊野峰前徐福祠，满山药草雨余肥。
只今海上波涛稳，万里好风须早归。

徐福让秦始皇出钱，声称去蓬莱三岛采集长生不死药，结果一去不复返。现在日本的新宫市和熊野市还有徐福墓，佐贺也有据说是徐福的遗迹。中国人认为徐福是为躲避秦始皇的苛政而出逃的。

日本的徐福祠周围的山上，雨后药草茂盛生长，如今海上风平浪静——这是说秦始皇那样暴君的黑暗时代已经过去，明朝国家诞生，天下太平。如果徐福还活着的话，应该尽快乘万里好风，回到太平盛世的中国。绝海中津对洪武帝有点奉承。洪武帝和诗一首：

熊野峰高血食祠，松根琥珀亦应肥。
昔年徐福求仙药，直到如今竟不归。

除了草药，日本还有许许多多的好东西，所以徐福至今也不回来。洪武帝也说奉承话。

高启被腰斩的时候，绝海中津正在明朝。他真心认为明朝天下太平

① 梦窗国师：即梦窗疏石（1275—1351年），日本镰仓末期、室町初期的临济宗僧人。创建有甲斐的惠林寺和京都的临川寺、天龙寺。著有《梦中问答集》《临川寺家训》等。——译注

② 绝海中津（1336—1405年）：日本室町时代初期的临济宗僧人。师从梦窗疏石。1368年赴明朝，回国后仕于足利义满，历任等持寺、相国寺等寺院的住持。五山文化的代表者，著有汉诗文集《蕉坚稿》。——译注

吗？此后不久明朝发动腥风血雨的大清洗，只是没有波及平民阶层。洪武帝清洗的对象，多多少少都是与政治有关的人。

悠然自得的漂泊文人倪云林在高启被处死的这一年死去，他的一生似乎并不是很幸福，在晚年回到家乡松江。他已经放弃土地、房屋，在亲戚家里走完人生。这个超俗文人根本不理睬张士诚兄弟，洪武帝大概也拿他没办法。他时常飘然来到苏州，与比他小三十五岁的高启也有交往。高启的诗文集里收有《寄倪隐君元镇》的七律：

名落人间四十年，绿蓑细雨自江天。
寒池蕉雪诗人画，午榻茶烟病叟禅。
四面荒山高阁外，两株疏柳旧庄前。
相思不及鸥飞去，空恨风波滞酒船。

大概是读倪云林的画吧。

高启、倪云林死后的第二年，开国功臣刘基死去。他没有官欲，经常离官，死去的时候正在所谓的“停职”期间。

正如人们喜欢将洪武帝朱元璋与汉高祖刘邦相比一样，也经常将刘基与张良相比。据说洪武帝也称刘基为“吾之子房”。明末的李卓吾认为刘基在张良之上。张良是一个“和光同尘”的人物，他具有光芒四射的卓越才能，却故意藏而不露，不事张扬，降低层次，进入俗尘，以这样的方法保全自己。相比之下，刘基是刚直不阿之人，直言不讳，无所顾忌，所以树敌也多。

后人信仰刘基，是将他视为一个预言家，常有冠以他的名字的预言书出现。传说洪武帝吃烧饼的时候，刘基进来，回答皇帝的问题。这部以君臣问答的形式预言未来的书籍名叫《刘伯温烧饼歌》。书中预言从李自成造反甚至到类似清朝西太后的出现，看来是一部清末的伪作。编纂《明史》的时候（1735 年），似乎也有此类书籍，《明史·刘基传》的附记说道：“世所传为神奇多阴阳风角之术，非其至也。”

伪托刘基之名的各种预言书的出现，说明他在民间受到多么大的敬慕。敬慕的一个原因是他似乎也是死于非命。

刘基性情刚烈、疾恶如仇，因此受到宰相胡惟庸的憎恨，似被他毒死。《明史·刘基传》这样记述道：

基在京病时，惟庸以医来，饮其药，有物积腹中如拳石。其后中丞涂节首惟庸逆谋，并谓其毒基致死云。

胡惟庸是明初大清洗事件的核心人物。所有的罪状都推在他身上，自然也就想到毒死的罪行。刘基享年六十五岁。

有人认为刘基也是一个可以与高启并驾齐驱的优秀诗人。他在仕于洪武帝之前，曾是元将石抹宜孙的幕僚，当然是元朝的进士。在明朝建国初期的朱元璋身边，他的经历比较特殊，或许这使他产生自卑感，成为他经常辞职的心理因素。洪武帝对刘基、宋濂、章溢、叶琛这四个先生十分尊重，说道：

我为天下屈四先生。

身处喜怒无常、好恶激变的皇帝身边，无论多么刚直的刘基也不得不小心翼翼。他辞职期间，应该说就是精神上的休养时间。

刘基的诗风如其人，豪放奔逸，而且具有思考的力量。无论是杨维桢还是高启，那个时代的诗歌都还是追求复古，以唐诗为最高理想。刘基也具有同样的倾向，但后期的作品略嫌气势不足。他时刻侍奉在洪武帝身边，精神处于高度紧张状态，自然对诗文也会产生影响。

连刚直敢言的刘基都这样子，文人们经常笔端滞涩更是难免。高启被杀以后，明诗颓唐衰退，可以说其责任大半在于洪武帝。

吴中四杰全部都是死于非命，声望卓著的松江袁凯佯狂才得以逃脱险境，保全天寿。

所谓“险境”，是洪武帝让袁凯回答关于审讯犯人的两难问题。洪武帝的审讯和判决极为严厉，但如果案子转到见习皇帝皇太子手里，很多会得到减刑。洪武帝问袁凯，自己和皇太子哪一个是正确的。这是难以回答的问题，袁凯深思熟虑以后，回答道：

陛下法之正，东宫心之慈。

洪武帝对这个回答似乎不太满意，说道：

老滑持两端，恶之。

模棱两可，态度暧昧，老奸巨猾，令人憎恶。袁凯听说以后，立即装疯卖傻。

那是一个文人难以生存的时代，还不如元朝那样可以隐居山林。蒙古政权极其讨厌南人当官，所以可以无所顾忌地逃避俗尘。

到了明朝，强迫文人出来做官，杨维桢、倪云林这样的高龄者可以作为例外，但人才不出来侍奉朝廷被视为不逞之徒，而如果过分积极地发挥自己的才能，又会遭受猜疑，有时甚至招来杀身之祸。袁凯是千钧一发之际幸运逃脱的例子。

战乱基本消弭，进入中华复兴的时代，本应最为兴高采烈的文人却遭受最大的痛苦。

刘基作有《江上曲》八首，痛切地抒发元末明初诗人的满腔情怀。

红蓼丹枫一色秋，楚云吴水共悠悠。
人间万事西风过，惟有沧江日夜流。

大清洗的旋涡

关于称之为“胡蓝之狱”的明初大清洗事件，不能完全相信《明史》等的史料记载。

事件的核心人物胡惟庸和蓝玉虽然人格都有问题，但不会策划那么大规模的谋反。也许这样的逻辑有点古怪，但正因为他们的人格有问题，所谓谋反可以认为是一起冤案。如果是小叛乱、小反抗另当别论，但国家各级领导几万人都参与的谋反，不是一个出类拔萃的人物，别说领导，连制订方案都不可能。

所有的一切都是洪武帝为确保自己的权势而制造的案件，可以视为一起大流血事件。从《文人遭难》那一章可以知道，洪武帝是一个性格异常的人，从病理学上说，大概可以诊断为被害妄想重症患者。然而，他不是一个普通的患者，而是具有果敢的决断力和超人的行动力。

为了确保对权势的垄断，平安无事地传给子孙后代，最行之有效的方法就是彻底扫荡国家领导人。

当然，最好的方法应该是得到占国民绝大多数的农民的信任，取得他们的支持。洪武帝对此充满自信。因为他本人就是赤贫农民出身，从最底层上来，深知贫苦人民的悲惨苦难的处境。在他晚年完成的《大明律》就规定禁止奴婢私有。他对元朝具有特权的地主予以镇压。他具有做事彻底的性格，所以镇压也很彻底，他知道这样做会使农民高兴。

洪武帝接受李善长的向汉高祖刘邦学习的建议，由于学习过于彻底，远远超过他的老师。赵翼这样评述：

学之而过甚者。

刘邦的确也清洗功臣，但枉杀的只有韩信和彭越两个人，栾布公开反叛，所以被诛。卢绾、韩王信虽然是被逼谋反，但并非完全无罪。刘邦没有对共同举兵的老战士加以迫害，萧何、曹参等刘邦的同乡自不待言，连半路参加进来的张良等也安然无恙。然而，洪武帝对功臣几乎是斩尽杀绝。同样都是平民出身，刘邦与洪武帝哪里不一样呢？他们都为继承人而担忧。刘邦的儿子刘盈（惠帝）体质极差，根本指望不上，而且吕后所生的儿子就他这么一个。朱元璋的皇太子朱标似乎是优秀人才，但是在指挥千军万马久经沙场的父亲眼里，还是感觉不放心。让他实习锻炼如何审判，他就大发慈悲减刑，父亲对此十分担心。就继承人问题而言，朱元璋比刘邦要好得多。

刘邦与朱元璋比较，归根结底只能说是性格的差异。刘邦清洗功臣是吕后积极唆使，而朱元璋的马后倒是努力劝阻。赵翼认为是其天性导致明初的大清洗：

借诸功臣以取天下，及天下既定，即尽举取天下之人而尽杀之。其残忍实千古所未有！盖雄猜好杀，本其天性。

处在元末乱世，只能依靠自己的力量才能生存下去，为显示自己的力量比对手强大，就必须使用威胁恐吓的手段。而最有效的威慑，大概就是残忍的诛刑。然而，作为手段利用残忍性毕竟有限，所以洪武帝的残忍，正如赵翼所言，只能视为天性。

胡惟庸之狱兴起于洪武十三年（1380 年）。在前一年的十二月，中丞涂节告发胡惟庸“毒（刘）基致死”。

这似乎是导火索。《明史》在有关人员传记上对此事的记述多有混乱，半为捏造，无法将有关传记的记述串为合乎逻辑的文字。

胡惟庸是定远人，红巾军起义初期就是洪武帝的部下，十分活跃，可以说是洪武帝一手栽培的亲信。官职逐步上升，洪武十年（1377 年），成为中书省的最高领导左丞相。这是宰相位，其实他从六年前就一直担任右丞相，这期间左丞相空缺，因此实际上他长期身居国家政治的最高位置。为了掌管一切，自然就要集权力于一身。

洪武帝对他的做法感到不满，一直暗中观察，一旦他得意忘形，就要狠狠地铁锤敲打。胡惟庸独断专行，胆子越来越大，各地、各厅上呈的奏章，凡是对自己不利的，统统扣押，不呈送给皇帝。人事任免也由他一手决断，自然是拉帮结派，形成自己的势力。

胡惟庸的仕途是由李善长的推荐担任太常少卿开始飞黄腾达的，他们结为姻亲，关系更加亲密。明王朝初期的政界，出现李善长与刘基对立的迹象，只是由于刘基时常离职休养，才没有明显表现出来。洪武帝似乎对刘基的无欲感到满意，对刘基的竞争对手李善长心怀不满。从胡惟庸与李善长的关系来看，他毒死刘基在道理上说得通。

后来，胡惟庸的家里以及周围，还有家族坟墓中出现种种怪异的现象。例如从他家的水井里长出石笋，这被解释为瑞兆。刘基的预言书里也有涉及，当时的人们迷信极深，为现代人所无法想象。出现瑞兆，胡惟庸就认为是自己成为天子的前兆，于是产生谋反之心，便与御史大夫陈宁、中丞涂节等勾结密谋。

洪武十三年正月，胡惟庸策划谋反败露，涂节判断谋反必败，便告密。以上是《明史·胡惟庸传》的记述，但《明史·汪广洋传》说涂节于洪武十二年十二月密告的不是谋反，而是胡惟庸毒死刘基之事。如果涂节是胡惟庸谋反的同伙，密告毒死刘基之事，会使事情复杂化。所以，所谓谋反，大概本无其事，而是洪武帝选定目标，要拿狂妄自大、无法无天的胡惟庸开刀。也有可能是被抓起来的胡惟庸对涂节揭发自己两年前毒死刘基的事极为愤怒，一气之下就把涂节咬进谋反的同党里。

洪武帝只是把手中握有太大权力的人定为谋反叛乱者，至于他们“罪行”败露的过程原委则无关紧要。然而如今不是过去的红巾军时代，必须记录下来。于是事后进行修补，从而出现各处的记录互不吻合的现象。

所有的罪行统统栽到胡惟庸头上，其中之一见于他的传记，就是没有汇报占城来贡使之事。当时汪广洋左迁到广南，所以《胡惟庸传》记载洪武帝对隐瞒贡使入朝之事十分恼怒，苛责胡惟庸和汪广洋，并对汪广洋赐死。汪广洋的确是被诛杀，但《明史·汪广洋传》则说他被诛杀的原因是在江西时包庇文正之恶、在中书省时未揭发杨宪之奸。反正这个人是被诛杀的，至于其原因，当时的记录官记录得随心所欲，而且不是一个人记录，所以前后出现矛盾。

胡惟庸谋反的关键证据是他与外国势力相勾结。无论古今，里通外国谋反篡权乃罪大恶极，无以复加。胡惟庸分别派使者前往日本和遁逃北地的蒙古政权北元请求他们在谋反之际予以支援。

日本两次击退忽必烈的远征军，明朝大概以为是相当强大的国家，而且当时日本的海盗——倭寇也相当活跃，因此有可能与以九州一带为根据地的倭寇势力结为同盟。不过，当时日本正是南北朝时代，自顾不暇，应该没有力量支援外国。日本统一南北朝是在后小松天皇[①]的明德三年（1392 年），相当于洪武二十五年。虽然是地方势力，如果明朝宰相要与日本结盟，日本方面的文字记录或者口头传承中也会留下一点痕迹，却没有丝毫痕迹。这也可以算是所谓里通日本疑为捏造的证据之一。

要是与外国势力勾结，与北元结盟要远比与日本结盟更加现实。仅仅十年前蒙古政权还在统治中国，蒙古的部分行政机构应该还在运行，另外大概还有不少人潜伏地下，随时都可以浮出水面进行活动。

胡惟庸、陈宁、涂节等主犯被诛，撤销中书省，废除左右丞相，此后，明朝不再存在正式的宰相。六部——各省保留，虽有长官，却没有统辖的大臣，如同内阁里只有阁僚没有总理。六部的长官直属皇帝，所以皇帝兼任“总理大臣”。

通过改革制度，大权完全集中在皇帝一个人手里，六部尚书不能介入管辖之外的其他事务。权限分散，皇帝的地位就更加巍峨耸立。洪武帝的大权绝对不能旁落的强烈意志令人感觉阴森可怕。

胡惟庸之狱并没有就此解决。

洪武帝的猜疑心越发严重。虽然权限已经分散，但如果群臣联合起来，其力量足以向皇帝夺权——至少洪武帝心里害怕，所以对言行稍有异样者，格杀勿论。明人叶子奇撰写的《草木子》因为是那个时代的著作，具有很高的可靠性，其中这样写道：

---

① 后小松天皇（1377—1433 年）：日本第一百代天皇（1382—1412 年在位），北朝天皇，1392 年接受南朝的后龟山天皇交出的神器，实现南北朝统一。后将皇位禅让给称光天皇，实行院政。1431 年出家。——译注

时京官每旦入朝，必与妻子诀，及暮无事，则相庆以为又活一日。

每天出门上朝之时，必定要与妻子诀别，傍晚平安无事回到家里，庆幸自己又活了一天。按照现代人的想法，既然如此，那就辞职不干。但我在《文人遭难》那一章说过，他们连辞职的自由都没有。

洪武十三年的胡惟庸之狱只是诛杀数人，但是在十年之后的洪武二十三年（1390 年），旧案重提。当年的做法已是极其残酷，然而与这一次的整肃相比，实在是小巫见大巫。

六十三岁的洪武帝迫切需要考虑继承人的问题了。建国功臣不少还健在，他们经历过战乱、饥荒、疾病、天灾等各种各样的人生考验，都是意志刚强、不屈不挠的人。

洪武帝即位的时候四十一岁，当年二十多岁的年轻骨干如今正是四十多岁年富力强的时候。生长于宫闱之中、心慈手软的皇太子朱标能控制住这些老功臣吗？一想到这些，洪武帝就寝食不安，于是下决心彻底整肃。十年前，杀掉几个权高震主的重臣就可以，当时洪武帝刚刚五十出头，心想只要自己健在，政权就安然稳固，然而今非昔比。

于是，以涉嫌胡惟庸谋反案为由，对建国元勋、国家的最高长老、太师韩国公李善长赐死。胡惟庸的确是由李善长推荐而升迁的，甚至还结为姻亲关系，所以他也有一点责任。不过，事隔十年之后，以涉嫌谋反而治罪，实在过于唐突。

对于洪武帝来说，拿李善长开刀最容易，他与胡惟庸一派，不可能不参与谋反，所以也令人信服。

诛杀最高长老、功绩最大的七十七岁的李善长之后，对其他人就无所顾忌了。吉安侯陆仲享也被投入监狱诛杀。陆仲享十七岁就跟随洪武帝南征北战，在与陈友谅作战中建树大功，在平定广东的战役中也战果辉煌。洪武帝不除掉这个小自己十岁的身经百战的将军就心里不安。

洪武帝命人编写《昭示奸党录》，被族诛者竟达三万多人，真姓实名，记录在案。

既然是十年之后的清洗，就必须有正当的理由。不过，这些记录不足为信。按照记录的说法是：胡惟庸生前没有坦白交代全部罪行。洪武二十一年（1388 年）明军征讨漠北时，抓获胡惟庸派往北元的使者封绩，经过审讯，才完全了解二十三年前的事件全貌。另外，在抓获封绩的两年前，也逮捕了胡惟庸派往日本的使者林贤。

在这场恐怖的大清洗风暴过去两年以后，洪武二十五年（1392 年），洪武帝无比疼爱的皇太子朱标死去。洪武帝不胜悲痛，但继承人的大事依然需要解决。

洪武帝决定立皇太子之子，即皇孙为皇嗣，皇孙自然尚幼小。如果传位给皇太子，已经杀掉三万人，基本可以放心。

功臣宿将几乎被斩尽杀绝，为了确保朱家天下的安泰，洪武帝选定认为对他的孙子构成最大威胁的人物，再次制造冤狱。洪武帝的偏执已经到了令人毛骨悚然的地步，支配他思想的只能说是异常的疯狂。

留给洪武帝的时间已经不是很多，皇太子死后的第二年，六十六岁的洪武帝迫不及待地开始动手。

洪武帝锁定的目标是凉国公蓝玉。与胡惟庸的情况一样，洪武帝锁定的这个人在世人中的口碑都不好。

蓝玉是开国元勋常遇春的妻弟，洪武帝出兵北伐时，他担任副将，辅佐徐达。战功卓著的常遇春在建国后不久病死。常遇春的英年早逝也许是一种幸运。因为如果他活下来，即使躲过胡惟庸之狱这一难，也绝对会被卷进以妻弟蓝玉为首的大清洗旋涡里。

蓝玉是征战经验丰富的将军，他出征蜀地，参加平定四川的作战，并且在徐达麾下转战漠北。

第一次胡惟庸之狱发生的时候，蓝玉从讨伐西番凯旋，封为侯。洪武二十三年（1390 年）第二次胡惟庸之狱的时候，蓝玉正出征讨伐西番叛蛮。成为第二次胡惟庸之狱导火索的封绩被捕就是在蓝玉担任征虏副将远征漠北的时候。洪武二十一年（1388 年），他升为大将军，率领十五万大军作战，在捕鱼儿海大破北元军队，取得罕见的大胜利。

此时北元的皇帝是顺帝的孙子脱古思帖木儿，蓝玉抓获他的次子地保奴，并将他流放到琉球。

蓝玉是战功显赫的将军，可是居功自傲，被人嫌弃。在洪武帝眼里，这是再好不过的目标，于是很快弯弓射箭，一箭中的。

形式上是特务机关锦衣卫指挥蒋某的告发，实际上显然是洪武帝的策划安排。

蓝玉以谋反之罪被捕，立即在市中被处以磔刑，株连被诛者一万五千多人。其姓名记录于《逆臣录》。

蓝玉长年出征在外，能否策划谋反令人怀疑。对于胡蓝之狱，赵翼的以下看法可谓一语中的：

> 至明祖则起事虽早，而天下大定则年已六十余，懿文太子（朱标）又柔仁，懿文死，孙更孱弱，遂不得不为身后之虑。是以两兴大狱一网打尽，此可以推见其心迹也。胡惟庸之死，在洪武十三年，同诛者，不过陈宁、涂节数人。至胡党之狱，则在二十三年，距惟庸死时已十余年，岂有逆首已死，同谋之人至十余年始败露者，此不过借惟庸为题，使狱词牵连诸人，为草薙禽猕之计耳。胡党既诛，犹以为未尽，则二十六年又兴蓝党之狱，于是诸功臣宿将始尽。

洪武帝以为这样已经为孙子做好万全之策，然而事与愿违。在他死后，悲惨的命运等待着他的爱孙。洪武帝错误地选择了方向。

在元末的造反时代，这个英姿飒爽的红巾军年轻领袖后来逐渐成为权势的俘虏，对权势的偏执迷恋使他达到异常的顶点。时代造就的这个魔性之人完成了中华复兴的伟业，却也在中国大地上留下巨大的阴影。洪武帝开创的明王朝后来似乎也一直被他的性格拖曳着，显示出某种阴翳。

洪武帝的中华复兴并不是回归宋的时代，还是扮演着顺应元朝继承者这样历史潮流的角色。明代保留着许多元代的要素。不过，如果将洪武帝残酷无道的大清洗视为保留在明代里的元代的要素，那是对蒙古族的不尊重。虽然元朝也有不少杀戮，但没有胡蓝之狱这样的大清洗。

现在来讲述元末四大家中最后一个王蒙的命运。

王蒙是泰安的州知事，他大概认为自己的前途一片光明。中华复兴首先必须是文化的复兴。虽然比较疏远，但自己毕竟与宋朝的宗室有一点亲戚关系，也许他在梦想着文艺复兴。他在泰安的官吏生活不知其详，但时常来到南京，呼吸政治中心的空气。有一天，他到宰相胡惟庸的宅邸拜访。

胡惟庸是书画收藏家，王蒙仅仅是去欣赏他的收藏品。当时印刷术还很落后，不可能大量复制书画作品，所以书画家以及爱好者到收藏者家里欣赏作品是很正常的事情。但是，那是一个视正常为不正常的时代。到胡惟庸家里拜访造成他的不幸。凡去过胡惟庸家里的人都要受到审查，他和会稽的郭傅、僧知聪等同好之士曾去胡家鉴赏书画。

王蒙因胡惟庸之狱受到株连，被捕入狱，洪武十八年（1385年）死于狱中，享年七十七岁。第一次的胡惟庸之狱被诛杀者不过数人，但受株连者多达一万五千人，王蒙就是其中之一。

蓝玉之狱后，直至洪武帝死前，他一直诛杀重臣。蓝玉之狱的第二年，洪武二十七年，傅友德、王弼被杀。傅友德是公爵，王弼是侯爵。洪武二十八年，宋国公冯胜被杀。洪武二十九年，监察御史王朴被杀。洪武三十年，驸马都尉欧阳伦被赐死。傅友德、冯胜都是久经沙场的骁将。清代编纂的《明史》中的《傅友德传》《冯胜传》记述他们建树的辉煌战功，然后突然以“赐死”两个字结束。诛杀自然有诛杀的原因，却故意不写，这是中国传统的《春秋》笔法，不说获罪的原因，以表示这是冤死。

另一方面，洪武二十八年，明朝禁止对肉体施加黥、割鼻、去势等刑罚，并规定今后如有人要求恢复，处以极刑。看来洪武帝只是对自己周围的人冷酷无情。

猜疑心越来越重，谁都不可信，可信的只是与自己有血缘关系的亲戚。这也许因为他从小就失去骨肉之亲、渴望父母关爱的缘故吧。

将儿子分封各地是一种表现，以皇族作为皇室的屏障。不过，他们只掌握军权，不允许他们参与民政。洪武帝绝对坚持皇帝独裁，对作为屏障的皇族也不能授予过大的权限。虽说受封各地的皇族握有军权，但手中的军队极少，可以说是象征性的，只有靠近边境的地方例外，派驻能干的皇族把守，拥有相当多的兵力。以元国都北京为中心的地区最为重要，洪武帝将其封给儿子中最有雄才大略的第四子燕王。

洪武帝是孤儿，真正有血缘关系的人很少，于是他经常将优秀的少年收为养子，据说洪武帝的养子有二十多个。走向衰老的独裁者煞费苦心地谋划自己死后的王朝。

洪武帝吸取唐朝皇帝在王朝末期受宦官左右的历史教训，严禁宦官干预政治，并且限制宦官的人数。

贫农出身的洪武帝自然以农本主义作为基本国策。农民可以穿丝绸的衣服，但不允许商人穿。

回头看《明史》，就会发现，当年洪武帝最着力压制的宦官和商人后来都变得极为强大，左右着明朝的命运。

魔性之人也难免一死。洪武三十一年（1398 年）五月甲寅，洪武帝卧病不起。闰五月乙酉日，死于西宫，享年七十一岁。史料记载，其遗诏有这样的话：

朕膺天命三十有一年，忧危积心，日勤不怠，务有益于民。奈起自寒微，无古人之博知，好善恶恶，不及远矣。今得万物自然之理，其奚哀念之有？皇太孙允炆，仁明孝友，天下归心，宜登大位。内外文武臣僚，同心辅政，以安吾民。丧祭仪物，毋用金玉；孝陵山川因其故，毋改作；天下臣民，哭临三日皆释服，毋妨嫁娶……

《明史·本纪》这样记述：

晚岁忧民益切。

赞美洪武帝在短时间内完成运河、灌溉、防灾等大工程。洪武帝在晚年对重臣大开杀戒，与上述的善政在同一个时期，令人感觉不可思议。或者说也许洪武帝坚信，不论在朝廷内部进行如何残酷的镇压杀戮，只要得到占国民绝大多数的农民的支持，明王朝的皇基就绝对不会动摇。

年　表

公历	王朝年号	事项
1123	宋宣和五年 金天会元年	金将燕山六州归还宋
1124	金天会二年 夏元德六年	西夏成为金的属国
1125	宋宣和七年 辽保大五年 金天会三年 西辽延庆元年	天祚帝降金军，辽灭。金军大举讨宋。徽宗退位，子赵桓立（钦宗）。耶律大石称帝（西辽德宗）
1126	宋靖康元年 金天会四年	宋康王赵构等成为金国人质。金俘虏宋之钦宗、徽宗（靖康之变）。金军陷开封，灭北宋
1127	宋建炎元年 金天会五年	金立张邦昌为楚皇帝，建国金陵。徽宗等被绑架至金。宋康王赵构在南京应天府即位（南宋高宗）
1128	宋建炎二年 金天会六年	金南伐
1129	宋建炎三年 金天会七年	明受之乱（苗、刘之乱），被平定。高宗退位，又复位。金的南伐军强迫汉族遵从女真族风俗

1130	宋建炎四年 金天会八年 伪齐刘豫阜昌元年	钟相之乱。金在北京立刘豫为帝建立傀儡国家齐。秦桧被金释放回国。高丽承认金为宗主国，归还保州
1131	宋绍兴元年	秦桧任宰相
1132	宋绍兴二年 金天会十年 夏正德六年 西辽延庆八年	耶律大石在撒马尔罕附近获胜，耶律大石即位，称葛儿罕，号天佑皇帝。宋高宗自越州移杭州（临安府）。耶律余睹反金，败北。
1134	宋绍兴四年 金天会十二年 伪齐阜昌五年	金停止南伐，大杀契丹人金齐联军出兵讨伐南宋。岳飞在庐州破金军
1135	宋绍兴五年 金天会十三年	金太祖殁，皇太子完颜亶即位（熙宗）。徽宗殁于金
1137	宋绍兴七年 金天会十五年 伪齐阜昌八年	宗翰殁。金废齐国
1141	宋绍兴十一年 金皇统元年	宗干殁。岳飞下狱。宋金议和，以淮河为界，秦桧杀岳飞
1142	宋绍兴十二年 金皇统二年	南宋与金媾和
1143	金皇统三年 西辽康国九年	刘豫殁于临潢府。耶律大石殁，皇后摄政
1146	金皇统六年	金扣押宇文虚中，杀之
1149	金天德元年	张钧、三合在金被杀。金完颜亮杀熙宗即位（海陵王）
1150	金天德二年	金海陵王大杀宗室重臣

1151	金天德三年	金迁都燕京，称中都
1153	金天德五年	金海陵王入燕京，改元贞元。
	贞元元年	定称呼为五京
1155	宋绍兴二十五年	南京开封大火。宋宰相秦桧殁
1157	宋绍兴二十七年	北宋钦宗殁于金
	金正隆二年	
1159	金正隆四年	金海陵王诏谕准备南征
1161	宋绍兴三十一年	金海陵王伐宋。金的东京留守完颜褒（后改
	金正隆六年·大	名雍）称帝（世宗）。海陵王为部下完颜（本
	定元年	姓耶律）元宜所杀。金与南宋议和
1162	宋绍兴三十二年	宋高宗称太上皇，隐居德寿宫，太子赵眘即
		位（孝宗）。成吉思汗诞生
1163	宋隆兴元年	汤思退再任宋宰相
1165	宋乾道元年	金宋媾和，此后持续四十年和平
	金大定五年	
1189	宋淳熙十六年	金世宗殁，太孙完颜璟即位（章帝）。宋孝
	金大定二十九年	宗退位，赵惇即位（光宗）
1194	宋绍熙五年	宋光宗退位，太子赵扩即位（宁宗）
1196	宋庆元二年	南宋韩侂胄镇压朱子学派（庆元伪学之禁）
1200	宋庆元六年	朱熹殁
1204		乃蛮大王与成吉思汗作战，败死
1205	夏天庆十二年	铁木真军攻西夏（第一次）
1206	宋开禧二年	南宋韩侂胄讨伐金，金反击。
	金泰和六年	宋将吴曦降金。蒙古铁木真统一
	蒙古成吉思汗元年	全蒙古称成吉思汗（元太祖）

1207	宋开禧三年	宋宰相韩侂胄为夏震所杀
1208	宋嘉定元年 金泰和八年	宋金再次媾和。金章宗殁，叔父卫绍王允济即位（废帝）
1209	宋嘉定二年 夏应天四年 蒙古成吉思汗四年	蒙古军进攻西夏（第三次）。陆游殁
1210	金大安二年 蒙古成吉思汗五年	金与蒙古断交
1211	金大安三年 蒙古成吉思汗六年	成吉思汗亲征金
1212	西辽天禧三十五年	契丹族的耶律留哥叛乱
1213	金贞祐元年 蒙古成吉思汗八年	耶律留哥自立称辽王。金的纥石烈执中杀卫绍王，拥立完颜珣（宣宗）。蒙古军侵入山东半岛
1214	金贞祐二年 蒙古成吉思汗九年	成吉思汗亲征的蒙古军南攻。金宣宗与蒙古议和。金迁都开封
1215	金贞祐三年 蒙古成吉思汗十年	蒙古军南攻，陷金之燕京
1217	宋嘉定十年 金兴定元年 蒙古成吉思汗十二年	金攻南宋，此后年年交战。成吉思汗封木华黎为国王。木华黎以燕京为根据地
1218	蒙古成吉思汗十三年	屈出律（乃蛮王子）为成吉思汗军所杀。高丽承诺对蒙古贡赋
1219	宋嘉定十二年 金兴定三年 蒙古成吉思汗十四年	西夏、南宋联军夹击金。成吉思汗开始西征

1224	宋嘉定十七年	宋宁宗殁，养子赵昀即位（理宗）
1227	夏宝义二年 蒙古成吉思汗二十二年	西夏李睍降蒙古军，西夏灭。成吉思汗、丘处机殁
1231	宋绍定四年 蒙古窝阔台汗三年	蒙古进攻宋和高丽。郭守敬生
1232	金天兴元年 蒙古窝阔台汗四年	蒙古军包围开封
1233	宋绍定六年 金天兴二年 蒙古窝阔台汗五年	金哀宗逃往归德。南宋与蒙古军包围蔡州。史弥远殁
1234	宋端平元年 金天兴三年 蒙古窝阔台汗六年	蒙古、南宋联军攻金，金哀宗自杀，金灭。南宋军入洛阳，蒙古军也入洛阳，宋撤兵
1235	宋端平二年 蒙古窝阔台汗七年	蒙古谴责宋背信弃义，南侵。拔都西征
1236	蒙古窝阔台汗八年	太宗窝阔台第二次西征
1237	宋嘉熙元年 蒙古窝阔台汗九年	南宋孟珙破蒙古军
1239	宋嘉熙三年 蒙古窝阔台汗十一年	孟珙夺回蒙古军占领的襄阳
1241	蒙古窝阔台汗十三年	太宗窝阔台殁
1246	宋淳祐六年 蒙古贵由汗元年	贵由即位（定宗）。孟珙殁
1248	蒙古贵由汗三年	贵由殁。兀良合台殁
1251	蒙古蒙哥汗元年	蒙哥即位（宪宗）。忽必烈任漠南

		汉地大总督
1252	蒙古蒙哥汗二年	宪宗命忽必烈远征云南
1254	宋宝祐二年 蒙古蒙哥汗四年	蒙古军猛攻高丽。赵孟頫生
1257	宋宝祐五年 蒙古蒙哥汗七年	蒙古宪宗率南征军攻宋
1258	宋宝祐六年 蒙古蒙哥汗八年	江华岛发生政变，高丽崔氏政权没落。蒙古军大举进攻宋。蒙哥攻四川，忽必烈攻湖北
1259	宋开庆元年 蒙古蒙哥汗九年	宪宗蒙哥殁。蒙古军撤退。忽必烈接受贾似道议和，撤兵。高丽国王子王倎入朝蒙古，国王高宗殁，回国即位（元宗）。元好问殁
1260	蒙古中统元年	忽必烈在开平府即位（世祖）。阿里不哥在喀喇和林即位
1263	宋景定四年	贾似道实施公田法
1266	宋咸淳二年 蒙古至元三年	阿里不哥降忽必烈。南宋理宗殁，赵禥即位（度宗）
1267	蒙古至元四年	忽必烈迁都燕京（中都），命名大都
1269	蒙古至元六年	忽必烈颁布蒙古新文字（八思巴文）
1271	宋咸淳七年 元至元八年	忽必烈定国号元
1273	宋咸淳九年 元至元十年	元军陷樊城、襄阳
1274	宋咸淳十年 元至元十一年	南宋度宗殁。赵㬎即位（恭帝）。高丽元宗殁，王谌即位（忠烈王）。

		元军远征日本（文永之战）
1275	宋德祐元年 元至元十二年	马可·波罗入上都。文天祥举兵勤王。贾似道在芜湖迎战元军，败，获罪被杀
1276	宋景炎元年 元至元十三年	元军陷临安。南宋的益州、广州二王南逃。益王即位（端宗）
1278	宋祥兴元年 元至元十五年	南宋端宗殁，广王（末代皇帝、帝昺）即位。文天祥被元军俘获
1279	宋祥兴二年 元至元十六年	崖山宋军受元军进攻，帝昺投水，南宋灭。元伯颜带恭帝与度宗皇后、理宗皇后回燕京（大都）
1281	元至元十八年	元、高丽联军远征日本（弘安之战）
1282	元至元十九年	元伐缅甸、占婆。文天祥被处死
1283	元至元二十年	广东、福建民众造反
1287	元至元二十四年	发行至元钞。东方宗主纳洋反元，败死。攻安南，破交趾城
1290	元至元二十七年	马可·波罗从泉州回国
1292	元至元二十九年	通州至大都的通惠河竣工
1294	元至元三十一年	元世祖忽必烈殁，孙铁穆耳即位（成宗）
1301	元大德五年	窝阔台汗国的海都战死
1303	元大德七年	海都之子察必向察合台汗国、元朝求和
1313	元皇庆二年	下诏举行科举（1315 年实施）
1322	元至治二年	赵孟頫殁
1323	元至治三年	颁布大元通制。御史大夫铁矢杀英

		宗，拥立也孙铁木儿（泰定帝）
1326	元泰定三年	察合台汗国的答儿麻失里即位
1328	元泰定五年・致和元年・天顺元年・天历元年	泰定帝殁于上都。重臣燕帖木儿在大都拥立武宗之子图帖睦尔(文宗)。上都诸王、大臣等拥立泰定帝之子阿速吉八（天顺帝）。大都兵破上都兵，天顺帝失踪
1329	元天历二年	文宗让位其兄，但兄明宗为燕帖木儿所杀，文宗再即位
1332	元至顺三年	文宗殁。燕帖木儿拥立明宗之子懿璘质班（宁宗）。宁宗殁
1333	元元统元年	燕帖木儿殁，明宗长子妥懽帖睦尔即位（顺帝）
1335	元后至元元年	废除科举
1336	元后至元二年	高启生。帖木儿生
1337	元后至元三年	白莲教系的胡润儿在信阳州造反
1343	元至正三年	开始编纂辽、金、宋三部正史
1344	元至正四年	黄河大泛滥，河道北移
1345	元至正五年	三部正史完成
1351	元至正十一年	按照工部尚书贾鲁进言，成功修复黄河。白莲教首领韩山童、刘福通等在河南举兵（红巾之乱）。韩山童战死
1352	元至正十二年	郭子兴举兵，陷濠州。朱元璋参加郭子兴军队
1353	元至正十三年	张士诚举兵，陷高邮，称城王，国

		号大周，定元号天祐
1354	元至正十四年	右丞相脱脱在高邮大败张士诚。黄公望殁于吴镇
1355	至正十五年	韩林儿（韩山童之子）成为皇帝，号小明王，国号为宋，元号为龙凤，定都亳州。郭子兴殁
1356	元至正十六年	张士诚占领苏州，称周王。朱元璋据守南京，称吴国公
1357	至正十七年	红巾军分三路开始北伐。陈友谅杀倪文俊，掌握军队。张士诚降元
1358	元至正十八年	刘福通陷汴梁（开封），红巾政权定都于此。张士诚占杭州。绍兴发生内乱
1359	元至正十九年	陈友谅称汉王。刘福通陷辽阳
1360	元至正二十年	陈友谅杀徐寿辉称帝，国号汉，元号大义
1361	元至正二十一年	朱元璋破陈友谅于江州
1362	元至正二十二年	田丰等杀察汗帖木儿，奔益都
1363	元至正二十三年	明玉珍称帝，国号夏，元号天统。刘福通战死。陈友谅与朱元璋战于鄱阳湖，败死。张士诚在苏州称吴王。吴珍包围安丰的红巾军
1364	元至正二十四年	朱元璋称吴王，建元龙凤。朱元璋占武昌
1365	元至正二十五年	吴王朱元璋下令讨伐张士诚。孛罗帖木儿进入大都，皇太子逃亡。

		孛罗帖木儿被杀
1366	元至正二十六年	明玉珍殁。韩林儿被杀。朱元璋任命徐达为大将军，破高邮、濠州、徐州、宿州等
1367	元至正二十七年	朱元璋克苏州，张士诚自杀。方国珍降。朱元璋北伐
1368	元至正二十八年 明洪武元年	朱元璋称帝（太祖洪武帝），国号明。明陷大都，改称北平府。蒙古北逃，元朝灭
1369	明洪武二年	倭寇侵扰山东沿岸（倭寇之始）
1370	明洪武三年	制定科举法。帖木儿建立撒马尔罕王朝
1371	明洪武四年	郑和生于云南昆阳
1373	明洪武六年	颁布《大明律》
1375	明洪武八年	制定钞法， 发行大明宝钞
1380	明洪武十三年	“胡惟庸之狱”发生。废除中书省，大都督府改为五军都督府。废除丞相（中国历史上丞相制度终结）。脱脱迷失统一钦察汗
1381	明洪武十四年	编制赋役黄册，实施里甲制
1382	明洪武十五年	云南归入明朝版图。脱脱迷失出兵俄罗斯，陷莫斯科
1384	明洪武十七年	重定“科举取士制”
1385	明洪武十八年	颁布《大诰》。王蒙死于狱中
1387	明洪武二十年	浙江沿海设卫所以防备倭寇。《鱼鳞图册》成书

1388	明洪武二十一年	蓝玉升任大将军。脱古思帖木儿破北元军
1390	明洪武二十三年	重起“胡惟庸之狱”案。韩国公李善长被赐死
1392	明洪武二十五年	皇太子朱标殁，朱允炆为皇太孙。李成桂自立，高丽朝灭
1393	明洪武二十六年	凉国公蓝玉以谋反罪被处死（“蓝玉之狱”）。李成桂（李朝太祖）国号朝鲜
1394	明洪武二十七年	洪武帝杀傅友德、王弼
1395	明洪武二十八年	冯胜被杀。禁止黥、割鼻、去势等刑罚。帖木儿与脱脱迷失决战，帖木儿大胜
1396	明洪武二十九年	王朴被杀
1397	明洪武三十年	修改颁布《大明律》。欧阳伦殁
1398	明洪武三十一年	洪武帝殁，朱允炆即位（建文帝）。齐秦、黄子澄负责国政（削弱诸侯力量）。周王朱绣贬为庶人。曹国公、周王被捕。铁穆耳远征印度
1399	明建文元年	湘王朱柏自焚。岷王朱梗流放漳州。燕王朱棣举兵，称靖难军（靖难之变）。建文帝封耿炳文为大将军，讨伐靖难军
1402	明建文四年	南京军连败于燕王军。燕王军陷国都南京。建文帝逃亡，燕王即位（成祖永乐帝）。齐秦、黄子澄、

		方孝孺等被杀
1403	明永乐元年	改北平府为北京。帖木儿之孙穆罕默德·苏丹殁
1404	明永乐二年	帖木儿从撒马尔罕出发东征
1405	明永乐三年	帖木儿殁。郑和第一次航海。婆罗洲国王麻那惹那入朝
1406	明永乐四年	朱能为征夷将军远征安南
1407	明永乐五年	安南置交趾布政使司。郑和第一次航海归来，第二次航海出发。《永乐大典》完成。明史送国书给足利将军
1409	明永乐七年	再次出兵安南。郑和第二次航海归来，第三次出发航海
1410	明永乐八年	永乐帝第一次亲征蒙古
1411	明永乐九年	满剌加国王拜里迷苏喇等入朝
1413	明永乐十一年	贵州置布政使。郑和第四次出发航海

图书在版编目（CIP）数据

中国的历史. 第5卷 /（日）陈舜臣著；郑民钦译. —福州：福建人民出版社，2013.12
（2019.3 重印）
（陈舜臣作品系列）
ISBN 978-7-211-06366-6

Ⅰ. ①中… Ⅱ. ①陈… ②郑… Ⅲ. ①中国历史—普及读物 Ⅳ. ①K209

中国版本图书馆 CIP 数据核字（2011）第 211694 号

著作权合同登记图字：13-2010-021 号

Copyright © 1990 by CHIN SHUN SHIN
简体中文翻译版权由创译通达（北京）咨询服务有限公司独家授权代理

中国的历史（第 5 卷）

作　　者：（日）陈舜臣
译　　者：郑民钦
责任编辑：潘静超
出版发行：福建人民出版社
地　　址：福州市东水路 76 号　　邮政编码：350001
网　　址：http://www.fjpph.com
电子邮箱：fjpph7211@126.com
经　　销：福建新华发行（集团）有限责任公司
印　　刷：河北华商印刷有限公司
开　　本：787×1092　　1/16
印　　张：19
字　　数：240 千字
版　　次：2013 年 12 月第 1 版
印　　次：2019 年 3 月第 2 次印刷
书　　号：ISBN 978-7-211-06366-6
定　　价：49.00 元